阿育王
ASOKA
THE BUDDHIST EMPEROT OF INDIA
一部孔雀王国史

CURATOR OF THE INDIAN INSTITUTE
圣约翰学院印度研究所所长

COMPANION OF THE ORDER OF THE INDIAN EMPIRE
"印度帝国勋章"得主

VINCENT ARTHUR SMITH
文森特·亚瑟·史密斯作品

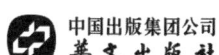
中国出版集团公司
华文出版社

图书在版编目（CIP）数据

阿育王：一部孔雀王国史 / (英) 文森特·亚瑟·史密斯著；高迎慧译. -- 北京：华文出版社, 2019.5

（华文全球史）

ISBN 978-7-5075-5097-9

Ⅰ. ①阿… Ⅱ. ①文… ②高… Ⅲ. ①孔雀王朝(前324-前187)—历史 Ⅳ. ①K351.2

中国版本图书馆CIP数据核字(2019)第055756号

阿育王：一部孔雀王国史

作　　者：	[英] 文森特·亚瑟·史密斯
译　　者：	高迎慧
选题策划：	华盛章世
插图供应：	029—85504182
责任编辑：	董云梅
出版发行：	华文出版社
社　　址：	北京市西城区广外大街305号8区2号楼
邮政编码：	100055
网　　址：	http://www.hwcbs.com.cn
电　　话：	总编室010—58336239
	发行部010—58336212
经　　销：	新华书店
印　　刷：	三河市国英印务有限公司
开　　本：	710×1000 1/16
印　　张：	16.5
字　　数：	237千字
版　　次：	2019年5月第1版
印　　次：	2019年5月第1次印刷
标准书号：	ISBN 978-7-5075-5097-9
定　　价：	80.00元

版权所有　侵权必究

第三版 序

在《阿育王：一部孔雀王国史》第二版问世后的十年时间里，我孜孜研究了与阿育王有关的资料。于是，可以用作《阿育王：一部孔雀王国史》一书的素材就变得更加丰富了。我阅读了一切可用作出版的资料，更加充分地解读了碑文。现在只剩下少量碑文没有解读。我改写了《阿育王：一部孔雀王国史》的第四章和第五章，用脚注替换了原本每个或每组文档后的尾注。这次重新修订《阿育王：一部孔雀王国史》时，我不仅考虑到《马斯基小摩崖法敕》[①]——新近发现的、唯一刻有阿育王姓名的摩崖法敕，而且未忽略巴拉巴尔[②]岩上的格拉特哈吉里标记[③]。

对于《阿育王：一部孔雀王国史》中碑文的修订，第一章、第三章中极其显著。其中，一部分是因新的考古发现而修订，另一部分是针对第一版中各种细微的疏忽与纰漏进行了修订，剩余部分则是因参考文献变更而修订。至于年代顺序，将来会有细微的调整，现在不做任何改动。增加了部分参考文献。第六章、第七章没有大改。由于第一次世界大战的影响，

[①] 马斯基小摩崖法敕的发现地是尼扎姆领地赖久尔地区，该碑文是唯一刻有阿育王头衔的碑文，因此具有重要意义。——译者注
[②] 巴拉巴尔洞穴是阿育王为邪命外道教苦行者修建的，洞穴上的碑文是阿育王唯一的非佛教碑文。——译者注
[③] 杰克逊先生在发现了巴拉巴尔洞穴上的碑文之后，将巴拉巴尔洞穴所在的那座山命名为格拉特哈吉里，并将这一名字刻在了附近的岩石上。——译者注

大家期待已久的 E. 胡尔契教授的精校版未能如期出版。但 E. 胡尔契教授将自己精校的结果间或在《皇家亚洲学会杂志》上发表,从而在很大程度上弥补了第一次世界大战对他的工作造成的延误。

文森特・亚瑟・史密斯
1919 年 11 月

摘自第一版 序

里斯·戴维斯教授创作的《阿育王》本应是"印度统治者"系列的第一卷，但因条件不具备，未能如愿。因此《阿育王》一书就空缺了。经里斯·戴维斯教授同意，我用大众可以接受的形式补充了孔雀王国的相关内容。

《阿育王：一部孔雀王国史》与其他相关主题的出版物有很大不同。譬如，与亚历山大·卡宁厄姆的《比尔萨佛塔》相比，《阿育王：一部孔雀王国史》的论述有所不同。写《阿育王：一部孔雀王国史》时，我向最杰出的现代史学家看齐，努力将传说与貌似史实的部分区分开来。书中讲到了锡兰皈依佛教和所谓第三次结集[①]的故事。这些故事形式各异、荒诞不经。任何考证都无法从中提炼出史实。

在处理音译问题时，我没有依据国际上通用的那套死板、生硬的翻译系统。该系统使词汇形态发生了很大变化，将 Krishna 和 Champa 分别处理为 Krsna 和 Kampa。在《阿育王：一部孔雀王国史》中，原文本中的辅音字母与姓名都以英语的拼读方式呈现。元音字母则以意大利语的拼读方式呈现。短音"a"为无重读短音节，如"woman"一词。除了必要时在长元音上加的标注外，本书未使用其他变音符号。

在《比哈尔与奥里萨邦研究协会期刊》1919 年 12 月第四部第五卷中，

[①] 第三次结集是公元前 236 年时阿育王为镇压异教在华氏城所举行的结集。该结集由目犍连子帝须主持。此外，他还诵读了《论事》一书。——译者注

阿育王：一部孔雀王国史

贾斯瓦尔[①]、格林、阿瑞姆·森和穆罕默德·哈拉帕尔斯巴德·萨斯特里等人发表了文章。文章写道，如果帕尔卡姆雕像[②]原型确为公元前6世纪的佛国皇帝阿阇世王[③]，并且巴特纳雕像群[④]原型确为公元前5世纪的摩揭陀诸位国王[⑤]——即阿阇世王的后继者们的话，那么我们就要重新构建印度雕塑的发展史了。

文森特·亚瑟·史密斯
1920年2月1日

---

① 贾斯瓦尔（1881—1937），生于米尔扎布尔，印度历史学家、法学家及钱币专家，是古遗址发掘与修复的先锋人物，也是《皇家亚洲学会杂志》邀请致辞的第一位印度人。贾斯瓦尔的研究成果丰硕，著有《印度政体》与《印度史》等史学文献。以下格林、阿瑞姆·森、穆罕默德·哈拉帕尔斯巴德·萨斯特里等人均无法查证。——译者注
② 帕尔卡姆位于马图拉以南约20公里处，是印度北方邦的一个村庄。这里因一尊据说可追溯至公元前3世纪的古老夜叉雕像而闻名。雕像底座上刻有婆罗米文。——译者注
③ 阿阇世王（公元前4世纪早期）与释迦牟尼佛处同一时代，是东印度摩揭陀国诃黎王朝的一个国王，在从父亲频婆娑罗王手中夺取了摩揭陀王国的政权后，采取扩张政策。在阿阇世王统治下，摩揭陀成为北印度最强大的王国。——译者注
④ 古代巴特纳，即华氏城，是印度比哈尔邦的首府，也是世界上一直有人居住的最古老的地方之一。摩揭陀国王在公元前490年建立了巴特纳。该城曾是诃黎王朝、难陀王朝、孔雀王朝、巽加王朝、笈多王朝及帕拉王朝的首府。孔雀王朝和笈多王朝时期，巴特纳曾是印度次大陆的权力、政治和文化中心。——译者注
⑤ 摩揭陀是南比哈尔邦的古印度王国，是古印度十六个大国之一。耆那教与佛教方文献中经常提到古摩揭陀，该国对印度耆那教与佛教的发展起着重要的作用。摩揭陀国曾历经诃黎王朝、难陀王朝、孔雀王朝、巽加王朝、笈多王朝及帕拉王朝。——译者注

目 录

第 1 章　阿育王与孔雀王国：佛国的诞生 ·················· 001

第 2 章　孔雀王国的疆域与管理：强权背后的现实基础 ·········· 057

第 3 章　纪念碑：佛国的象征 ························· 087

第 4 章　摩崖法敕：阿育王推行的国策 ··················· 123

　　第 1 部分　小摩崖法敕 ························· 123

　　第 2 部分　《布哈布鲁摩崖法敕》或《第二贝鲁摩崖法敕》 ······ 128

　　第 3 部分　十四个摩崖法敕 ······················ 133

　　第 4 部分　羯陵伽法敕 ························ 162

第 5 章　石柱法敕和各碑文：阿育王的宗教理想 ·············· 169

　　第 1 部分　七个石柱法敕 ······················· 169

　　第 2 部分　四个小石柱法敕 ······················ 183

　　第 3 部分　塔莱石柱上的纪念碑文 ··················· 187

　　第 4 部分　阿育王巴拉巴尔山洞穴石刻，阿育王之孙达萨拉塔在比哈尔纳加尔遒尼石刻 ·············· 191

I

第 6 章　锡兰流传的阿育王传说 ·· 193

第 7 章　印度流传的阿育王传说 ·· 203

附录 1　旃陀罗笈多·孔雀 ··· 219

附录 2　宾头娑罗·阿米特拉加答 ·· 223

附录 3　阿育王 ·· 225

附录 4　三钵罗底及孔雀王国灭亡前的其他国王 ·························· 233

鸣　谢 ··· 235

专有名词对照 ··· 237

第1章 阿育王与孔雀王国：佛国的诞生

公元前323年6月，所向披靡的亚历山大大帝在巴比伦驾崩。之后，他手下的将军们聚到一起，瓜分了马其顿王国，而马其顿王国只有亚历山大大帝才能维持统一。因为印度的位置偏远，所以马其顿国王不得不派官员与当地王公共同治理。公元前321年，在叙利亚达成的《特里帕拉迪苏斯分封条约》①生效。《特里帕拉迪苏斯分封条约》规定：西比尔提亚斯②

亚历山大大帝驾崩

---

① 《特里帕拉迪苏斯分封条约》是公元前321年亚历山大大帝的部将们在特里帕拉迪苏斯签订的权力分配协议。部将们任命了新的摄政并重新分配了辖地，并对公元前323年在亚历山大大帝死后制定的《巴比伦分封协议》做出了修正。——译者注

② 西比尔提亚斯（公元前4世纪），生于希腊克里特岛，曾效忠亚历山大大帝，并任卡曼尼亚总督。亚历山大大帝驾崩后，任阿拉霍西亚与格德罗西亚总督。——译者注

得到了阿拉霍西亚①与格德罗西亚②；索利③的一个塞浦路斯人斯塔桑德尔得到了阿利亚④和德兰吉亚纳⑤；索利的另一个塞浦路斯人斯塔萨诺尔得到了兴都库什山脉以北的巴克特里亚与索格底亚纳；亚历山大大帝的妻子罗克珊娜的父亲奥克夏特斯得到了帕洛帕米萨达⑥（喀布尔）；阿革诺尔的儿子培松获得了印度河以西比邻印度的领土。亚历山大大帝曾在印度河下游地区命阿革诺尔管理信德。在亚历山大大帝驾崩后，培松可能就丢掉了信德。主持这次瓜分的安提帕特⑦承认，因兵力有限，未能除掉印度河以东的印度王公。于是，他不得不承认塔克希拉国王安皮⑧以及亚历山大大帝的对手普洛斯对旁遮普的统治，但旁遮普名义上仍属于马其顿王国⑨。菲利普斯是亚历山大大帝任命的旁遮普总督。公元前324年，他被雇佣兵杀害。当时，亚历山大大帝正在卡尔马尼亚。获悉菲利普斯的死讯后，亚历山大大帝就派欧德摩斯去旁遮普协助塔克希拉国王安皮。欧德摩斯曾竭力协助安皮。然而，约公元前317年，他背信弃义，杀害了印度籍同僚。他捕获了一百二十头大象，然后率大军出征去支援同安提帕特⑩作战的

---

① 今坎大哈。——原注
② 今莫克兰。——原注
③ 索利（可追溯至公元前6世纪），位于塞浦路斯岛莫尔富镇西南方，是莫尔富湾海岸的一个古希腊城市，也是当时塞浦路斯分裂的十个城邦之一。1974年，隶属北塞浦路斯土耳其共和国。——译者注
④ 今赫拉特。——原注
⑤ 今锡斯坦。——原注
⑥ 今喀布尔。——原注
⑦ 安提帕特（约前397—前319），马其顿将军与政治家，曾效力于马其顿国王腓力二世与亚历山大大帝。公元前320年，成为亚历山大大帝整个帝国的摄政者。——译者注
⑧ 又称盎庇斯。——原注
⑨ "那时，如果没有杰出部将率军出征的话，就不可能铲除这些王公。"（见迪奥多罗斯·西库路斯的论述，第18卷，第39页）——原注
⑩ 《特里帕拉迪苏斯分封条约》，详见迪奥多罗斯·西库路斯的论述，第18卷，第39页。迪奥多罗斯·西库路斯声称印度河沿岸国家归普洛斯所有，海达佩斯河沿岸土地归塔格西莱斯——安皮所有。这一说法可能有误。国王名字也似乎发生了倒置。迪奥多罗斯·西库路斯也谈及欧德摩斯离开旁遮普的事宜，同上，第19卷，第14页。据说亚历山大大帝死后，欧德摩斯捕获了多头大象，并"背信弃义地杀死了普洛斯国王"。——原注

罗克珊娜与亚历山大

欧迈尼斯。随着欧德摩斯离开旁遮普,马其顿王国使印度希腊化的幻想也就破灭了。

在欧德摩斯离开旁遮普前,一股反抗外国驻军的力量在印度兴起了。但在欧德摩斯撤军之前,这股力量大部分可能就被消灭了。公元前323年6月,亚历山大大帝驾崩。公元前323年初秋,他驾崩的消息必然传到了印度。公元前323年10月,时机一到,印度就爆发了起义。起义的领导者是一个叫旃陀罗笈多·孔雀①的年轻人。他可能是摩揭陀国难陀王朝的某个王公的后裔,也可能是当时摩揭陀国最重要的南比哈尔邦的某个王公的后裔。在考底利耶的辅佐下,旃陀罗笈多·孔雀废黜并处死了难陀王,诛杀了难陀王的族人。考底利耶是一名聪明的婆罗门,后来成为旃陀罗笈多·孔雀的大臣。在摩揭陀王国的首都华氏城——现在的巴特纳,旃陀罗

华氏城遗址

---

① 旃陀罗笈多·孔雀是古印度孔雀王朝的创始人,也是印度历史上的重要人物。他出身卑微,在考底利耶的教导与扶持下,建立了印度次大陆上最大的帝国之一。据悉,他晚年放弃财富与权力,皈依耆那教并依耆那教习俗斋戒而亡。——译者注

第 1 章 阿育王与孔雀王国：佛国的诞生

笈多·孔雀登上了王位[①]，铁腕治国二十四年。如果贾斯廷的话真实可信，那么篡位后的月护王旃陀罗笈多·孔雀驱逐了盘踞在印度的马其顿统治者。然而，为印度人争得自由后，他又让印度人陷入新的奴役和暴政中。为了实现自己的野心，月护王旃陀罗笈多·孔雀调用了西北边界一半以上拥有异族血统、凶猛的宗族。很快，他将自己的影响力迅速扩展到整个北印度，甚至远达纳巴达河。月护王旃陀罗笈多·孔雀究竟是在自封摩揭陀国王后攻打马其顿军队，还是同旁遮普起义军会合后才向马其顿军队发起猛攻，这无人知晓[②]。但结果是显而易见的：旃陀罗笈多·孔雀成了印度历史上第一位真正意义上的国王，统治着从阿拉伯海到孟加拉湾广袤的土地。

在《特里帕拉迪苏斯分封条约》达成后，公元前 321 年，塞琉古[③]当上了巴比伦总督。在战争中他因多次取胜而被称为"征服者"。公元前 315 年，塞琉古被对手安蒂哥鲁斯赶下台，逃到埃及。公元前 312 年，流亡三年后，塞琉古重新统治了巴比伦，开始竭力巩固和扩大政权。之后，塞琉古征服了巴特克里亚人[④]，并在公元前 306 年称王，史称"塞琉古一世"。尽管叙利亚只是塞琉古一世所拥有的广袤领土上的一小部分，但对历史学家而言，塞琉古一世就是叙利亚国王。

公元前 305 年，塞琉古一世率军成功渡过印度河攻打印度。塞琉古一世希望通过收复亚历山大大帝曾短暂占领过的城邦，并征服印度中部的王国来取得超过亚历山大大帝的成就。但月护王旃陀罗笈多·孔雀率领的孔雀王国军队声势浩大，塞琉古王国军队不堪一击。塞琉古一世被迫率军撤

[①] 史称"月护王"。以下称月护王旃陀罗笈多·孔雀。——译者注
[②] 贾斯廷并没有提及这些奇迹。不过其话语中出现的"deinde"一词似乎表明旃陀罗笈多·孔雀的军队与马其顿军队的战役发生在旃陀罗笈多·孔雀篡位之后。——原注
[③] 塞琉古是亚历山大大帝的继业者之一，曾效力于亚历山大大帝，亚历山大大帝驾崩后，在亚历山大大帝征服过的东部地区建立了塞琉古帝国。——译者注
[④] 巴特克里亚是历史上中亚的一个地区，位于兴都库什山以北，阿姆河以南，当时曾横跨当今阿富汗、塔吉克斯坦和乌兹别克斯坦地区。——译者注

塞琉古一世（前358—前281）（中）

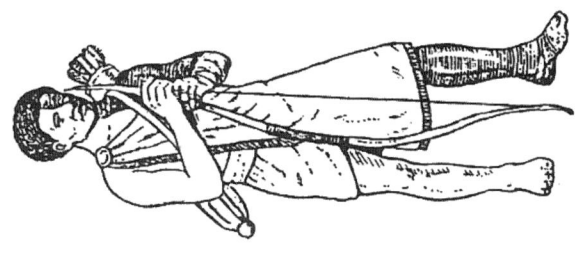

巴特克里亚人

退，放弃了超越亚历山大大帝的野心。这场战役未留下任何记录。除了结果，我们对该战役一无所知。战后，塞琉古王国与孔雀王国签署了和约。和约内容包括联姻①。塞琉古王国将阿利亚、阿拉霍西亚、格德罗西亚和帕洛帕米萨达割让给孔雀王国。作为交换，塞琉古王国得到孔雀王国区区五百头大象。塞琉古王国与孔雀王国签署的和约值得纪念。它使孔雀王国的边界延伸到了兴都库什山脉。现在阿富汗王国②几乎全部领土以及俾路支③和莫克兰④，当时都受孔雀王国统治。

德国某位作家曾武断地认为，月护王旃陀罗笈多·孔雀承认了塞琉古王国的宗主国地位。但事实上，塞琉古王国对孔雀王国并无宗主权。由于思虑不周，塞琉古一世输掉了战争，最后被迫割让了阿利亚、阿拉霍西亚、格德罗西亚和帕洛帕米萨达。塞琉古王国得到的五百头大象最多值两百万卢比⑤，即二十万斯特林⑥。面对强大的孔雀王国军队，塞琉古王国军队并未占到上风。在战争中失利后，塞琉古王国与孔雀王国的关系反倒变得友好了。

约公元前305年，塞琉古一世按照和约，派西比尔提亚斯的下属麦加斯梯尼⑦——时任阿拉霍西亚总督——前往月护王旃陀罗笈多·孔雀在

---

① 塞琉古一世"将女儿嫁给"月护王旃陀罗笈多·孔雀一事并无任何根据，能证明的只是塞琉古王国与孔雀王国有过一场"联姻"。有关塞琉古一世割让领土的文字资料与评述见《早期印度史》，第3版，附录F。——原注
② 阿富汗王国是1926年由阿富汗酋长国改称的君主立宪制国家。改革的实施者是阿富汗的第一任国王阿曼诺拉汗。他在执政七年后正式采用国王称号。——译者注
③ 俾路支是亚洲西南部干旱的沙漠地区与山区。该地区包括巴基斯坦俾路支省、伊朗的锡斯坦和俾路支斯坦及阿富汗南部地区。——译者注
④ 莫克兰是阿曼湾一带、横跨巴基斯坦和伊朗的俾路支斯坦的半沿海沙漠地带。——译者注
⑤ 卢比是印度、巴基斯坦、印度尼西亚、马尔代夫、斯里兰卡、毛里求斯、尼泊尔和塞舌尔所使用的货币名称。以前阿富汗、缅甸等国也曾使用该名称。——译者注
⑥ 斯特林是一种银合金，含银量92.5%，含其他金属7.5%，通常是铜，是英国使用的一种货币。——译者注
⑦ 麦加斯梯尼（约前350—前290），生于小亚细亚，古希腊历史学家、外交家。曾作为塞琉古一世的使者出使月护王旃陀罗笈多·孔雀统领下的首府华氏城。著有《印度记》，该书虽已遗失，但后世作者对该书进行了部分重建。——译者注

第 1 章 阿育王与孔雀王国:佛国的诞生

华氏城的皇宫。华氏城位于桑河与恒河交汇处附近,在桑河与恒河交汇处的上游。部分考古发掘工作证实,今巴特纳与班基波的居民区及附近村落就是古都华氏城所在地。这片地区地下十英尺到二十英尺的地方就是古都华氏城的遗址。麦加斯梯尼久居华氏城,不辞辛劳地记录了自己的所见所闻。多亏这些记录,后人才能一窥古都华氏城当年的盛况。麦加斯梯尼发现,月护王旃陀罗笈多·孔雀治国有方。孔雀王国井然有序。华氏城不愧是伟大的孔雀王国的首都,不仅雄伟壮观,而且固若金汤。据说,华氏城皇营可容纳四十万人。月护王旃陀罗笈多·孔雀的常备军中有步兵六十万、骑兵三万、战象九千和众多战车。如果月护王旃陀罗笈多·孔雀的军队集合起来,那么各兵种总人数超过了六十万。与后世印度王公庞大的军队相比,这个数字虽然算不了什么,但在当时相当惊

恒河

人。就像普鲁塔克说的那样，正是因为这支声势浩大、装备精良的军队，月护王旃陀罗笈多·孔雀的势力才能"不断扩张并征服整个印度"。至少，纳巴达河以北的所有土地都在月护王旃陀罗笈多·孔雀的统治下。因此，在月护王旃陀罗笈多·孔雀时期，孔雀王国的疆域从纳巴达河一直延伸到喜马拉雅山脉和兴都库什山脉[①]。

铁腕统治孔雀王国二十四年后，月护王旃陀罗笈多·孔雀不知道是驾崩还是退位了。他亲手打下的江山传给了自己的儿子宾头娑罗·阿米特拉加答。据说，宾头娑罗·阿米特拉加答统治孔雀王国二十八年[②]。根据我们采用的年表，公元前301年，在宾头娑罗·阿米特拉加答统治时期，塞琉古国王派了一个叫代马库斯的人出使孔雀王国。这是历史上对宾头娑

[①] 月护王旃陀罗笈多·孔雀的个人经历主要引自麦加斯梯尼。虽然麦加斯梯尼的作品已遗失，但作品精髓以节选和典故的方式在以下文献中保留了下来：《长征记》，第5卷第6章，阿里安著；《印度记》不同段落；昆塔斯·库尔修斯，第8卷第9章；《亚历山大传》，第62章，普鲁塔克著；贾斯廷，第15卷第4章；《塞瑞阿克》，第55章，阿庇安著；《斯特拉博》，第1卷第53页、第57页；第2卷第1页、第9页。《欢宴的智者》，第18章，阿特纳奥斯著；《自然史》第19卷，普林尼著；其他文献。麦加斯梯尼亲身观察后所阐述的一切都真实可信，在阿里安的描述中，麦加斯梯尼是一个"高尚、可敬之人"。因再三重复"旅行者故事"，麦加斯梯尼受到斯特拉博和其他古代作家的不公正谴责。以上引用段落以及其他主要希腊、罗马作家所著的印度文献详见麦克林德尔先生的精心译作（这些译著包括：《麦加斯梯尼与阿里安眼中的古印度》，特吕布纳著，1877年；《亚历山大入侵印度》，第2版，1896年；《古典文学中的印度》，1901年）。从《马德拉罗刹》一书中，我们可看到一些关于旃陀罗笈多·孔雀的趣事。部分学者认为《马德拉罗刹》创作于5世纪或6世纪。但基斯先生认为《马德拉罗刹》创作于7世纪或9世纪（《皇家亚洲学会杂志》，第149页，1909年）。对阿育王碑文及其制度最好的注释是1904年发现的《政事论》一书。该书由考底利耶所著，鲁德拉帕特纳·沙玛萨斯特里翻译，于1915年由班加罗尔政府出版社出版。除此之外，《印度史诗》和锡兰编年史也提供了很多有价值的信息。还有一些内容源自他处。索利努斯（转引自《麦加斯梯尼》第156页，麦克林德尔译）指出，旃陀罗笈多·孔雀仅有步兵六万人，大象八千头。——原注

[②] 宾头娑罗·阿米特拉加答这一名字可在印度教《毗湿奴往世书》、佛教《大史》、《岛史》中得到证实。《印度史诗》的其他变体似乎仅为笔误。阿米特拉加答——"杀敌者"这一名称或称号是希腊作家阿米特拉查德斯或阿米特拉查斯特名字的梵文写法。据说该作家是旃陀罗笈多·孔雀之子。（桑德拉古普托斯等）塔拉纳特指出，宾头娑罗·阿米特拉加答将整个孔雀王国的领土向南进行了扩展。具体内容详见萨克塔依·克瑞什纳斯瓦密·阿依亚恩格尔著《印度史开端》，第2章，马德拉斯，1918年。——原注

第 1 章 阿育王与孔雀王国：佛国的诞生

罗·阿米特拉加答的唯一记载。通过该记载，我们能清楚地看到，孔雀王国与塞琉古王国从月护王旃陀罗笈多·孔雀时期就开始的官方来往到宾头娑罗·阿米特拉加答统治时期仍在继续。公元前 280 年，七十八岁的塞琉古一世被刺杀。随后，塞琉古一世的儿子安条克继承王位，史称"安条克一世"。

古希腊人记录了塞琉古国王与孔雀国王的通信趣闻。月护王旃陀罗笈多·孔雀与塞琉古一世间，宾头娑罗·阿米特拉加答与安条克一世间，都有过友好通信。通过这些趣闻可以看出，孔雀王国与塞琉古王国是在平等的基础上交往的。公元前 285 年到公元前 247 年，托勒密国王托勒密二世①派狄奥尼西奥斯出使孔雀王国。当时的孔雀王国必然是宾头娑罗·阿米特拉加答或他的儿子阿育王在位。帕特罗克勒斯曾在塞琉古一世和安条

安条克一世
（前 324—前 261）

托勒密二世
（前 285—前 246）

---

① 托勒密二世（前 285—前 246），托勒密一世之子，托勒密一世曾是亚历山大大帝的马其顿将军，在亚历山大死后建立托勒密王国。托勒密二世统治期间，亚历山大城在物质与文化方面发展到了巅峰水平。——译者注

克一世手下做官。在印度洋航行时，他收集了许多地理信息。这些地理信息对斯特拉博①与普林尼②等学者意义非凡。

公元前273年，即塞琉古一世驾崩后的第八年，阿苏卡·瓦尔德哈纳在华氏城继位，成为孔雀王国的第三任国王，史称"阿育王"。阿育王统治孔雀王国四十年。在一些歪曲锡兰③编年史的荒诞小说中，阿育王的优点都被抹煞了。在这些小说中，阿育王通过血腥杀戮登上王位。他杀害了九十九个兄弟。只有最年幼的兄弟免遭毒手。在《阿育王：一部孔雀王国史》后面的章节里，我会提到这些杜撰的故事。对这些故事，我们毋须赘言斥责。碑文可使一切昭然若揭。通过碑文我们知道，阿育王的兄弟姐妹

斯特拉博
（前63—24）

普林尼
（23—79）

---

① 斯特拉博（前63—24），希腊地理学家、历史学家、哲学家，在罗马共和国向罗马帝国过渡时期居住在小亚细亚。著有《地理学》一书。——译者注
② 普林尼（23—79），也称老普林尼（以区分普林尼与其外甥、养子小普林尼），罗马作家、自然主义者和自然哲学家，罗马帝国早期的海军和陆军指挥官，将毕生精力用于研究自然地理，著有《自然史》一书。——译者注
③ 斯里兰卡民主社会主义共和国，旧称锡兰。以下称锡兰。——译者注

第 1 章 阿育王与孔雀王国：佛国的诞生

在阿育王统治中期仍都在世。他们同所有王室成员一样，受到阿育王的殷切关怀①。阿育王继位前先后在塔克希拉和乌贾因担任总督的传说可能是真实的。我们知道，那时总督职位都由皇子担任。

阿育王于公元前 273 年继承王位。可能的确直到四年后，他才举办了自己庄严的加冕仪式。仪式的延期可能与阿育王颇有争议的继位过程有关，也就是继位前的杀戮事件。但并无任何证据证明该杀戮事件真实存在。月护王旃陀罗笈多·孔雀传位给自己的儿子宾头娑罗·阿米特拉加答。二十八年后，宾头娑罗·阿米特拉加答又传位给自己的儿子阿育王。在这样一个政权稳固的王国，因王位继承而发生一场旷日持久斗争的可能性并不大。在真正的历史记录中，阿育王不仅未因内部骚乱而大乱阵脚，反而表现出了卓越的领导才能。即使是离阿育王最遥远的城邦也对阿育王的命令奉行不悖。

阿育王命人镌刻的大量碑文是后世了解阿育王统治时期事件的主要依据。除了在尼扎姆领地②发现的马斯基③碑文，其他碑文只记载了阿育王的头衔。马斯基碑文的开头刻着"天宠慈颜阿育王"。这碑文平息了人们对阿育王"天宠"与"慈颜"这两个称呼的争执。"天宠"与"慈颜"两词常一起使用，有时单独使用。约公元 152 年刻的楼陀罗达曼一世④碑文上也有阿育王的名字。由于历史久远，且印度教文献在史学研究方面的匮乏，在权威文献的基础上，我们充分利用了现有的其他碑文与各种文学形式，再加上其他资料，终能创作出一部相对完整的阿育王统治史了。《阿育王：一部孔雀王国史》侧重点在心理与宗教层面。一方面，读者可以了解一个

---

① 《第五摩崖法敕》专门提及阿育王的"兄弟姐妹"。也可见于《第四摩崖法敕》《第六摩崖法敕》和《第七石柱法敕》及《王后法敕》。——原注
② "尼扎姆"的意思是领域的管理者，也是 18 世纪至 1950 年间海德拉巴君主的称号。海德拉巴的建立者是米尔·卡马尔 - 乌德 - 丁·汗·斯迪奇·巴亚法迪（1671—1748）。此人还开创了阿萨夫贾赫王朝。——译者注
③ 马斯基是印度卡纳塔克邦赖久尔区的一个考古遗址，位于栋格珀德拉河的支流马斯基河的岸边。该地因于 1915 年发现阿育王小摩崖法敕而闻名。——译者注
④ 楼陀罗达曼一世，是西萨特拉普王朝的著名塞人总督，称帝后自称"大总督"，后皈依印度教。他是让百乘王朝走向衰落的具有影响力的人物。——译者注

叱咤风云的人物的性格演变过程；另一方面，读者也可以了解到阿育王是如何将印度当地的一个教派发展成世界主要宗教之一的。阿育王在宗教方面的影响十分深远。他是宗教史研究中一个举足轻重的人物。阿育王与圣保罗①、君士坦丁大帝和欧麦尔一世②一样，将他人创建的宗教发扬光大。

　　阿育王的统治年表已基本确定。以下日期也许有待细微修正③。不过，年份上的误差不超过三年。虽然日期略有误差，但阿育王继位的时间确实在公元前273年。但直到四年后，也就是公元前269年，他才举行了灌顶仪式④——相当于欧洲君主的加冕仪式⑤，献身神圣的王权。同之前的国王

圣保罗
（5—67）

君士坦丁大帝
（272—337）

① 也称使徒保罗或扫罗（5—67），是一世纪教导并传播基督教福音的信徒。圣保罗是基督教创立初期最重要的人物之一，他在欧洲与小亚细亚建立了很多教堂，对《新约》的贡献功不可没。——原注
② 欧麦尔一世欧麦尔·伊本·哈塔卜（584—644年），是伊斯兰教历史上最有影响力的伊斯兰教主，他是先知穆罕默德最忠实的信徒，是阿布·伯克尔之后的第二任伊斯兰教主。——译者注
③ 因种种原因，我们无法做进一步核查。——原注
④ 灌顶是印度教、佛教和耆那教中很常见的宗教仪式，也是古印度帝王即位时的仪式。该仪式通常以牛奶、酸奶、酥油、蜂蜜等液状物灌洒头顶。——译者注
⑤ 弗利特博士更推崇"抹油膏"这一术语，并声称往国王身上倾倒的液体包括"印度酥油"和"醍醐"。《皇家亚洲学会杂志》，第30页注解，1909年。——原注

第 1 章 阿育王与孔雀王国：佛国的诞生

们一样，阿育王号称"devanam piya"。意思是"天宠"。该称呼相当于斯图亚特王朝时期①的"尊贵的陛下"这一庄严称呼。阿育王也喜欢用另一个正式的王号"piyadasi"。意思是"慈颜"。该词可译为"大人"或"陛下"。阿育王的祖父月护王旃陀罗笈多·孔雀的王号是"piyadassana"。意思是"受到珍爱"。该王号同阿育王的王号非常相似。在一份僧伽罗人的记录中，月护王旃陀罗笈多·孔雀的王号就用到了阿育王身上。因此，当阿育王的两个王号与"王公"或"国王"一词结合时，阿育王王号的全称就是"尊贵仁慈的陛下"。该王号常常在碑文中出现，且多数情况下都是缩略形式②。

阿育王统治的早期并没有留下真正的历史记录。印度和锡兰的僧侣在编纂年史时，为彰显佛教光辉，将皈依佛教前年轻的阿育王描述成凶残无比的恶魔，即"黑阿育王"。该称呼与皈依佛教后的"白阿育王"形成鲜明对比。《阿育王：一部孔雀王国史》第六章和第七章中谈到了这些故事。这些故事除了有一定的教化作用，并无任何史学价值。阿育王早年信奉婆罗门教、崇拜湿婆的传说可能属实。他早期的生活可能与普通印度王公并无二致。他曾允许人们狩猎取乐、自由食用动物血，并允许首都臣民用盛宴、美酒和音乐寻欢作乐③。至于阿育王在此期间是否发动过战争，我们一无所知。同样，我们也不太了解阿育王统治下的领土面积是否有变化。通过阿育王时期的碑文可以看出，阿育王的"执政年"是从加冕仪式后，

---

① 斯图亚特王朝是英国历史上从 1603 年到 1714 年的一段时期，这段时期充满内部矛盾与宗教冲突。汉诺威王朝的乔治一世即位后，斯图亚特王朝灭亡。——译者注
② 《"Piyadasi"一词的含义》中阐释了将该词处理成王室风格的原因，《印度古文物研究》，第 32 卷第 265 页，1903 年。在八世纪的一个剧本《马德拉罗刹》第六幕中，月护王旃陀罗笈多·孔雀被称为"piadamsana"，但现在很多学者认为这一称呼源于公元 5 世纪、6 世纪的笈多王朝——详见希尔布朗德在《考底利耶典》（1908 年，布雷斯劳）第 26 页到第 30 页中的论述；基斯的观点与此不同，详见 1909 年《皇家亚洲学会杂志》第 149 页。锡兰编年史家确实是将 Piyadasi 和 Piyadassana 看成类似专有名词的词汇，但碑文中的这些称呼并非这种用法。——原注
③ 第一摩崖法敕、第八摩崖法敕。——原注

即公元前 269 年①开始算起的。每年的执政纪念日，他都会大赦死刑犯纪念自己加冕。

阿育王的相关记载始于公元前 261 年。公元前 261 年，为了完成统一大业，阿育王派兵大举进攻并占领羯陵伽国②。羯陵伽国位于默哈讷迪河与戈达瓦里河之间的孟加拉湾沿岸。虽然孔雀王国在羯陵伽之战中取得了胜利，但战争中生灵涂炭的惨状令阿育王懊悔不已。于是，阿育王将羯陵伽国的苦痛与自己无尽的悔恨记录在石柱上。这些记载饱含深情。人们至今仍能感受到二十几个世纪前阿育王的悲叹。恐怕没有哪位大臣敢说"尊贵的陛下"心中充满"无尽的悔恨与悲伤"，所以很明显，这些话都是阿育王的肺腑之言。石柱上这样记载着：

> 尊贵仁慈的陛下在加冕后第八年征服了羯陵伽国。在羯陵伽之战中，十五万人被俘，十万人被杀，还有数倍于此的人因战争而丧命。
>
> 羯陵伽之战后，尊贵仁慈的陛下就开始热爱、维护并积极弘扬虔诚之法③。他为羯陵伽之战中的杀戮、死亡与俘虏备感懊悔……在战争中，即使只有百分之一或千分之一的人罹难——遭掳、被杀或丧生，他也悔恨不已。

随后，阿育王详细地描述了羯陵伽之战的惨状，并得出结论：真正的征服是"虔诚的征服"④。

---

① 最早的碑文是第十三法敕，最晚的法敕是阿育王加冕第二十四年颁布的第七石柱法敕，日期分别为公元前 257 年和 242 年。小石柱法敕的日期不明，应该晚于公元前 242 年。《王后法敕》是所有法敕中最晚颁布的。——原注
② 羯陵伽国地处孟加拉湾，曾在一段时间内独立，羯陵伽之战后被孔雀王朝的阿育王兼并。羯陵伽的地理范围因统治者不同而有所波动。——译者注
③ 即阿育王所推崇的"正法"。作者在下文详细谈到了"虔诚之法"或"正法"的本质。指的是阿育王所推崇的尊重父母、长辈、师长和尊重一切生灵，以及包容其他教派并虔诚修行等精神。——译者注
④ 《第八摩崖法敕》。——原注

第 1 章 阿育王与孔雀王国：佛国的诞生

征服羯陵伽国后，阿育王颁布了两条很长的敕令。敕令对如何对待羯陵伽地区居民与野外丛林部落的办法做了规定。与阿育王在其他地区颁布的三条敕令不同，这两条敕令——现存于杰格达①和陶利②——是专门针对羯陵伽制定的。毋庸置疑，对羯陵伽使用的是一套独立的管理制度。该地区似乎设立了总督职位——由驻托萨利的王公担任。托萨利是奥里萨邦普里区的一个镇，就是现在的陶利③。征服羯陵伽国后，阿育王没有理由再

阿育王

---

① 杰格达是印度奥里萨邦甘贾姆地区一个被摧毁的要塞，位于布拉赫马普尔东北 35 英里处，曾是孔雀王朝新兼并的羯陵伽的要塞地区，这里因发现阿育王的一块摩崖法敕而闻名。——译者注
② 羯陵伽法敕，以前称独立法敕，代替了其他地方颁布的第十一至第十三号摩崖法敕。——原注
③ 边境居民法敕中的陶利碑文。——原注

进攻他国。为了阻止敌人入侵，阿育王的部将，即法敕中提到的督帅，可能曾有过几场捍卫边界之战。但自从阿育王开始热爱、维护并弘扬"正法"①后，就再也没有恣意挑起过战争。羯陵伽之战也许不是阿育王发动的第一场战争，但一定是阿育王主动挑起的最后一场战争。

在向羯陵伽地区颁布敕令的几个月前，阿育王还颁布过另一条敕令——《第一小摩崖法敕》。比较这些敕令，我们可以知道：羯陵伽之战一结束，阿育王就投入到对"正法"的热爱、维护与弘扬中。在阿育王早期的敕令中，有三份敕令是通过驻坎纳达、时任南方总督的王公传达给南方官员的。有四份敕令是阿育王直接传达给其他官员的。阿育王声称自己两年半以来一直是一名信士，未尽力弘扬"正法"。但在发布敕令的一年多前，他已成为一名僧伽②成员，并竭力通过亲身说教为百姓谋极乐。阿育王从信士转变为僧侣大致用了四年时间。羯陵伽之战发生于公元前261年。描述羯陵伽之战的摩崖法敕是公元前257年颁布的，即羯陵伽之战后第四年。摩崖法敕清楚地表明：阿育王是因公元前261年发动的那场战争备感懊悔才皈依佛教的。当我们将摩崖法敕与小摩崖法敕置于一起分析时，可以推断出：一、在执政第九年，即羯陵伽之战一结束，阿育王就皈依了佛教；二、在执政第十一年时，阿育王已对佛教怀有热忱两年半了；三、执政第十三年，即摩崖法敕发布一年后，阿育王对佛教已有极高的热忱。阿育王专门强调：最早的碑文始于他执政第十三年③。目前已发现的拥有七个复本的《第一小摩崖法敕》应该就是阿育王用碑文记录自己宗教热忱的首个成果。为了让众人都积极修行，阿育王决定"将不朽良愿刻于任何有岩石、石柱的地方，无论远近"。他的命令大多得到很好的执行。因此，我们才能看到现存的大量石刻和柱刻碑文。也许还有更多石刻和柱刻有待

---

① 即前文提及的"虔诚之法"，以下皆称"正法"。——译者注
② 僧伽是巴利语与梵语中的一个词，有"协会""集会""团体"等含义，在佛教中多指由僧侣和僧尼所组成的僧人团体。——译者注
③ 《第四石柱法敕》。——原注

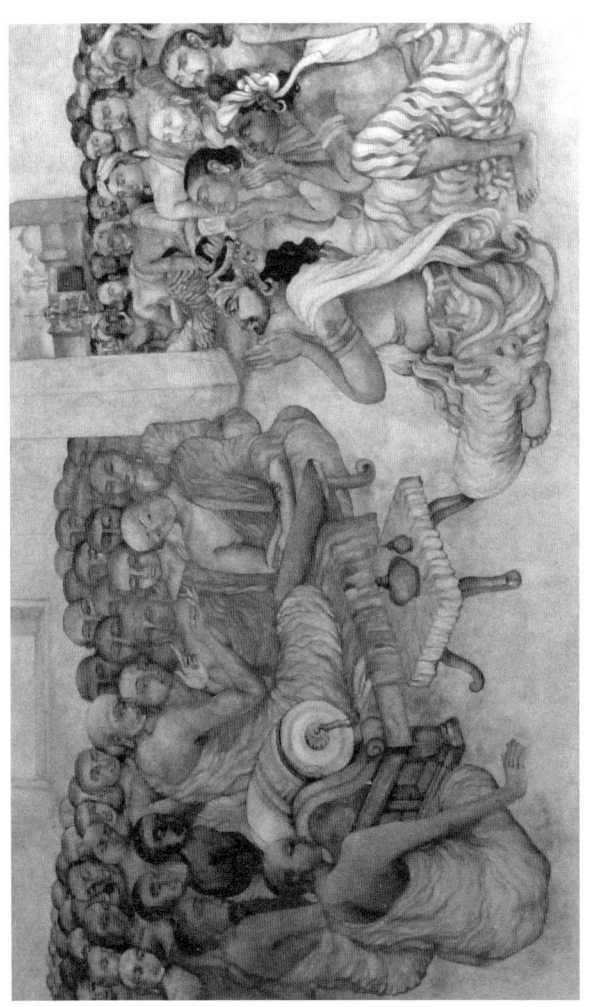

阿育王与僧侣

日后发现。据了解，至少已有两个刻字石柱受到了蓄意破坏①。可能在历经一年多艰苦努力后，阿育王的命令才在孔雀王国内外得到执行。但此事无任何记录。

因此，阿育王应该是公元前261年到公元前260年间皈依的佛教。该日期是我们能得出的最准确的日期。因为我们无法了解"两年半多"和"一年多"这些表述的确切涵义。阿育王从信士转变为极其虔诚的僧侣的原因如下："陛下"于加冕第十一年成为僧伽一员。他废除王室狩猎，以拜谒佛教圣地取而代之，摒弃了昔日从狩猎中获取乐趣的做法。途中，通过布道与论法，礼佛之行平添了几份乐趣②。

在进一步谈论阿育王的信仰发展过程，即阿育王生平与统治史前，我们需要先解释一下，拥有至高权力的阿育王用毕生精力热爱、维护并弘扬的"正法"，其本质是什么。同时，我们也要兼顾阿育王在国王身份与僧侣身份间进行的调和。

对每一个印度人来说，"正法"一词不仅意味着由种姓和社会地位决定的命运法则，还意味着一个人在世上要承担的全部宗教责任、道德责任和社会责任。多年以来，"正法"观念已经与种姓制度密不可分。每个种姓都有各自的"正法"。某一种姓成员眼里最合适的行为规范，却可能遭到另一种姓成员的极力斥责。同穆斯林入侵印度之后的种姓制度相比，阿育王时代的种姓制度已有了一定的发展，但还不是很严格，而穆斯林入侵印度之后，为巩固社会制度，印度的种姓制度就变得十分严苛了。印度现在的"正法"和以前的婆罗门教法在观念间的差异并不大。

---

① 这两个遭到破坏的石柱一个是贝拿勒斯的拉特布哈罗石柱。该石柱在1809年的一场骚乱中被击碎，另一个在华氏城。一份未发表的报告声称，已故巴布·普尔纳·钱德拉·穆克哈吉发现了大量的华氏城石柱碎片。笔者曾撰文证实拉特布哈罗石柱就是玄奘所描述的石柱。——原注

② 塞纳尔曾于1886年清晰阐明这一观点。《阿育王诏书》，第2册第222页到第245页。第一版中对《第一小摩崖法敕》的解释有误。这一版的解释得到了托马斯和塞纳尔的支持，却遭到弗利特的反对，见弗利特在《皇家亚洲学会杂志》，1912年，第655页最新发表的文章。——原注

第 1 章 阿育王与孔雀王国：佛国的诞生

法敕中的"正法"与印度教的"正法"有所不同。这是因为法敕中的"正法"多了一层佛教色彩。"正法"不仅充斥着佛教最基本的伦理思想，还在印度教中占有一席之地。阿育王摒弃了种姓与义务相结合的思想。与印度教相比，他更看重对动物生命的尊重和对父母、长者及师长的尊重。简单说来，法敕遵循的是佛教思想而非婆罗门伦理观。当然，该说法与佛教由印度教发展而来的事实并不冲突。上述两种优秀的佛教美德让人一下就想起拉丁语"虔敬"一词的涵义。因此，我认为"虔诚之法"简单表述为"虔诚"或"法"就是法敕中"正法"一词的最好翻译。与其他人所译的"公正宗教""道德法"相比，这个翻译更可取①。"责任之法"也能体现"正法"一词的涵义。

法敕中有多处概述"正法"。其中，《第二小摩崖法敕》的概述最精辟②：

> 尊贵的陛下讲道：
>
> 要孝顺父母；爱护尊重一切生灵；言必真实。以上是正法的精髓，应全力践行。依理推之，学生应尊重师长，师长宜爱护学生。
>
> 上述所言乃虔诚之法的本质——亦处事之良方，践行之根本。

碑文上凝练的法敕与阿育王的教诲完全一致。其他法敕更侧重对他人的救济、教派之间的包容和戒绝诋毁他人等美德。在其中一条法敕中，"正法"包括：同情、施舍、追求真理、纯洁、温柔和圣洁③。法敕一遍又一遍地教诲人们践行这些上乘的道德信条，以获得极乐与王室的恩惠。

在法敕中体现出的仁义和务实的精神能打动每一个受教诲之人。同现

---

① 在布哈布鲁法敕中，"善法"是指佛陀的所有语录。这是用最高级别的形式所记录的"虔诚之法"。——原注
② 其他概述见第三、第四、第九、《第十一摩崖法敕》和《第七石柱法敕》第七部分。——原注
③ 《第七石柱法敕》。——原注

今缅甸宗教里所倡导的一样。法敕宣称它的宗旨是为天下生灵谋福祉①。阿育王认为，孝顺和其他的为人称赞的美德能开启此生和来世的幸福之门，但没有阐述理由，也完全没有提及思想认知的价值。法敕不是在任何神学或玄学的基础之上建立起来的。它所教诲的道德戒律就是日常行为的准绳和不证自明的真理。只有布哈布鲁法敕清楚表明佛陀②思想是阿育王道德信条的基础。毫无疑问，佛陀思想也是阿育王道德体系的基础③。阿育王崇拜佛教圣书，常引用某本圣书里的内容。法敕中通篇的语言表述虽不属于佛教文学，但充满佛教文学的特点④。当国王的说教与佛陀旨意一致时，就毋需赘言为法敕申辩了。

在整套布哈布鲁法敕中，我们都可以清楚看到引用佛陀思想的痕迹。现在发现的阿育王唯一的非佛教碑文是巴拉巴尔洞穴碑文。巴拉巴尔洞穴是阿育王为邪命外道教⑤苦行者修建的。与佛教徒相比，邪命外道教徒更像耆那教徒。

不是随随便便默认某一教义或接受某一信条人们就可以获得"正法"福祉或佛陀教诲。阿育王最喜欢的一个信条"无论贫富贵贱，皆当尽力奉行正法"⑥很明显出自他本人。阿育王不厌其烦地督促他人修行，诲人不倦，并声称自己就是他人学习的榜样。

---

① "他的宗教对他（缅甸人）说，'每一个人的目标都应是幸福'，只有放弃整个世界才能找到幸福。"《一个民族的灵魂》，第113页，菲尔丁·霍尔著。——原注
② 指释迦牟尼佛，佛教的创始人，其教义是佛教的基础。佛陀是对释迦牟尼佛的尊称。——译者注
③ 塞纳尔和托马斯认为《第一小摩崖法敕》是阿育王最早的法敕系列。在采纳了这一观点之后，我倾向于将布哈布鲁法敕归于同一时间。在拉杰普塔纳的贝鲁附近，布哈布鲁法敕与《第一小摩崖法敕》的碑文紧挨在一起。——原注
④ 布哈布鲁法敕中引用的七篇段落都在佛教教规《尼柯耶》中得到了证实。法敕中引用的"善法将永存"（布哈布鲁法敕）与"所有人都是我的孩子"（边界居民法敕），都是教规中的语录。塞纳尔也注意到了整个碑文中有许多佛教专用词汇与措辞。——原注
⑤ 邪命外道教是印度的一个非正统哲学流派，据称是末伽梨瞿舍利在公元前5世纪所建，是早期佛教与耆那教的主要对立教派。该教派在孔雀王朝宾头娑罗·阿米特拉加答执政时达到巅峰，之后开始没落。——译者注
⑥ 《第一小摩崖法敕》。——原注

邪命外道教

碑文上这样写着："尊贵仁慈的陛下所做之事皆是为了来世。这样一来，每个人都可以远离邪恶的危险。人们要实现这样的自由，诚非易事。无论贫富贵贱，每个人都需竭力奉行正法，放弃其他目标。对尊贵的人而言，修行至最高层次很难"①，但"寻常百姓，无论身份如何卑微，只要极力修行正法，终会获得极乐"②。

教义中的训诫——让世人通过不断苦修来实现最高层次道德水平——同《法句经》③以及其他早期佛教经文中的大量论述如出一辙。其中，"很难修行至最高层次"这句话让人想起很多其他佛教箴言与类似的圣经教义。但圣经思想与阿育王的教义完全不同。无论是《旧约》还是《新约》，都认为人与上帝间有着某种联系，人类依仗上帝的恩赐生活。但在按照佛陀思想行事的阿育王的教义里，不仅未提及至高神明，反而坚称人要靠自己的努力来洗脱罪名，靠自己的美德去赢得此生和来世的福祉。"正法"如是说：

借己之力根除万恶
借己之力忍万般苦痛
借己之力戒除各种罪行
借己之力净化自我

只有自己可以实现救赎
只有自己，别无他人
凡事须亲身实行
佛祖只指明方向

---

① 《第十摩崖法敕》。——原注
② 《第一小摩崖法敕》，婆罗马吉里碑文。——原注
③ 《法句经》是著名的佛教经典，也是最重要的小乘佛教文献，以韵文形式写成，收录了佛陀的语录。佛教学者觉音认为，《句法经》中的每一句经文都是佛陀对某一情形问题的回复。——译者注

第 1 章 阿育王与孔雀王国：佛国的诞生

至今，缅甸仍在宣扬这种教人自食其力的教义："人人都要为自己负责，人人都是自己命运的缔造者。只有善思、善行，方能为己谋得福利；只有恶思、恶行，才会招致苦痛。"① 佛教与斯多葛学派②、拜火教③和耆那教④的思想很像，但与基督教的教义大相径庭。

通过以上阐释，读者应足以理解阿育王所倡导的佛教"正法"一词的大致涵义。必要时，我们会在下文中展开论述几个特殊主题。

拜火教教徒

---

① 《一个民族的灵魂》，第 226 页，菲尔丁·霍尔著。可将此教义与教会教义问答进行对比："贤良子民，谨记，汝等在得到上帝恩典之前，不可擅自行事、擅自揣度上帝的诫命或侍奉上帝。"——原注
② 斯多葛学派是公元前 3 世纪由芝诺在雅典建立起来的希腊时期的哲学流派。该哲学流派虽然深受苏格拉底的影响，其思想却主要取自赫拉克利特。该学派是一种唯心主义的哲学流派，认为应通过理性对待万物。——译者注
③ 拜火教是至今仍很活跃的世界最古老的宗教之一，信奉一神论，对后来的佛教、基督教、伊斯兰教，都有深远的影响，认为应通过善行获取幸福。——译者注
④ 耆那教是印度的一个古老宗教。耆那教徒崇拜二十四祖，食素且不杀生，认为人类应相互帮助，并相信道德和精神生活可以让人达到灵魂的理想境界。——译者注

阿育王：一部孔雀王国史

毋庸置疑，事实上，阿育王身兼僧侣与国王两重身份。某些博学之士认为，阿育王是在退位后才穿上僧袍的。该观点因为同法敕上昭明的情况背道而驰，所以是站不住脚的。通过一份显然是阿育王统治时期最早颁布的法敕，我们可以知道，在颁布该法敕时，阿育王已在一个僧伽潜心修行一年，并且亲自担任该僧伽首领。在位期间，阿育王还身兼"僧伽领袖"。小石柱法敕①是阿育王颁布的最晚的法敕，是在他执政的最后十年间颁布的。该法敕显示了阿育王在防止教会分裂和惩戒分裂者方面做的努力。在似乎更早颁布的布哈布鲁法敕中，我们可以发现，阿育王称自己为"摩揭陀国王"，并借助皇权将自己最喜欢的七个段落推荐给臣民②。在拉吉普塔纳的一座山上，一所寺院内的大圆石上刻着布哈布鲁法敕。据推测，在颁布布哈布鲁法敕时，阿育王就住在该寺院里。布哈布鲁法敕也只在该寺院发布过。在附近的另一座山山脚下的岩石上，刻着《第一小摩崖法敕》的副本。《第一小摩崖法敕》概述了阿育王早期的宗教史。这些碑文并不能证实那些传说：阿育王晚年昏聩不已并放弃王权。真实的记载显示，从公元前257年到最后退位，阿育王始终都虔心向佛。与此同时，他也是一个充满警觉、精力充沛且乾纲独断的国家统治者和一个僧伽首领。

作为僧侣，阿育王要谨遵誓言并践行教义。作为一个泱泱大国的国王，阿育王要担当相应的责任与义务。那么在僧侣和国王间，阿育王是如何调和的呢？对此，并无完整解答，但有一些相对合理的解释。7世纪曾前往印度礼佛的僧人义净③发现，阿育王雕像上的衣服是印有某种花纹的僧衣④。对该现象，义净似乎并不诧异，因为中国南北朝时期也有一位身

---

① 小石柱法敕是单独刻在四个石柱上的石柱法敕。这些法敕是在摩崖法敕之后颁布的。碑文语言是帕拉克里语与婆罗米文。下文有详细阐述。——译者注
② 正确的读法应为 Magadhe，同 laja 而不是 Magadham 相一致，也同 Samgham 一致。布洛赫 Bloch。——原注
③ 义净（635—713）原名张文明，唐代僧人，佛经翻译家，被称为三藏法师义净。曾游历世界二十五年，让世人了解了古文明三佛齐（今苏门答腊岛的巴邻旁）及其他中国与印度两国之间的古文明。译著包括《能断金钢般若波罗蜜多经》《譬喻经》等。——译者注
④ 高楠顺次郎，《义净的翻译》《佛教修行记录》，第73页。——原注

披僧袍的皇帝。据载,梁高祖武皇帝萧衍就是"一个虔诚的佛教徒"。"以素食为生,每日只进食一次。527年到529年,梁武帝曾三次身披僧衣。"①杜赫德②讲述了这位皇帝的故事:

> 梁武帝有许多优秀品质:积极、勤劳和警觉;他事必躬亲、未雨绸缪;他几乎精通所有的科学,尤其是军事学;他严于律己、崇尚节俭——据说一冠三年。后来,梁武帝耽溺于佛教,怠于政事,舍身出家。他下令:即使宗教祭祀,也不得再杀牛宰羊,用玉米面代替牲畜③。

梁高祖武皇帝萧衍
(464—549)

---

① 《中国文学》,第133页,贾尔斯著,1901年。——原注
② 杜赫德,生于法国,基督会信徒,是研究中国的历史学家。在基督会信徒报告的基础上,杜赫德整理出了一部百科全书式的书籍:《中华帝国全志》。——译者注
③ 《中国历史》,第3版第1卷第381页,杜赫德著,恩格尔译,1741年,伦敦。——原注
　译者按:梁武帝在527年到547年曾三次遁入佛门,后又还俗。

杜赫德对梁武帝的描述大部分也可用到阿育王身上。不过，阿育王应该没有像梁武帝一样在统治晚期怠于政事。

不管阿育王和梁武帝有多少异同之处，他们二人都成功兼顾了君主身份和僧侣身份的双重职责。

和阿育王做法类似的还有 12 世纪时被称为"法王"[①]的古吉拉特国王库马拉帕拉。库马拉帕拉曾在他统治的不同时期立誓自制、节欲、戒荤及不征用信徒土地。事实上，库马拉帕拉在皈依耆那教之后所发生的一切也是对阿育王最好的注解[②]。

一则故事里曾提到，阿育王允许已遁世的兄弟维塔索卡在王宫内化缘。该故事足以说明，那时王公们的苦行并不是什么稀奇事[③]。

我们还须了解以下事实：人们常将佛教受戒仪式称作"剃度"。出家后还可以还俗。缅甸人和锡兰人就会临时遁入佛门，一段时间后，再重返世俗生活。阿育王完全可以像梁武帝一样，遁入佛门后再还俗。寻常百姓都可为之，更何况是一国之君。总之，虽然不知阿育王如何兼顾国王与僧侣的双重职责，但可以肯定阿育王将该问题处理得非常妥帖。类似的事例说明：解决问题的办法不止一个[④]。

在阐释了阿育王用毕生精力弘扬的"正法"的本质，也了解了他如何调和国王身份与僧侣身份间的矛盾后，我们可以接着讲述阿育王的故事了。可以发现，公元前 261 年是阿育王人生的转折点。在那之后，阿育王开始以一名信士的身份热爱、维护并弘扬佛教"正法"。两年半后，他穿上僧衣，废除皇家狩猎，开始"礼佛之行"。

---

① 指下文提到的库马拉帕拉，因笃信耆那教被很多耆那教的编年史作家称为"耆那教护法王"，这里简称"法王"。——译者注
② 《耆那教僧人金月传》，第 29 页到第 42 页，布勒著，1889 年，维也纳。——原注
③ "他从里面的房子开始乞讨，但所到之处得到的都是上乘的食物。国王对房子里的女人们说，把那些僧人们化缘得来的食物给他。"《印度佛教简史》（修订版，第 2 版），第 7 章，第 375 页，埃米勒·路易·布尔奴夫著。——原注
④ 1781 年至 1819 年统治缅甸的暴君波度阿普拉声称自己是阿育王后裔（《缅甸史》，第 235 页，费尔著，1884 年），还声称自己是一尊佛陀。波度阿普拉曾居于寺院，后厌倦寺院生活，重掌王权，恢复邪恶本性（《加尔各答评论》，第 136 页，1872 年）。——原注

第1章 阿育王与孔雀王国：佛国的诞生

位于尼泊尔塔莱的蓝毗尼①纪念柱和尼格利瓦纪念柱记载了阿育王在公元前249年的一次"礼佛之行"。该情况足以表明还有其他类似的石柱存在。记载证明了阿育王曾前往蓝毗尼园礼佛——蓝毗尼是传说中释迦牟尼佛的出生地，也说明了阿育王曾敬拜"过去佛"拘那伽牟尼佛的佛塔——阿育王早在六年前就扩建了该佛塔。值得注意的是，在阿育王时期，人们对"过去佛"的膜拜已蔚然成风。但现在人们对"过去佛"不甚了解，甚至不知他的起源。

一些传统文学也记录了阿育王的礼佛之行。譬如，一部名为《阿育王史》的梵文故事就对此做了记录。《阿育王：一部孔雀王国史》以后的章

释迦牟尼佛出生

---

① 蓝毗尼是一个佛教圣地，是释迦牟尼佛的诞生地，也是释迦牟尼佛的生活地之一。蓝毗尼位于尼泊尔境内，当地有许多神庙、寺院与纪念碑，因此吸引着许多礼佛者。——译者注

节会提到这个故事：在圣人优波掘多①的引导下，阿育王先后拜谒了蓝毗尼园、佛陀童年生活过的迦毗罗卫②、菩提迦耶③的菩提树、贝拿勒斯附近的仙人住处、佛陀涅槃之地拘尸纳揭罗、佛陀曾长期居住的舍卫城祇园精舍、薄拘罗以及阿难陀佛塔。蓝毗尼石柱上刻着这样的文字："这里是释迦牟尼佛的诞生地。"据传，这段话是优波掘多在圣地为阿育王做向导时所讲的。阿育王每拜谒一处都会大量布施，但在薄拘罗佛塔只布施了一些铜币。因为优波掘多在薄拘罗佛塔遇到一些阻力，所以阿育王在此布施甚少。该做法与阿育王"正法"务实的特质极其契合④。

优波掘多应该是一位历史名士。正如后来金月改变了库马拉帕拉的信仰一样，优波掘多也可能是改变阿育王信仰的人。以优波掘多命名的著名的马图拉寺院似乎曾位于坎卡利蒂拉。马图拉寺院是一个佛教和耆那教的圣地。信德各地都能让人想起优波掘多。据说优波掘多是香料商古普塔的

---

① 优波掘多是孔雀王朝阿育王时期的僧人，是阿育王的精神导师。优波掘多曾师从阿难陀的弟子商那和修，是东南亚一些国家所崇拜的人物。——译者注
② 迦毗罗卫国是印度次大陆佛陀时代的国度，是释迦牟尼佛的故国，悉达多·乔答摩（即释迦牟尼佛）在这里生活了29年。法显和玄奘曾来这里礼佛。一些考古学家认为现在尼泊尔的提罗拉科特就是迦毗罗卫国的所在地。——译者注
③ 菩提伽耶，是一个著名的佛教圣地，因佛陀在菩提树下悟道而闻名。菩提迦耶位于印度比哈尔邦的伽耶地区。2002年，菩提迦耶著名的摩诃菩提寺被联合国教科文组织列为世界文化遗产。——译者注
④ 提拉尔河的罗美德就是蓝毗尼园所在地（见二号石板碑文）。提罗拉·科特描写了玄奘曾拜谒过的迦毗罗卫（《尼泊尔塔莱的古文明遗迹》，第26卷，穆克吉，文森特·亚瑟·史密斯著，1901年）。加雅以南六英里处的菩提迦耶非常闻名。以上都是1904年在鹿野苑发现的，之后还发现了一部阿育王法敕。拘尸纳揭罗的地点还没有最后确定。笔者认为在特里贝尼加特附近，那里是小拉普提河汇入甘达克河的地方（《早期印度史》，第3版，第159页）。也可见《著名的康克纳格拉遗址——卡西亚附近遗迹》（阿拉哈巴德，1896年）。《古西那拉或拘尸纳揭罗》，《皇家亚洲学会杂志》，1902年；《年度考古调查报告》，1904年到1905年。舍卫城遗址似乎在奥德拉普提南岸的沙哈-马哈特。我曾认为舍卫城遗址在拉普提河上游的尼泊尔；但沃克尔的观点正相反，《皇家亚洲学会杂志》，第971页，1908年。薄拘罗的传说见《薄拘罗经》，（《皇家亚洲学会杂志》，第373页，1903）。阿南达有两座佛塔。它们分别矗立于恒河两岸（《法显游记》第26章，莱格译）。想详细了解《阿育王史》，需参考埃米勒·路易·布奴夫所著《印度佛教简史》或拉吉恩德拉莱·米特拉的《尼泊尔梵语文学》。——原注

第1章 阿育王与孔雀王国：佛国的诞生

儿子。在锡兰传说中，随阿育王去礼佛的是目犍连子帝须。这应该是一个虚构的人物。他的名字由佛陀两个主要弟子的名字结合而来。该内容在科洛内尔·沃德尔的著述[①]中可以详细了解到。

公元前259年是很重要的一年。从这一年起，阿育王开始成为一名殚精竭虑的僧伽首领和"正法"弘扬者。也是从这一年起，阿育王废除了皇室狩猎，用礼佛之行取而代之。此外，阿育王还实施了一套收效显著并影响至今的重要举措。这一年，阿育王做出重大决策：组织一批传播佛教的人到各地传播佛陀教诲。这批传播佛教的人的足迹不仅遍及广袤帝国境内，而且远达西亚、东欧和北非地区。在阿育王执政第十四年即公元前256年，他颁布了《第十三摩崖法敕》。《第十三摩崖法敕》与其余十四个摩崖法敕同时颁布，详细列举了弘扬"正法"、传播佛教的人前往的国家。据了解，阿育王甚至希望原始森林里的部落都能皈依佛教。他还将此任务委派给孔雀王国边境的部落完成。这些部落包括耶婆那、柬埔寨[②]、那布哈卡的那布哈帕姆提斯、波荷加、皮西迪亚、安陀罗以及普林陀。也就是说，居于喜马拉雅山脉的各部落，无论文明程度如何，都有佛教传播者驻足。传教地区还包括印度之外的土地和受阿育王控制、但尚未纳入领土的德干和中印度部分地区。传播佛教的人远至特拉帕尼河、印度半岛南端的独立王国朱罗[③]和潘地亚[④]。

但如此大规模的佛教传播活动也未能满足阿育王的宗教热情。阿育

[①] 格劳斯认为优波掘多寺院在坎卡里高地（《马图拉》，第3版第122页）。其他参考书籍与论文见《阿育王的倾听者》，《印度古文物研究》，第365页，1903年。——原注

[②] 柬埔寨是梵语与巴利文学中常提及的铁器时代印度的一个部落。该部落后来成了《增支部》里所提及的古印度十六大国中的一个大国。在孔雀王朝时期，柬埔寨是一个享有自主权但无指定国君的自治地区。阿育王曾派人前往传播佛教，并记录在《第五摩崖法敕》中。——译者注

[③] 朱罗王朝是历史上统治时间最长的王朝之一，统治时间达一千五百年。高韦里河肥沃的山谷是朱罗王朝的中心地带。强盛时期，国土面积十分辽阔。朱罗王朝对泰米尔文学与建筑产生了深刻的影响，也对东南亚艺术与建筑产生了十分重要的影响。——译者注

[④] 潘地亚是古印度南部的一个泰米尔王朝，是泰米尔三王朝（朱罗，哲罗，潘地亚）之一，从公元前4世纪起，潘地亚就统治着印度南部的一些地区，16世纪时，潘地亚灭亡。——译者注

王又派传播佛教的人迈出国门，到达以下国王的领土传教。这些国王是：塞琉古国王安条克二世，托勒密国王托勒密二世，托勒密二世在北非的同父异母兄弟——昔兰尼加国王马加斯①，马其顿国王安蒂哥鲁斯·哥纳塔斯二世②以及伊庇鲁斯③国王亚历山大④。《第五摩崖法敕》在边境部落的名字中补充了马拉地的拉什特里卡斯和白沙瓦边境的犍陀罗，并说明还有其他未提及的国家；《第二摩崖法敕》再次提到安条克二世，并提及安条克二世希腊化的邻国以及朱罗、潘地亚和特拉帕尼河，并将西岸的萨提亚普特拉王国和凯拉拉普特拉王国列入传教范围。因上述希腊政权在公元前

安条克二世
（前286—前246）

安蒂哥鲁斯·哥纳塔斯二世
（前319—前239）

---

① 马加斯（前276—前250年在位），古昔兰尼加（今利比亚）国王，因母亲嫁给托勒密一世而成为托勒密王朝的一员。他设法将昔兰尼加从托勒密王朝的控制中解放出来，成为了昔兰尼加国王。——译者注

② 安蒂哥鲁斯·哥纳塔斯二世（前319—前239），是一个强有力的统治者，他巩固了马其顿安提柯王朝的统治，并因在高卢人侵略巴尔干半岛的战役中取胜而赢得美名。——译者注

③ 伊庇鲁斯地处欧洲东南部，该地区崎岖多山，在品都斯山脉和爱奥尼亚海之间，古希腊东北方向。曾在拜占庭第四处十字军东征失利之后成为独立王国。——译者注

④ 这里指伊庇鲁斯亚历山大二世，公元前272年继承父位，继续同安蒂哥鲁斯·哥纳塔斯二世交战，后取得胜利。之后被安蒂哥鲁斯·哥纳塔斯二世的儿子德米特里二世逐出马其顿。——译者注

第1章 阿育王与孔雀王国：佛国的诞生

258年尚未灭亡，所以传播佛教的日期大致确定。《第五摩崖法敕》与《第二摩崖法敕》的内容基本上是阿育王组织传播佛教的主要依据。

在阿育王各法敕颁布的六个世纪后，佛教僧侣编纂了锡兰最早的编年史。编年史中所列国家或地区名单与阿育王法敕中列的有所不同，还增加了以下传教人员姓名。

国家或地区	传教人员
1. 克什米尔和犍陀罗	末阐提
2. 马里萨曼德拉①	摩诃提婆
3. 瓦纳瓦西②	勒弃多
4. 阿帕伊安塔卡③	约纳·达尔玛拉克西塔
5. 马拉哈特哈④	马哈·达尔玛拉克西塔
6. 耶婆那地区⑤	摩诃勒弃多
7. 喜马瓦特⑥	未示摩与咖沙巴等
8. 金地⑦	须那迦和郁多罗
9. 兰卡⑧	摩醯陀⑨等

除了第八条和第九条，名单中所列的国家和地区与法敕中用不同措辞列举的国家和地区名称一致。多位权威人士已证实，金地就是勃固与毛淡棉地区。第八条将金地列入阿育王传教范围。我认为不太可信。换句话说，就算阿育王的确曾派人前往金地传教，也会收效甚微。缅甸似乎在公元纪

---

① 迈索尔。——原注
② 北坎纳达。——原注
③ 孟买北海岸。——原注
④ 印度中西部。——原注
⑤ 西北边界城邦。——原注
⑥ 喜马拉雅地区。——原注
⑦ 勃固与毛淡棉。——原注
⑧ 锡兰。——原注
⑨ 或摩晒陀。——原注

年早期才受到佛教教化。锡兰僧团与缅甸僧团是在阿育王开始传播佛教很久后才建立了密切联系①。

在锡兰编年史的名单中没有希腊国家。这是因为在编纂此名单时,那些希腊王国多年前就已经不复存在。名单中没有提及印度南部的泰米尔国。这可能是饱受压迫的锡兰本土僧伽罗人②因为长久以来和泰米尔人交恶,所以不愿承认泰米尔人的祖先与自己的祖先曾有相同的信仰。锡兰岛上的僧侣们宁愿从摩醯陀和摩醯陀所谓的妹妹那里直接建立一个宗教分支,也不愿回忆同交恶的泰米尔人昔日曾友好交往的日子。按照历史批判法,当碑文与后来的文献记录出现不同时,我们应以碑文记录为准。所以,阿育王确实曾向泰米尔派遣过传播佛教的人。

僧伽罗人

---

① 笔者详尽地阐释了这一观点,《阿育王在勃固的传教(金地)》,《印度古文物研究》,第34卷第180页到186页,1905年,更多论述见杜成诰先生的《缅甸考古调查进展报告》,1905年到1906年。——原注
② 僧伽罗人是斯里兰卡人口最多的民族。——译者注

第 1 章 阿育王与孔雀王国：佛国的诞生

在桑吉附近的比尔萨佛塔，亚历山大·卡宁厄姆[①]发现了刻有"咖沙巴·戈塔，全部喜马瓦特的传播佛教的人"字样的遗棺。这里的"喜马瓦特"即喜马拉雅地区。在一定程度上，亚历山大·卡宁厄姆的这一发现证实了锡兰编年史中提到的传播佛教的人的姓名。在其他棺木上，我们可以见到"未示摩"这个名字[②]。但锡兰编年史的著者将传播佛教的事业都归功于目犍连子帝须，忽略了阿育王。现在，我们以看到的碑文为准，将功劳记在阿育王身上。凭借庞大帝国的实力，阿育王亲自组织的传播佛教的事业是世界史上规划最广泛的传教事业。此次传播佛教的事业大获成功。佛教迅速成为印度和锡兰的主要宗教，并最终蔓延到缅甸、暹罗、柬埔寨、印度群岛、中国、朝鲜[③]、日本以及亚洲其他国家。在一些国家中，阿育王驾崩几个世纪后，佛教才开始发挥作用。但佛教在这些国家的传播都离不开伟大的佛国皇帝阿育王的推动。阿育王将一个印度当地的宗教流派发展为世界性的宗教。如果按信徒数量来说，佛教是所有宗教中最重要的一个宗教。

当我们将阿育王与君士坦丁大帝对比时，会发现孔雀国王的影响力要比罗马皇帝更加深远。罗马皇帝皈依基督教是对一股势不可挡的力量的一种审慎的接受，而非虔诚崇拜[④]。就算君士坦丁大帝没有采纳基督教的信条，迫于政治压力，他的后继者们也会信仰基督教。但如果阿育王不是由衷地信奉佛陀箴言，佛教的教义就不可能影响整个印度和半个文明世界。摩揭陀及它附近的地区是释迦牟尼佛曾生活、涅槃的地方。在从释迦牟尼

---

① 亚历山大·卡宁厄姆（1814—1893），英国军队工程师，对印度历史与考古有极大兴趣，是印度考古研究所的创立者与组织者。——译者注
② 《比尔萨佛塔》，第 20 卷第 287 页、第 289 页、第 317 页。刻有摩伽里普塔萨的遗棺并不能证实锡兰目犍连子帝须的真实存在，这与优波掘多的情况不同。——原注
③ 即今朝鲜和韩国地区。——译者注
④ 君士坦丁大帝或许也产生了些许真正的道德共鸣，然而他心知肚明：避开那些仍在建立令人倦怠的教义的异教徒会让他蒙受损失，可那些公开表示宗教信仰的人所产生的宗教热忱会让他受益更多。因此，在这种情况下，君士坦丁大帝立基督教为国教。当时，基督教已是一股强大的政治力量，能够为君士坦丁大帝提供更多的帮助与臣民（《神圣罗马帝国》，第 10 页，布莱斯著，1892 年）。——原注

阿育王：一部孔雀王国史

涅槃到阿育王派出佛教传播者前的三个世纪里，佛教并未引起世界关注，传播范围也十分有限。除此之外，阿育王并不是迫于政治压力才信奉佛教、屈从于跋扈僧侣的。通过阿育王自己起草的记录，我们可以看出阿育王对佛教的虔诚与日俱增。作为世界上最伟大的帝国之一孔雀王国的君主，阿育王将他强大的专制权力与外交影响力投入到了自己全身心热爱的佛教事业中。

《阿育王：一部孔雀王国史》第六章、第七章主要讲述锡兰与印度传说中的锡兰皈依佛教的故事。这些故事并非史实。事实上，锡兰皈依佛教的过程比故事中所描述的要慢得多。但真实情况究竟如何，并没有任何权威的记述。在目前所解读的法敕中，也没有提及锡兰。因此，也不能证实当地的僧侣传说。这些传说虽基于一定事实，但细节描述却完全没有依据。对于佛教在锡兰的传播历程，我们所知甚少。在传说中，阿育王女儿僧伽蜜多的故事让人深感疑惑。僧伽蜜多的意思是"佛法之友"。这个名字本身就让人疑窦重重，而且碑文中也没有提到过僧伽蜜多。奥登堡教授[①]认为摩醯陀与僧伽蜜多的故事似乎是：

> 为了让锡兰岛上的佛教组织有些来历，为了让人们将佛教与想象中最著名的人——阿育王联系起来，才编造出来该故事。历史传说都喜欢将寻常之事歌颂为丰功伟绩。可以想到，在现实中，锡兰的皈依并没有传说中描述得那么如火如荼、引人注目。[②]

锡兰现有大量以巴利语和僧伽罗语保留下来的佛教文献。这些文献一定不是锡兰人与摩揭陀人直接交往的突然产物，而是锡兰人与邻近印度人

---

① 赫尔曼·奥登堡（1854—1920），生于德国，印度学学者，曾任基尔（1898）和哥廷根大学教授（1908）。——译者注
② 《律藏简介》，第2卷第4页。——原注

第 1 章 阿育王与孔雀王国：佛国的诞生

长期交流的结晶。阿育王在遥远的南方传播佛教事业的努力并非徒劳。5世纪和7世纪来自中国的礼佛者就证实了这一点。他们也证实了这一事实：泰米尔的确有一些影响该岛信仰的僧侣组织。玄奘提到了位于朱罗国和帕瓦拉国①的由阿育王修建的佛塔。更重要的是，玄奘还对640年高韦里河以南的马拉科塔·潘地亚的宗教状况作了描述。玄奘发现：

> 一些人遵循真正的教义，另一些人则耽于异教——这些人不学无术，唯利是图。当地有许多寺院废墟，只剩墙壁，几乎没有什么信徒。当地有很多天神庙，异教徒数不胜数。他们大多信仰尼犍子教②。
>
> 在该城东边不远处，有一座旧伽蓝③。伽蓝的门厅和院子都被野生灌木覆盖，只有墙基保存了下来。此伽蓝是阿育王的弟弟摩醯陀建造的。

玄奘（602—664）

---

① 或达罗毗荼。——译者注
② 即耆那教。——原注
③ 即寺院。——原注

阿育王：一部孔雀王国史

> 伽蓝的西边有一座佛塔。佛塔巍峨的围墙掩埋于土中，只露出圆形屋顶的上部。该佛塔是阿育王建造的[①]。

这段有趣的文字清晰地讲述了在阿育王九个世纪后，阿育王与弟弟摩醯陀的宗教在南方保留的情况。在这段资料中，摩醯陀居于锡兰附近、考维利南部的一个寺院中，证实了摩醯陀从印度南方的港口到达锡兰岛的猜想。与锡兰故事中摩醯陀"像天鹅之王一般"从天上飞来的传说相比，该猜想具有更大的可能性。同样，摩醯陀也不可能一下子就改变了当地国王与四万臣民的信仰。

虽然关于摩醯陀的神话传说有很多，但阿育王的弟弟确实是一个真实的历史人物，也确实是在锡兰传播佛教的先驱。同时在印度与锡兰流传的传说、印度和锡兰岛刻有摩醯陀名字的纪念碑都是摩醯陀真实存在的铁证。在锡兰传说中，摩醯陀是阿育王的私生子。该说法没有任何根据，既与在今北印度、南印度、华氏城和甘吉布勒姆[②]流传的说法不同，也与法显在5世纪初、玄奘在640年所描述的内容相悖。甚至是那些在甘吉布勒姆给义净讲述锡兰皈依故事的锡兰僧侣，也清楚摩醯陀是阿育王的弟弟而不是儿子[③]。显然，古都华氏城所流传的故事比其他地方的传说更加真实可靠。约400年，法显在华氏城听说了阿育王这位隐士弟弟的事情[④]。而玄奘则称阿育王的这位隐士弟弟为摩醯陀。在其他传说中，阿育王弟弟被称为维塔苏卡或维戈塔苏卡。但印度和锡兰纪念碑上的名字为摩醯陀或摩晒陀。

阿育王的僧侣弟弟一事完全符合当时的惯例和规定。一位中国史学家说："据印度法令，国王驾崩后，由他的太子继位。其他皇子则要离

[①]《大唐西域记》第2卷第231页，比尔译；沃特斯的译文不是"只剩墙壁"，而是"只有很少的寺院留存下来"，沃特斯的译文才是正确的译文（《玄奘》第2卷第228页）。——原注

[②] 也称康吉布勒姆。——原注

[③]《玄奘传》，第144页，比尔译。——原注

[④]《法显游记》第27章第77页。莱格译。——原注

开王室，献身宗教事业，不得居于国内。"①吐蕃赞普墀祖德赞的做法有所不同。墀祖德赞让年长的儿子布藏玛皈依了佛教，而让幼子继承了王位。这样的事情并非个例，因此证实了雅可比教授②的一番话："印度的精神事业同天主教国家的教堂一样，似乎为其他皇子提供了一个可以施展抱负的舞台。"可以确定，在锡兰传播佛教的摩醯陀是阿育王的兄弟，而不是儿子。至于锡兰岛上国王和臣民的皈依，我认为是在阿育王的弟弟摩醯陀到达之后才开始的。而传说中关于摩醯陀妹妹僧伽蜜多的故事则让人疑窦丛生。编年史中摩醯陀的故事充满了教化意义。虽然故事基于事实，但它的准确性无法断定。

对阿育王来说，公元前257年和公元前256年是非常繁忙的两年。这段时间里，阿育王在精神领域和宗教政策上都取得了极大的发展。在十四个摩崖法敕中，第三号、第四号都明确标有阿育王执政第十三年的日期，而第五号的日期则是执政第十四年。从发现这十四个摩崖法敕的地方来看，整套法敕明显是同时镌刻成的。因此，整套法勒的颁布时间应该是公元前256年。而代替第十一至第十三号法敕在新征服城邦③颁布的两套特殊的羯陵伽法敕应该也是同一时期颁布的。这段时间，阿育王还不惜血本在加雅附近的巴拉巴尔山为邪命外道教苦行者开凿洞穴。与此同时，为弘扬"正法"，阿育王开始实行五年一轮的官员调任制度④。各级官员，除了负责辖区内的日常事务之外，还要负责弘扬"正法"。羯陵伽法敕作为补充敕令进行了部分调整：乌贾因与塔克希拉地区的王公每三年进行一次调任。为确保这些命令得到充分宣传，阿育王做了周密的安排。

公元前256年，还有一项重要的行政措施：阿育王首次任命号称"正法官员"的高级别特殊官员。这些官员专门负责监督"正法"的执行。为了方便，我们称这些官员为"监察官"。克什米尔和印度的一些州府现

---

① 《印度古文物研究》，第9卷第22页，马端临著。——原注
② 即赫尔曼·格奥尔格·雅可比（1850—1937），德国著名印度学学者。——译者注
③ 即羯陵伽。——译者注
④ 《第三摩崖法敕》。——原注

在还有这样的职位①。阿育王非常重视监察官机构。他命令该机构在各个宗派、耶婆那和其他边境部落执行"正法"。执法对象甚至包括皇亲国戚②。一批下属官员承担辅助监察官的工作③。

在接下来的一年里,也就是公元前255年,阿育王第二次扩建了"过去佛"拘那伽牟尼佛的佛塔。六年后,他亲自拜谒该佛塔。如前文所述,目前,对乔达摩教④与"过去佛"的崇拜思潮间的关系,我们了解甚少。

阿育王在公元前250年第三次斥资为邪命外道教教徒修建岩栖居所。公元前249年,阿育王到佛教圣地拜谒。之后直到公元前243年,才又有阿育王的相关记录。这一年,阿育王颁布《第四石柱法敕》。法敕要求人人都应有一个明确的信条。据了解,在刻有日期的法敕中,公元前242年颁布的《第七石柱法敕》是目前发现的日期最晚的法敕,该法敕由十个不同或独立的法敕组成,法敕全面回顾了阿育王在执政期间为推广"正法"在帝国内所采取的措施。

鹿野苑、阿拉哈巴德-憍赏弥和桑吉的小摩崖法敕是晚些时候颁布的。因为从雕刻位置与镌刻方式来看,阿拉哈巴德石柱上的《王后法敕》和《憍赏弥法敕》清楚表明:在石柱上的主要法敕刻好之后,这些短小的法敕才作为补充镌刻上去。而阿拉哈巴德石柱很明显是从憍赏弥搬运来的。憍赏弥法敕与桑吉法敕都仅仅是鹿野苑法敕的变体。王后法敕则谈及了另个一个主题。

鹿野苑法敕、憍赏弥法敕和桑吉法敕制定了针对分裂教派人士的惩罚措施,并强调了阿育王反对宗教分裂的决心。据此,我们可以将这些法敕与阿育王为镇压异教而在首都举行的佛教结集联系起来。在僧伽罗人的书籍中,阿育王举行佛教结集的日期是在他加冕第十六年或第十八年,但这

---

① 《印度古文物研究》,第32卷第365页,1903年。有些情况下,"mahamatra"一词的最好译文是"大臣"。——原注
② 《第五摩崖法敕》,《第七石柱法敕》。——原注
③ 这些下属官员可称为"yuktas, upayuktas, orayuktas"。——原注
④ 即佛教。——译者注

第1章 阿育王与孔雀王国：佛国的诞生

一日期并不准确。如果佛教结集发生于阿育王加冕后第二十八年之前，那么《第七石柱法敕》一定会提及此事，因为该法敕回顾了阿育王在颁布《第七石柱法敕》之前为推广"正法"所采取的一切对内措施。但事实上，《第七石柱法敕》中并未提及佛教结集一事。因此，佛教结集的日期应在颁布《第七石柱法敕》到阿育王统治末年的十年或十一年间。与清除异端有关的传说可谓五花八门。如果这些故事有可信之处，那么鹿野苑法敕、憍赏弥法敕和桑吉法敕就代表着佛教结集之成果。因此，佛教结集日期就在阿育王统治末期的某一年[①]。

在按已知的时间顺序追溯了阿育王的宗教史后，我们将进一步谈他宗教政策的特点。在一些法敕中记载了阿育王为他的主要信条之一——动物生命神圣不可侵犯——而采取的一系列措施。阿育王统治早期对该问题并没有顾忌。他在《第一摩崖法敕》中承认："昔日为给御宴制作咖喱，每日宰杀牲畜达几十万只。"该说法应该有些夸张。后来，大概在阿育王成为信士后，每日宰杀的牲畜数量削减为"两只孔雀、一只羚羊——可将羚羊换成其他动物"。从阿育王执政第十三年开始，他禁止因御宴宰杀任何牲畜。法敕还禁止首都臣民以肉食祭祀或寻欢作乐。但很明显，其他城邦不受该法敕约束。皈依佛教两年后，阿育王取缔了皇家狩猎。该行为标志着阿育王的宗教热情与日俱增。公元前243年颁布的《第五摩崖法敕》显示了阿育王宗教政策的最终成果。该法敕详细说明了帝国内限制伤害和宰杀动物的各项规定。各阶级的人，无论其信条、社会习俗、宗教情操如何，都要遵守该法敕。法敕列举了一份长长的动物名单，名单上都是明令禁止宰杀的动物。法敕还标明了宰杀其他动物的限制条件。与此同时，法敕严令禁止或限制各种毁损动物肉身的行为。阿育王没有完全禁止阉割公牛、公羊与公猪，但他认为这是不圣洁的行为，并严令禁止在宗教日阉割牲畜。

[①] 作者在《阿苏卡·孔雀的身份及相关问题》一文中详述了佛教结集的价值，《皇家亚洲学会杂志》，第842页到第858页，1901年；也可见普珊，《印度古文物研究》，1908年；《巴利语协会期刊》，奥托·福兰克著，里斯·戴维斯译，1908年。无法从互相矛盾的传说中重述结集的真情实况。——原注

也就是说，在一年中四分之一的日子里，人们不可以有阉割牲畜的行为。对在牛、马身上烙印一事，阿育王持相同的态度。一年中有五十六天禁止人们捕鱼和售鱼，在这期间，也不得伤害禁猎区动物。此外，无论何时，人们都不能阉割孔雀。

这样详尽的法令实际执行起来一定让人叫苦不迭。对于劳动阶层和那些笃信通过祭祀方能实现救赎的人，这一法令一定十分残酷。在监察官和各级官员行使权利、贯彻执行国王命令时，也一定滋生了大批告密者——从而产生了大量暴政。动物——哪怕是最令人厌恶的寄生虫——的生命神圣不可侵犯这种观点，不仅适用于佛教。在这一点上，耆那教有过之而无不及。对大多数婆罗门教徒来说，几乎更是如此。这种观念源于一种"转世"理论，而"转世"理论几乎是所有印度教的基础。该理论用一根纽带将所有生灵联系起来，无论是神、半神、天使、恶魔、人或者动物，都在这个轮回中。很久以来，虽然印度人一直熟谙该理论，但让每一个臣民——无论其宗教情操如何——都把它当成应履行的公民责任却是一件新鲜事，也是一种新负担。让大众普遍接受本为一小部分人所持有的信仰足以说明该法敕影响深远。值得注意的是，阿育王的法令并没有禁杀奶牛。显而易见，宰杀奶牛的行为仍属合法。现代印度人对奶牛怀有强烈的敬畏感，令人十分好奇。对这一现象，目前还没有完美的解答。早期的婆罗门教并没有这种思想。

在阿育王心中，对父母、长者和师长的尊敬似乎仅次于对动物生命的尊重。法令反复强调这一点，但这一法则的发展过程我们无从知晓。

阿育王并没有将对动物生命尊重，哪怕是对微不足道的昆虫生命的尊重延伸到人的身上。在僧侣传说中，阿育王废除了死刑，但该说法并不属实。通过法令得知，阿育王从来没有过废除死刑的想法。同其他信仰佛教的国王一样，阿育王认为极刑是不可或缺的。他认为可以适度减轻刑罚造成的痛苦，但不可免除刑罚。公元前243年，在阿育王统治晚期，他颁布了一项法令：每个死刑犯都可缓期三天再进行处决，以为来生做准备。在阿育王之后，这种印度君主常用的轻微减缓刑罚的行为才产生。在此之前，几乎都是立刻执行处决。人没有动物的价值高。这一现象很可能是因为人

第1章 阿育王与孔雀王国：佛国的诞生

需要为自己的行为负责，而动物则不然。在阿育王之后，一些印度首领会毫不犹豫地将宰杀牲畜的人处死。可想而知，阿育王的执法必然更加严厉。

阿育王的教义中最显著的特点就是法敕屡次强调的开明的宗教包容性。阿育王以令人惊讶的信念持之以恒弘扬的"正法"并没有什么显著特征。"正法"的教义在本质上同所有印度教教义相同，只是每个教派的侧重点不同而已。能证明阿育王佛教热情的并非"正法"的制定与颁布，而是阿育王所提及的教规、所使用的语言以及阿育王对圣地的拜谒和对僧侣的积极管控。阿育王对释迦牟尼佛崇拜的同时并未冷落其他教派。法敕反复申明了对婆罗门教徒与佛教苦行者的救济责任：阿育王利用佛陀的话宣称人人都是自己的孩子，并声称对包括耆那教和邪命外道教在内的所有教派一视同仁。同时，他恳请臣民戒绝诋毁邻人信仰的行为。阿育王认为各信条都有可嘉之处，并认为各教派信徒都在一定程度执行了法敕诫命。以上内容可在公元前257年到公元前256年颁布的十四个摩崖法敕中得到证实。在公元前243年颁布的《第六石柱法敕》中，阿育王进一步要求每人心中都须有一个明确的信条。阿育王说："我关注每一个宗教团体，并予以相应尊重。然而，在我看来，信守自己的信条最重要。"据了解，虽然阿育王持有这种兼容并蓄的观点，但还是为各阶层、宗派人士制定了一套非常严格的行为准则。人们在信仰上或许自由，但在行动中备受束缚。

当我们用"包容"一词的现代涵义形容阿育王的政策，并为阿育王宽广的胸襟而喝彩时，我们必须谈及当时的其他情况。阿育王统治时期，印度并没有真正意义上的不同宗教。那时人们尚不知道耶稣、琐罗亚斯德①和穆罕默德的教义。那时，除了佛教与耆那教，印度唯一有组织的宗教就是印度教。人们一直视该现象为一种社会体系，而非某一宗教或信条。当阿育王谈及对他人信条的包容时，他指的并不是像基督教和伊斯兰教这种宗教，而是指由共同的情操联结而成的印度各教派。比如说，印度所有教派都信奉"转世"这一理论。佛教和耆那教都源于印度教或印度教的变革

---

① 琐罗亚斯德是古波斯精神领袖，拜火教的创始人。——译者注

者建立的哲学流派。最初只是一个思想内核，随着时间的推移，增加了一些神话传说，就发展成了宗教。

因此，阿育王明白，所有的印度教派都会从根本上认同自己从实用角度提出的"实质"的说法，也都会竭力实现自律和生活的纯净。因此，阿育王认为自己理应通过各种方式向耆那教徒、婆罗门教徒与佛教徒表示敬意。在将大笔钱财主要用于修建佛教神殿与寺院时，阿育王也不惜斥巨资在坚硬的片麻岩上为邪命外道教的裸体苦行者①开凿宽敞的石穴，甚至不惜血本将内壁打磨得光滑如镜。毋庸置疑，阿育王的慷慨恩赐也必定惠及耆那教教徒和婆罗门教徒。事实上，在克什米尔，就有传说提及阿育王斥资修建或重建的婆罗门寺庙的名称②。阿育王之后的王公们对持有不同信条的人的捐赠行为，也同样证明了阿育王宗教思想的包容性。譬如，奥里萨邦的迦罗卫罗③曾用跟阿育王几乎一样的语气立誓尊重各种信条④。在离我们更近的时期，哈沙国王和许多其他王公都沿袭了同样的原则。这对任何一个研究印度史的人来说都不陌生⑤。

人们还是接受了这位老国王宽容的宗教情操。一位深谙印度人深层性格的女士也表达了同样的看法：

> 对印度的智者来说，在每年的圣人闪光日生成一套新的宗教体系并不是什么新鲜事。但每一套新体系都不过是用一种不同的方式来传递摩耶的基本教义，也是以一种新的方式让人敬爱神灵。与此同时，每个人在认同彼此信仰的同时，应知道如何选择自己的信仰，并持之以恒地笃信自己的信仰，直到宗派已毫无意义……"每人都有权坚持自己的信仰，却不得强迫他

---

① 空衣派，耆那教的主要流派之一。因不穿戴衣物而得名。——译者注
② 《王统谱》，第1册第101卷到第107卷，斯坦因译。——原注
③ 迦罗卫罗是公元前1到2世纪时印度奥里萨邦羯陵伽的国王。——译者注
④ 《比哈尔与奥里萨邦研究协会期刊》，第3卷第460页、第467页，1917年。——原注
⑤ 《早期印度史，第3版》，第178页、第179页、第265页、第303页、第331页、第346页。但有时也会发生宗教迫害。出处同上，第202页、第203页、第347页、第455页。——原注

第1章 阿育王与孔雀王国：佛国的诞生

人与自己的信仰一致"这一声明让印度在行为、思想的各个阶段都成了实实在在的宗教文化国度。

一位现代印度作家按同样的思路制定了以下规则：

无论身属哪个教派，人人都应弘扬经文①。

也许阿育王并不信奉将印度众多教派连接起来的摩耶吠檀多派②教义，但阿育王在《第七摩崖法敕》与《第六石柱法敕》中所阐述的教派之间关系的理论与诺布尔小姐和普拉塔帕·西哈姆形成的看法完全一致③。

尽管阿育王熟谙大量佛教文献，这些佛教文献又在本质上同大部分的巴利语经文相同，但法敕教义给人的感觉迥异于大多数佛教著作。法敕没有明显提及因果报应、歌功颂德和涅槃重生等佛教理念。很明显，阿育王虽未言明，却相信"涅槃"，且极可能向往"涅槃"。如前文所述，阿育王的训令是非常实用的，旨在引导臣民拥有正确的生活方式，而不是让臣民形成一种正确的哲学立场。从法敕的许多段落都可以看出，阿育王坚信"另一世"或"来世"的存在。譬如，在《第八摩崖法敕》中，阿育王说自己所有的努力都是为了偿还欠其他生灵的债，让一些生灵得到此生的快乐与来生的极乐④。在《第四摩崖法敕》中，阿育王用同样的对比方式告诫臣民：普通的礼制或许能带来一时的效用，却只能受用此生，而"正法"的礼制却能为来世积攒无尽的功德。在《第五摩崖法敕》中，阿育王为那些真正乐善好施的人许下了同样的承诺。《第八摩崖法敕》结尾的告示更引人注目。法敕声明，尊贵的陛下认为只有关注来世才能结出硕果，并在

---

① 《印度生活的网络》，第224页、第281页，诺布尔著。——原注
② 吠檀多派是印度的一种哲学流派。——译者注
③ 普拉塔帕·西哈姆所著《奉献者之圣树》，格里尔森翻译，发表于1908年的《皇家亚洲学会杂志》第359页。——原注
④ "此生"字面意思是"这里"；"另一世"字母意思是"另一边"；"极乐"，"天堂"。——原注

轮回转世

摩耶吠檀多派教徒

最后恳请子孙后代去做些对此生和来世都有益的事情。《羯陵伽城邦法敕》中针对玩忽职守官员的训令是这样写的：

> 此戒律乃尊贵陛下的旨意。践行此戒律终得硕果，反之则招来灾难。天国与王室都无法拯救执迷不悟之人。执迷不悟之人将永远得不到陛下的尊重。反之，若按陛下旨意行事，将获得极乐并偿还欠陛下之债务。

这样的劝诱似乎同大多数书中的佛教思想不大一致，但《究罗檀头经》中的佛陀语录可以证实极乐世界这一说法："薄伽梵向婆罗门究罗檀头依次讲述。也就是说，薄伽梵同究罗檀头谈及慷慨大方、品行端正、危险事宜、极乐世界、贪慕虚荣、利欲熏心和舍弃的益处。"[1]

在煞费苦心颁布并实施"正法"时，阿育王用"反省的益处"作为推动"人们提高虔诚之心、戒绝杀戮生灵和戒绝为祭祀而宰杀牲畜"的主要手段[2]。在推广法令时，阿育王没有完全依赖反省和"正法"。阿育王不断颂扬施舍的功德，同时注重实际的慈爱行为，并身先士卒践行法令。为了让臣民和牲畜舒适地生活，阿育王在国内挖井，种植遮风挡雨、开花结果的树木，还在道路适当的间隔处修建了休养所与饮水池。阿育王还特地命人精心照顾、治疗病人，并向孔雀王国及盟国的军队传播草药的价值和种植方法。尽管法敕中并没有出现"医院"一词，但阿育王一定建立了这样的机构。毋庸置疑，六百年后，来自中国的礼佛者在华氏城见到的惊人的免费医院就是阿育王所创机构的一种延续。在西印度的苏拉特和其他一些城市中，至今仍可看到令人好奇的动物医院。这应该也是阿育王所建机构的一种延续[3]。

---

[1] 《佛陀对话》，第184页，里斯·戴维斯著。——原注
[2] 《第七石柱法敕》，第9部分。——原注
[3] 《第二摩崖法敕》，《第七石柱法敕》；《法显游记》，第27章，法显著；也可参见《早期印度史》第3版第183页和第296页。——原注

第 1 章 阿育王与孔雀王国：佛国的诞生

阿育王道德教义中的绝大部分内容都与教会教义问答一致。也可用教会教义问答概括如下：

> 热爱、尊敬并周济我的父母……听从州长、师长、精神牧师和主人的安排；在长辈面前毕恭毕敬；不用言语与行动中伤他人；坚持真理和正义；心中不存邪念和憎恨；不偷不盗、不诋毁、不撒谎、不造谣中伤他人……此生践行此职责直至上帝召唤。

尽管阿育王可能并不明确信仰某个鲜活、具有人类特征的神灵，但在很多方面，阿育王教义所达到的实际道德水平一点都不比英国教堂的影响力逊色。阿育王将动物纳入责任范围，这点很明显要比英国教堂教义更加高明。直到最近，基督教的说教者和神学家还尚未认同人类应善待动物，或认可不能肆意残忍对待动物这一观点。而阿育王的教义里却含有"不杀动物"和"善待仆人与奴隶"这样的言辞。当然，这些言辞也只是在该法敕中管用。至于传道者如何践行、弘扬这个令人钦佩的法敕，尚无人能知。但毫无疑问，整体而言，佛教对提高印度的道德观念产生了深远的影响。而这一切都仰仗于阿育王对佛教的推广。婆罗门教一直都在极力歌颂超验主义思想的智力感悟，或过于重视举行仪式的意义，而阿育王却认为这些"收效甚微"。因此，阿育王比较轻视道德责任。佛教则将道德义务置于首位。

小石柱法敕让我们对阿育王有了最后的了解。该法敕显示，阿育王既是国家统一的捍卫者，也是自己所笃信佛法的护卫者。阿育王驾崩的时间和地点无人知晓。也没有任何纪念碑标明阿育王的骨灰安葬地。据《印度史诗》[①]记载，阿育王统治孔雀王国三十六年或三十七年。该记载与锡兰人的编年史中的记载几乎相同。在锡兰人的编年史中，阿育王在位三十七年。如果再加上阿育王举行加冕仪式前的那四年，那么阿育王的全部统治

---

① 《印度史诗》涉及各种主题，尤其是神话、民间传说等内容的多类型的印度文学。语言主要是梵语，也有印度地方语。——译者注

期就是四十年或四十一年。通过目前的资料，我们无法得出更精准的年表。但将阿育王的统治日期归到公元前273年到公元前232年，该不会有太大偏差。对于确定阿育王开始执政时的日期，为了尽可能降低误差，我们可以使用两种独立的计算方法。第一种算法是从公元前323年亚历山大大帝驾崩、几乎同一时期旃陀罗笈多·孔雀即位开始；另一种是推迟到公元前258年，即从《第十三摩崖法敕》提及的昔兰尼加的马加斯驾崩日期开始算起。因为《第十三摩崖法敕》可能是在阿育王执政第十四年颁布的。在第一种算法中，对月护王旃陀罗笈多·孔雀的具体即位日期，我们还存有疑虑；而他的统治时间究竟是二十五年还是二十八年，这一点还存有争议。这增加了该算法的不确定性。第二种算法是从公元前258年开始算起，产生的疑虑较少。所有学术权威都认同月护王旃陀罗笈多·孔雀统治了孔雀王国二十四年的说法①。总而言之，笔者认为，月护王旃陀罗笈多·孔雀的即位日期是公元前325年，宾头娑罗·阿米特拉加答的继位日期是公元前301年，阿育王的继位日期是公元前273年，而阿育王的加冕仪式则是在公元前269年举行的。

一些知名学者认为，《第一小摩崖法敕》最后的数字256代表了佛陀涅槃二百五十六年。《阿育王：一部孔雀王国史》的第一版认同了这一说法。但在进一步研究之后，我认为，塞纳尔和托马斯先生对该理论的驳斥更有道理。塞纳尔和托马斯发现，如果佛陀是公元前487年涅槃，那法敕的颁布日期就应是公元前231年——这时的阿育王已到了生命末期。目前，我也认同《第一小摩崖法敕》是阿育王最早颁布的法敕，时间约为公元前257年。由于对碑文有不同理解，阿育王史的创作也受到严重影响②。如

---

① 里斯·戴维斯在《古锡兰货币与度量衡》的注释中（第41页）纠正了抄写员的错误。抄写员误写为三十四年。——原注

② 布勒一直坚持该日期（《印度古文物研究》，第22卷第302页），弗利特博士在《皇家亚洲学会杂志》的几篇文章中也采纳了布勒的观点，最近发表的一篇文章是1913年第655页上的文章。佛陀涅槃日期详见《早期印度史》第三版第46页与第47页。如果佛陀确实在公元前487年圆寂，那么阿育王在佛陀圆寂后二百一十八年举行加冕的说法是正确的。但我现在更倾向于佛陀在公元前544年或公元前543年圆寂的说法。——原注

第 1 章 阿育王与孔雀王国：佛国的诞生

前文所述，我不认同阿育王在晚年主动放弃王权的说法。那种认为阿育王在晚年才皈依佛教的说法和碑文上明确的宣言大相径庭。

目前对阿育王继承者的了解甚少。《印度史诗》提到了阿育王的孙子印萨拉塔[①]。据加雅附近纳加尔遒尼山的碑文记载，印萨拉塔是一个真实的历史人物。据记载，印萨拉塔曾在纳加尔遒尼山为邪命外道教教徒修建洞穴——这一点跟他的祖父阿育王在巴拉巴尔山为邪命外道教教徒修建洞穴的做法是一样的。西印度耆那教的传说中对阿育王的一个叫三钵罗底的孙子有大量描述。这些传说将三钵罗底视为耆那教的护法名王。不过，没有任何碑文或其他证据可以证实这些传说。认为阿育王身后有两个孙子，并在阿育王驾崩后分别统治西印度和东印度领土的假设只是一种猜想。但大致可以确定的是：阿育王驾崩后，西印度由印萨拉塔统治。在本书第七章中，浅谈到阿育王可怜的盲儿鸠那罗的故事，该故事仅为民间传说。在克什米尔编年史中，对阿育王的另一个儿子伽罗卡的故事虽然用了更多笔墨，但该故事也不过是个传说。在克什米尔的编年史中，伽罗卡崇拜湿婆[②]，而他的王后则大力宣扬女神萨克蒂[③]。法敕中表明，阿育王拥有众多子孙。但法敕只提到一个儿子的名字，即蒂瓦拉。蒂瓦拉是阿育王第二个王后卡鲁瓦基所生的儿子，他的命运无人知晓[④]。

至于印萨拉塔的继任者是谁，不同的书有不同的说法。但《印度史诗》记载，孔雀王国在历经一百三十三年或一百三十七年后，走向覆灭。如果月护王旃陀罗笈多·孔雀是在公元前 325 年继位，那孔雀王国的覆灭应该发生在公元前 188 年。显而易见，在孔雀王国的后期，印度王公们各占领着一方领土。在一个强大的第三方政权的介入下，月护王旃陀罗笈多·孔雀、宾头娑罗·阿米特拉加答和阿育王统治约九十年之久的孔雀王国，

[①] 《罗摩传》中的古印度国王。——译者注
[②] 湿婆是印度教的三神之一，是破坏之神。——译者注
[③] 《王统谱》，第 1 册第 108 卷到 152 卷，斯坦因译。——原注；印度教和性力派的女神，象征权力与力量。——译者注
[④] *《王后法敕》。——原注

湿婆和帕瓦蒂

萨克蒂

最终失去王权，分崩离析。弑君篡权者名为普西亚米陀·巽加①，本是孔雀王国最后一位国王普里哈多拉达的大臣。至此，孔雀王国正式灭亡。尽管在阿育王驾崩五十年后孔雀王国就走向覆灭，但阿育王的后裔在摩揭陀各地继续做了近八百年的统治者。在玄奘到达摩揭陀之前，摩揭陀国王跋摩②刚虔诚地修复了被孟加拉国设赏迦王③破坏的加雅菩提圣树。而跋摩国王就是阿育王的最后一个后裔。该事件发生在六百年后。

普西亚米陀·巽加
（约前185—前149年）

---

① 普西亚米陀·巽加（约前185—前149年），巽加王朝的创建者与第一任国王。——译者注
② 跋摩（约395—434），古印度国王，统治期留下了一些石刻碑文。——译者注
③ 设赏迦王，7世纪的孟加拉国王，孟加拉历史上的重要人物，在孟加拉地区创建了第一个独立的政治实体，生卒年不详。——译者注

第 1 章 阿育王与孔雀王国：佛国的诞生

孔雀王国编年史			
时间	阿育王执政年	事件	附注
前 327 年—前 325 年	—	亚历山大大帝攻打印度；年轻的旃陀罗笈多·孔雀遇到亚历山大大帝。	—
前 325 年—前 322 年	—	印度城邦叛乱。	
前 325 年	—	旃陀罗笈多·孔雀在华氏城登上王位，建立孔雀王国。	—
约前 324 年	—	菲利普斯总督遇害；印度城邦由欧德摩斯和塔克希拉国王安皮统治。	—
前 323 年 6 月	—	亚历山大大帝在巴比伦驾崩。	
前 321 年	—	《特里帕拉迪苏斯分封条约》达成；安皮和普洛斯国王掌管旁遮普。	
约前 317 年	—	欧德摩斯撤军。	
前 315 年	—	塞琉古被逐出巴比伦。	
前 312 年	—	塞琉古重返巴比伦；塞琉古王朝。	
前 306 年	—	塞琉古登上王位。	
约前 305 年	—	塞琉古一世与月护王旃陀罗笈多·孔雀交战；塞琉古一世割让阿利亚、阿拉霍西亚、格德罗西亚和帕洛帕米萨达。麦加斯梯尼出使印度。	
前 301 年	—	伊普苏斯之战；宾头娑罗·阿米特拉加答继位。	
约前 300 年	—	代马库斯出使印度。	
前 285 年	—	埃及国王托勒密二世继位。	
前 280 年	—	塞琉古一世驾崩；安条克继位，称安条克一世。	
前 278 年或前 277 年	—	马其顿国王安蒂哥鲁斯·哥纳塔斯继位。	
前 273 年	—	阿育王继位。	—
前 272 年	—	伊庇鲁斯国王亚历山大继位。	
前 269 年	阿育王 1 年	阿育王举行加冕仪式	—
前 261 年	阿育王 9 年	阿育王征服羯陵伽，成为信士；叙利亚国王安条克二世继位。	《第十三摩崖法敕》；《第一小摩崖法敕》。
前 259 年	阿育王 11 年	阿育王皈依佛门成为僧侣，废除皇家狩猎，开始"礼佛之行"并派遣人员开始传播佛教。	第二、第八以及第十三摩崖法敕；《第一小摩崖法敕》；《第七石柱法敕》。
前 258 年	阿育王 12 年	托勒密二世同父异母兄弟、昔兰尼加国王马加斯驾崩；伊庇鲁斯国王亚历山大驾崩。	

055

阿育王：一部孔雀王国史

前257年	阿育王13年	阿育王创建《第一小摩崖法敕》和《第三摩崖法敕》《第四摩崖法敕》；为邪命外道教徒修建一号和二号巴拉巴尔洞穴；设立官员五年换任制。	《第一小摩崖法敕》；《第三摩崖法敕》《第四摩崖法敕》《第二小摩崖法敕》日期可能稍晚。巴拉巴尔洞穴。
前256年	阿育王14年	阿育王完成十四个摩崖法敕、《羯陵伽边境居民法敕》；任命监察官；《布哈布鲁法敕》。	《第五摩崖法敕》《第十四摩崖法敕》；《羯陵伽边境居民法敕》；《布哈布鲁法敕》。
前255年	阿育王15年	阿育王《羯陵伽城邦法敕》；第二次扩建迦毗罗卫附近拘那伽牟尼佛塔。	《羯陵伽城邦法敕》；尼格利瓦石柱碑文。
前250年	阿育王20年	阿育王为邪命外道教徒修建三号巴拉巴尔洞穴。	巴拉巴尔洞穴。
前249年	阿育王21年	阿育王去佛教圣地拜谒。	蓝毗尼石柱碑文和尼格利瓦石柱碑文。
前248—前246年	阿育王22年或24年	巴克特里亚和帕提亚宣布独立。	—
前247年	阿育王23年	埃及国王托勒密二世驾崩。	—
前247年或246年	阿育王23年或24年	叙利亚国王安条克二世驾崩。	—
前243年	阿育王27年	阿育王创建《第四石柱法敕》。	《第四石柱法敕》。
前242年	阿育王28年	阿育王完成七套石柱法敕；马其顿国王安蒂哥鲁斯·哥纳塔斯驾崩。	《第七石柱法敕》。
约前240年	阿育王30年	阿育王发起华氏城佛教结集。	—
前240年—前232年	阿育王30年—37年	《小摩崖法敕》完成。	《小摩崖法敕》。
公元前232年	—	阿育王驾崩；印萨拉塔或三钵罗底继位；为邪命外道教教徒修建纳加尔逎尼洞穴。	《岛史》《大史》《印度史诗》，纳加尔逎尼洞穴。
公元前188年	—	普西亚米陀·巽加杀害普里哈多拉达篡位；孔雀王国覆灭。	—

第 2 章　孔雀王国的疆域与管理：
　　　　强权背后的现实基础

在希腊、罗马的作家对月护王旃陀罗笈多·孔雀领土的描述中，在阿育王颁发的法敕的内容中，在分布各处的纪念碑、碑文以及一些传统文学中，我们可以了解阿育王统治多年的帝国的辽阔疆域。

亚历山大大帝征服的西印度地区横跨旁遮普，远至拜尔斯河，但此次征服如昙花一现。如前文所述，亚历山大大帝驾崩后不久，印度的统治权就落到月护王旃陀罗笈多·孔雀的手中。公元前305年，塞琉古一世又将阿利亚、阿拉霍西亚、格德罗西亚以及帕洛帕米萨达割让给月护王旃陀罗笈多·孔雀。这样一来，孔雀王国的边界就延伸至兴都库什山脉。现在的阿富汗、俾路支和莫克兰的大部分地区都属于孔雀王国，还包括印度东北边境上的城邦。当时，孔雀王国的版图包括著名的喀布尔要塞、扎布尔①、坎大哈以及赫拉特，还包括令侨居印度的英国政客徒然叹息的"科学边界"。在宾头娑罗·阿米特拉加答统治期间，这些横跨印度河的城邦应该都还完好无损。到了阿育王时期，他依然保有对这些城邦的统治权。在标明塞琉古王国与孔雀王国相毗连土地的协议中，阿育王提到了塞琉古国王安条克一世。玄奘在阿富汗许多地方都见到了阿育王斥巨资修的建筑，其中一个石塔高一百英尺，位于卡菲烈斯坦②的卡比萨城；另一个经过精

---

① 不是加兹尼 Ghazni（也可写为 Ghaznin 或 Ghazna），该城在九世纪末才建成。扎布尔是阿拉霍西亚的古都，位于喀布尔南部与加兹尼东部的米哈塔依–苏莱曼山脉。据悉，欧洲人虽尚未踏足该地，但那里该遗迹犹存（《阿富汗笔记》，第457页、第506页到第510页，拉维尔第著）。——原注
② 今阿富汗努尔斯坦省及周边地区。——译者注

心雕琢的石塔高三百英尺，位于喀布尔河岸贾拉拉巴德^①附近的南格拉哈尔。在斯瓦特峡谷也可以见到阿育王修建的佛塔^②。

大量证据表明，克什米尔峡谷^③也属于孔雀王国。克什米尔现在的首府斯利纳加^④的前身就是阿育王建的。阿育王建的那个古城通常称为"潘德勒斯安"，位于当今首府斯利纳加西南三英里处，但在伊斯兰教编年史中，该城距斯利纳加三十多里，位于利达尔河岸的西尔——离伊斯兰堡和马尔丹德不远。传说，阿育王在克什米尔建了五百个佛教寺院。正是因为

马尔丹德

---

① 今贾拉拉巴德，阿富汗中部城市。——译者注
② 《大唐西域记》第1卷第57页、第92页、第125页，比尔译；《玄奘》第1卷第129页、第183页、237页，沃特斯著。有关南格拉哈尔的详情可参见拉维尔第所著《阿富汗笔记》第49页。——原注
③ 克什米尔峡谷是属印度管辖的克什米尔地区的一个山谷，由杰赫勒姆河冲积而成。——译者注
④ 也称普里瓦拉普拉。——原注

第 2 章 孔雀王国的疆域与管理：强权背后的现实基础

阿育王对佛教的热忱，克什米尔才有了这么多重要的建筑——包括为婆罗门教教徒修的一些建筑①。

当时的孔雀王国疆域还包括尼泊尔塔莱②。在纪念阿育王公元前249年去佛教圣地礼拜的蓝毗尼石柱法敕和尼格利瓦石柱法敕中，这点可以得到证实。

保存完好的纪念碑证明了当地传说不仅仅是传说。由此可知，尼泊尔隐蔽的峡谷当时也在阿育王的有效控制下。本书最后一章会谈到由优波掘多引导的礼佛之行。此后，礼佛之行不断推进。礼佛者越过楚里亚－加蒂山，进入当时首府为文殊帕坦的峡谷。该地与现在的加德满都在同一位置。阿育王决心用创建一座新城和竖立大量纪念碑的方式来纪念礼佛之行。新首府位置选在了今加德满都东南两英里处高出地面的一块地方，该地就是

加德满都

---

① 《王统谱》，第1册第101卷到第107卷及注释，斯坦因译。——原注
② 塔莱是今印度北部和尼泊尔南部的一个低地地区。该地区由五十块湿地组成。——译者注

后来的拉利塔帕坦①所在地。阿育王命人在城市中央建了一座寺庙。寺庙现在仍在加德满都南边。新城四边分别对应四个基本方位。除此之外，阿育王还修了四个大型半球形佛塔——这些佛塔可能至今仍在。拉利塔帕坦的一些小型建筑物上还刻有阿育王的名字。

与阿育王一起礼佛的还有阿育王的女儿刹鲁玛蒂，即刹帝利·提婆波罗的妻子。后来，刹鲁玛蒂与刹帝利·提婆波罗在尼泊尔附近的帕苏帕蒂圣地住了下来，并在那里敬奉天神帕坦。刹鲁玛蒂一家后来人丁兴旺。刹鲁玛蒂与刹帝利·提婆波罗在年迈之时决定以虔诚隐退的方式度过余生，并立誓各自为僧伽成员建一个隐退处。刹鲁玛蒂有幸践行了自己的誓言，也在自己所建的尼姑庵中圆寂。至今仍可在天神帕坦庙附近以北一个叫查巴西的村庄里见到这个由刹鲁玛蒂所建的尼姑庵。据说，刹帝利·提婆波罗离世时极其困窘，因为在刹帝利·提婆波罗圆寂时，他曾发誓要建的寺

帕苏帕蒂圣地的佛像

---

① 也称帕坦。——原注

第2章 孔雀王国的疆域与管理：强权背后的现实基础

院尚未建好。人们认为当时统治尼泊尔的是基拉塔斯人。那时，当地的王公是斯夯库①。

在阿育王时期及以后的很多个世纪里，一个叫苏赫玛的独立小国的首都耽罗栗底②是一个重要的港口。耽罗栗是来往于锡兰、缅甸、中国和印度洋诸岛的船装载货物和人员登陆的地方。毫无疑问，这个重要的商业中心也在阿育王的统治范围内。阿育王曾在耽罗栗底修了一座佛塔。九个世纪过去了，佛塔风貌犹存。长久以来，淤泥的堆积与地平面的升高使耽罗栗底受到了破坏。现在距海边足有六十英里的塔姆鲁克小镇就是当时的耽罗栗底所在地。耽罗栗底古城埋于河水冲积物之下。在地下十八到二十一英尺，可以见到古城砖墙与屋舍的遗迹③。在萨马塔特④首都，即布拉马普特拉河⑤三角洲⑥，也伫立着一个佛塔。此外，在孟加拉⑦和比哈尔各处，也都可以见到佛塔。

显而易见，在当时，整个孟加拉属于孔雀王国。前一章提到，公元前261年，阿育王出征位于默哈讷迪河与戈达瓦里河间的羯陵伽国。通过该战役，阿育王完成了对纳巴达河以北印度地区的占领。关于阿育王兼并地区的统治者是谁，我们一无所知，但这些城邦可能在宾头娑罗·阿米特拉

---

① 《尼泊尔素描》，第2卷第246页到第248页，奥德菲尔德著。《尼泊尔》，第1卷第67页；第2卷，第82页，西尔万·莱维著。第1卷第263页的照片很好地再现了帕坦的阿育王佛塔，从其外形可以看出佛塔年深日久。也可见《印度古文物研究》，第8卷第421页。——原注
② 即今西孟买的塔姆鲁克。——译者注
③ 塔姆鲁克位于北纬22°18′，东经87°56′，在鲁布纳拉扬河的米德纳普尔区。见《重要地名词典，第2版》，1908年，塔姆鲁克著；《法显游记》，第37章第100页，法显著，莱格译；《大唐西域记》第2卷第200页，玄奘著，比尔译；《玄奘》，第2卷第190页，沃特斯著。在法显时代，即公元410年，耽罗栗底有22个佛教寺院，这一数字到了7世纪下降了约一半。——原注
④ 古典时期印度次大陆的一个古国，在孟加拉东南方布拉马普特拉河的入海口。——译者注
⑤ 布拉马普特拉河是亚洲最大的河流之一，流经中国、印度和孟加拉国，上游为雅鲁藏布江。——译者注
⑥ 《大唐西域记》第2卷第187页，玄奘著，比尔译；《玄奘》第2卷第187页，沃特斯著。——原注
⑦ 《大唐西域记》第2卷第195页，玄奘著，比尔译；《玄奘》第2卷第184页，沃特斯著。——原注

加答统治时就已经被兼并。通过基尔那尔的罗达曼碑文我们得知,阿育王曾统治着遥远西部地区苏拉时特拉[①]。

通过迈索尔北部[②]的三个小摩崖法敕副本和十四个摩崖法敕中提到、并视为独立国家的泰米尔,我们可以了解到孔雀王国大致的南部边境。事实上,其边界线可以准确地从彭纳河在东海岸的入海口划到卡尔亚纳普里河在西海岸的入海口。将图鲁瓦与喀拉拉邦或马拉巴尔海岸隔开的昌德拉吉里或康格鲁特河构成了图鲁瓦国北部的边界线。直到现在,昌德拉吉里河仍是一条种族边界线。任何纳亚尔女人都不敢穿越该界限[③]。

因此,阿育王的帝国包括现在的阿富汗、兴都库什山脉、俾路支、莫克兰、信德、喀奇和斯瓦特山谷,还有一些邻近地区,如克什米尔、尼泊尔以及印度最南端泰米拉克姆[④]外的整个印度领土。除去缅甸,阿育王的统治范围比现在的英属印度[⑤]还要辽阔。位于孔雀王国东北的伽摩缕波似乎是个独立国家,自然也就不在阿育王传播佛教的范围内。7世纪时玄奘游历该国,他坚称,伽摩缕波并没有人传播佛教,境内也没有任何寺庙建筑。

据中国西藏的传说,喜马拉雅山脉以北的于阗国是在阿育王时期中印两国为分割两国间的土地而共同建立的。其中一则故事明确地指出了"于阗河上游的土地都归雅克沙[⑥],而雅克沙从那时起就已经属于雅利安[⑦]"。据称,"雅利安国王阿育王"曾于佛历250年游历于阗,且阿育王与中国修建万里长城的著名的秦始皇同属一个时代。该记录大致正确,因为秦始

---

① 即卡提瓦半岛。——原注
② 这是杰廷嘉-茹阿梅索尔山的位置。西德达普尔和婆罗马吉里修订法敕就位于附近。位于北纬14°50',东经76°48'。——原注
③ 《百科全书》第2版,巴尔弗著;《重要地名词典》第2版,1908年。之前,我以为图鲁瓦就是第二摩崖法敕中提及的萨提亚普特拉王国,现在我认为该地区就是哥印拜陀的瑟蒂耶门格勒姆自治区。——原注
④ 古泰米尔国领土。——原注
⑤ 即阿萨姆。——原注
⑥ 雅克沙是古印度和锡兰的一支外族部落。——译者注
⑦ 即印度。——原注

第 2 章 孔雀王国的疆域与管理：强权背后的现实基础

皇的统治日期是公元前 246 年至公元前 210 年。他于公元前 221 年[①]称"皇帝"。而阿育王的统治日期是公元前 273 年到公元前 232 年。如果佛陀是在公元前 487 年涅槃，那阿育王就应该是在公元前 237 年游历的于阗。值得一提的是，在中国西藏的书中，对佛陀涅槃和阿育王游历于阗的描述较为精准，这些书籍保存至今。不过，尽管阿育王统治范围内的居民与于阗的居民确实有过大范围交往，但仍不足以证明于阗国曾属于孔雀王国[②]。佛教确实是在阿育王之后很久才进入于阗的。阿育王似乎只是在喜马拉雅主山脉以南的地方传播佛教。

前一章提到，在对孔雀王国辽阔疆域的管理与组织方面，相关资料非常丰富。麦加斯梯尼曾以一个聪慧旁观者的视角详尽地描述了月护王旃陀罗笈多·孔雀统治时期的政治体制。该描述也证实了以下猜想：孔雀王国第一任国王天才般创建的政治体制由他的孙子完整地沿袭了下来——只做了些许调整与变动。孔雀王国第一任国王的大臣[③]贤才考底利耶对治国之术做了系统、重要的论述。考底利耶的著作虽然不够严谨，但很好地展示了古印度国王的治国安邦之策。在很多方面，该著作都证实并阐释了以前麦加斯梯尼对印度政体独一无二的描述。通过研读阿育王碑文，我们可以

[①] 《欧亚纪元合表》，第 112 页到第 116 页，张璜，1905 年，上海。——原注

[②] 《皇家亚洲学会杂志》，第 1 部分第 195 页到第 197 页，萨拉特·钱德拉·达斯著，1896 年；《释迦牟尼传》，第 233 页到 237 页，柔克义著。柔克义认为于阗建于佛历 234 年。487-234＝253，即公元前 253 年。很明显，阿育王继位日期要比于阗的建立日期早四十八或四十九年 [第 30 继位年＋19，瞿萨旦那（译者按：即于阗）时代之前]，即公元前 301 年或公元前 302 年，这样阿育王的统治期就成了 54 年。于阗的传说可参见《古于阗》第 156 页到第 166 页，斯坦因著，1907 年。——原注

[③] 人称这位大臣考底利耶、卡欧提略、商那阁或维什努古普塔。沙玛萨斯特里先生是公开《政事论》手稿的第一人，同时公开的还有一个由布哈塔斯瓦米注释的不太完整的手稿，这些稿件被一个印度学者存放于迈索尔政府东方图书馆中。其他的两个手稿，一个由乔利教授借给了慕尼黑国家图书馆，另一个似乎是存于加尔各答梵语学院中（希尔布朗德，《考底利耶＜政事论＞及相关事宜》，布雷斯劳，1908 年）。沙玛萨斯特里先生将 1904 年发现的这本书进行了印刷，见迈索尔梵文藏书第三十七卷（1909 年）。沙玛萨斯特里先生以各种形式出版了此书的部分译文，1915 年完成了全部翻译（班加罗尔政府出版社）。虽然其译文明显有待修订，却是最可信赖的材料，对我来说极其重要。译者的艰辛可想而知。这一主题的文献不断增加，完美译本的问世需要一定的时间。——原注

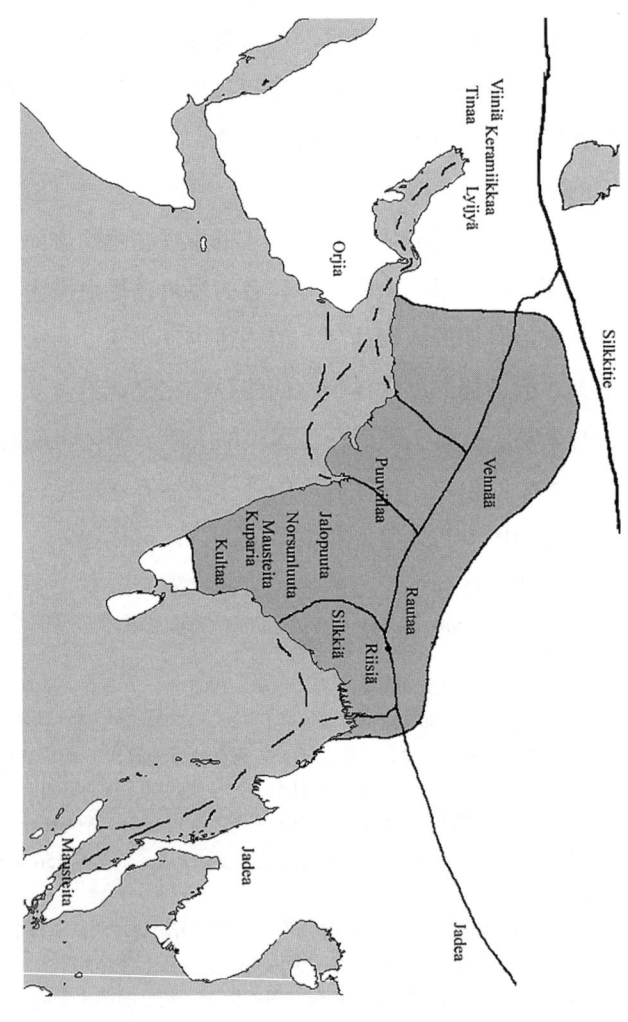

孔雀王国的疆域

秦始皇
(前259—前210)

阿育王：一部孔雀王国史

了解孔雀王国在组织社会与僧团方面的大量信息。历史学家在仔细对比各种数据后，也明确指出：在自孔雀王国到十九个世纪后的阿克巴政权，孔雀王国的政治体制更为人所知。

既是摩揭陀首都、又是孔雀王国总部的华氏城[①]位于桑河与恒河交汇处上游几英里处的北岸。桑河在很久以前就改变了流向，现同班基波的上游迪纳普尔营地[②]附近的一条更大的河流汇聚到一起。但依然可见裸露的

阿克巴
（1542—1605）

[①] 孔雀王国是摩揭陀王国的一个王朝。——译者注
[②] 今迪纳普尔，印度比哈尔邦巴特纳附近的一个城市。——译者注

第 2 章 孔雀王国的疆域与管理：强权背后的现实基础

古老河床与河边的石阶。因此，华氏城当时用两条大河来防御外部入侵，从而使自己占据有力的防御位置。其他印度城邦也喜欢用此防御方法。现在，处于该位置的是本地大城巴特纳、班基波的英国居民站、西印度铁路以及邻近各村落。以前，人们认为华氏城的很大一部分是被河水冲毁的。这种说法并不准确。洪水冲击的影响似乎并不太大。华氏城早期建筑的遗迹至今犹存，只是大部分都深埋在淤泥中。

华氏城同现在位于该位置上的城市一样，是一个狭长的平行四边形，长约九英里，宽约一点五英里。在月护王旃陀罗笈多·孔雀统治时期，麦加斯梯尼曾在此地居住。那时华氏城的防御系统是由一个厚实的木栅组成的。木栅凿出六十四道门，上方搭建了五百七十个塔楼。除此之外，城外还有一条从桑河引来的又宽又深的护城河。人们已经在这里的好几个地方发现了木栅碎片。为了改善华氏城的防御系统，阿育王在城外砌起石墙；为了美化城市，又建起精雕细琢的石质建筑。几百年后，这些建筑仍然鬼斧神工一般。我曾亲眼目睹了两座雄伟砂岩城的挖掘工作。这两座城一个靠近

华氏城出土的石兽　　华氏城出土的石像　　华氏城出土的石构件

铁路，一个在一片马铃薯田地，应该都属于雄伟的建筑。不尽如人意的是，那些常常厚达二十英尺的泥沙与大量的现代建筑使挖掘工作困难重重。

现铁路以南的肯拉哈尔村和农田就是当时孔雀王国的王宫或其中一个王宫所在地。斯普纳博士在该地做了部分挖掘工作后，发现遗迹挖掘工作很难开展。也许进一步的系统勘测会带来惊人发现。笔者认为，如果有专人督导，辅以充足的人员、趁手的工具，再进行彻底勘察的话，就有可能找到中国礼佛者提到的华氏城及它附近的许多纪念碑的位置。不过到目前为止，该工作并未产生实质成果①。显而易见，肯拉哈尔宫殿是阿育王

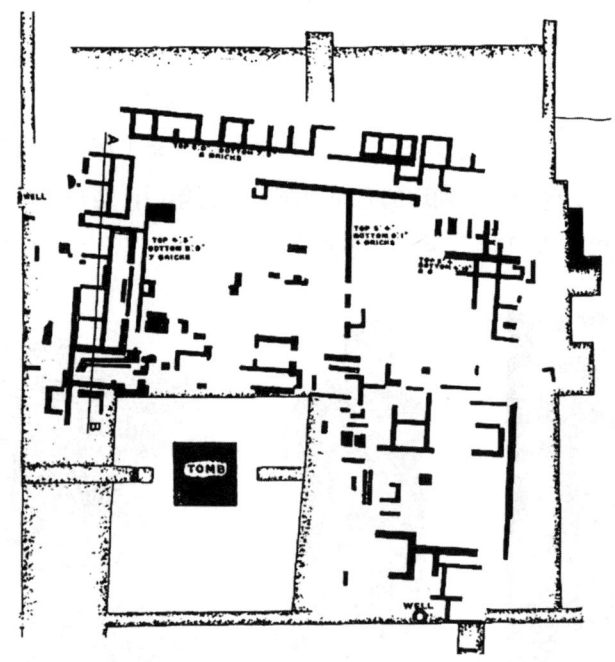

肯拉哈尔宫殿平面图

---

① 河道的变迁可参见亚历山大·卡宁厄姆在《考古调查报告》第8卷第6页和第11卷第154页的研究报告。陆军中校沃德尔发现了一些遗迹，这些遗迹有一定可信度，《阿育王古都华氏城与其他地方的确切地址》（沃德尔著，加尔各答，1892年）及该书1903年第2版。该书虽然饱受批评，却提供了更多信息。我有证据显示，已故巴布·普尔纳·钱德拉·穆克哈吉未公开出版且相对原始的报告中隐藏着大量信息。这些图纸一定在加尔各答秘书处。希腊罗马的启事可见之前引用的麦克林德尔先生的著作。——原注

第 2 章 孔雀王国的疆域与管理：强权背后的现实基础

祖父曾住过的宫殿。与现代缅甸国王的宫殿一样，月护王旃陀罗笈多·孔雀的宫殿虽然可能以木质材料为主，但比苏萨①和埃克巴塔纳②的王室乐园还要恢宏。据了解，宫殿石柱上缠绕着金藤浮雕，装饰着精美绝伦的银鸟，花园里布满名贵植物，还有优美瑰丽的人造池塘。此等煊赫，已无法追溯。但如果有充分的时间、精力、财力大规模挖掘，一定能获取一些重要信息。至少能了解到早期建筑的砌体基础，或许还能揭示阿育王时期石质建筑与碑文的更多特点。

这座大城市在组织管理方面更加精细。这可以通过一个由三十人组成的委员会看出。该委员会分六个部门，每个部门有五名成员。部门可能是由普通村务委员会③发展而来的。

第一部门负责监督工匠及其工艺。这些工匠被视为国家的仆人。

第二部门负责监督外国人，关照外国人的需求，为生病的外国人提供医疗帮助，以及在外国人离世后为其举行体面的葬礼并管理逝者财产。这些官员还要负责为外国游历者提供适宜的居所，并在外国游历者回国时予以充足的护卫。该部门成员的职责很像希腊城邦中外国代表人④行使的职

埃克巴塔纳出土的货币

---

① 伊朗苏萨。——译者注
② 今伊朗哈马丹。——译者注
③ 南亚一种古老的政治体制，主要在印度、孟加拉、巴基斯坦、尼泊尔等国执行。——译者注
④ 是古希腊所选出来接待外国大使的人，接待者自己承担接待外国大使的费用，但可因此获得荣誉。——译者注

责。不过，在孔雀王国，履行该职责的是孔雀国王的官员。而在希腊，外国代表人就像现在的领事——由外国代表人的国家任命①。

第三部门的官员负责登记出生和死亡人口。该部门一方面可以向政府提供人口信息，另一方面也有益于税收。

第四部门可称为"贸易委员会"。该部门在监督首都商贸活动的同时，也负责调控度量衡。产品销售税是王室的主要收入来源之一。所有出售商品都要加盖政府印章。度量衡的相关规定极其详尽。

第五部门负责管理制成品。贸易商应按规定区分新旧货品，并在国外商品、国内商品以及本地商品间仔细区分。

第六部门负责征收产品销售税。据麦加斯梯尼所言，商品按其价格的十分之一征税。但事实上，征税比例不一而足。斯特拉博在报告中指出，据麦加斯梯尼说，逃税是死罪。根据考底利耶的规定，"撒谎者与窃贼处罚方式一样"②，即处以肉刑或死刑。

虽然相关记录中并没有详述孔雀王国其他城邦的管理方法，但法敕却不止一次提到某些城镇的负责官员。大城市的管理原则可能与首都相同。

在昆图斯·库尔提乌斯③眼中，孔雀王国宫廷的富丽堂皇达到了"一种穷奢极侈的程度"。国王金辇的故事和其他描述宫廷铺张浪费的文章应该属实。印度王公一向铺张奢靡，一些欧洲国王也是如此。令罗马作者尤为震惊的是，国王出行时，"随行人员中还有一长列坐于金轿中的妓女。这些妓女在扈行中占有一席之地，与皇后的扈从分开行进，所乘轿辇却同皇后轿辇一样装饰华丽"。考底利耶证实了以上引言，并谈到，这些女性"手持御伞、御扇、金水罐，服侍坐于金辇、王座或马车上的国王"④。任何熟悉现代印度的人都知道，该风俗至今犹在。

---

① 详见1905年的《印度古文物研究》第34卷第200页的《印度与希腊领事》一文以及牛顿所著《艺术与考古》一书第104页与121页。——原注
② 《政事论》，第2卷第21章、第22章。——原注
③ 约公元1世纪的罗马历史学家，唯一流传的作品是《亚历山大传》。——译者注
④ 《政事论》第2卷第27章。——原注

第 2 章 孔雀王国的疆域与管理：强权背后的现实基础

至少在一个世纪以前，兰吉特·辛格①就发现：古印度国王用女侍卫而非侍女来贴身照料自己。可能至今一些偏僻城邦仍留有这一极端的风俗。考底利耶规定，国王起床时应先由女弓箭手相迎——似乎女弓箭手可以带来好兆头②。在国王外出狩猎时，仪仗队用绳索划出界限。这些骁勇的女护卫负责侍奉国王，并防止途中有人侵入仪仗队。跨越界限的人都会被处以死刑。阿育王早年与祖父月护王旃陀罗笈多·孔雀一样，耽溺于这种正式的狩猎之行。但在公元前 259 年开始为"弘扬正法"而"竭力修行"后，阿育王就立即废止了皇家狩猎，而用相对温和的活动来代替捕捉猎物的乐趣，譬如拜访圣人、布施和在"虔诚之行"中举行宗教讨论。该"虔诚之行"类似于公元前 249 年的礼佛之行。

在佛教苦修思想传入印度前，孔雀王国的休闲娱乐方式不仅包括狩猎，还包括赛马、动物格斗和斗剑比赛。那时有一种现已不流行的古怪比赛。据说该比赛离不开一种特殊品种的牛——这种牛的奔跑速度与马不相上下。在一队由牛和马组成的拉车队伍中，马居其中，牛站两侧。赛程约 1.75 英里。国王与贵族用金银下注来赌最后的结果。那时人们更喜欢观看大象、犀牛、公牛、公羊以及其他野兽间的格斗。直到最近，伊斯兰教宫廷最爱的消遣方式仍是看大象格斗。在一些首领的宫殿里，可能至今仍有公羊角斗的场面。当然，这些娱乐与佛教格格不入。因此当阿育王决定禁止任何"享乐③"时，这些消遣活动便戛然而止。阿育王的朝臣一定备感无趣，也一定十分怀念以前抱有世俗观念的月护王旃陀罗笈多·孔雀在位时的快乐时光。

---

① 兰吉特·辛格（1780—1839），锡克帝国国王，19 世纪早期曾统治着印度次大陆的西北地区。——译者注
② 《政事论》第 1 卷第 21 章。——原注
③ 详情参见《亚历山大帝史》第 8 卷第 9 章（昆图斯·库尔提乌斯著，麦克林德尔译）、《动物的独特性》第 8 卷第 18 章和第 22 章（艾利安著）及《古印度》第 15 卷第 15 章（麦克林德尔译）。时至今日，赛牛比赛仍屡见不鲜，尤其在西印度和南印度，但听说只有锡兰有这种品种的赛牛。除此之外，这种牛也就只出现在麦加斯梯尼的书里了。我相信麦加斯梯尼所说属实。——原注

兰吉特·辛格
（1780—1839）

驯养的大象

首都与其他城邦间的交通主要通过水路和陆路实现。从华氏城出发、经由塔克希拉通往印度河的公路是主要的道路系统。达尔豪西勋爵大干道就是在这条公路的基础上修建的。在这条路上，每十视距或半科斯，就立有一根石柱，用以标明距离。每段间隔相当于 1.25 英里。阿育王在每一个石柱旁都挖掘了一口井，并为旅行者种植了可以遮阴、结果的树木，还提供了有饮用水的客栈和牲口棚。对于阿育王来说，在华氏城这样遥远的东部首都来掌控整个帝国①，这样的交通系统一定非常有利。

　　帝国政府绝对是一个君权至上、独裁统治的政府。约公元前 259 年，阿育王将专制皇权延伸至佛教僧伽，成为僧伽领袖。《布哈布鲁法敕》中就有"摩揭陀尊贵的陛下向僧伽致以问候并祝僧伽成员安康、富足"这样的话语。这番话讲完之后，阿育王又将希望大家用心研读的圣书段落推荐给忠诚的信士与僧侣。多年后，在《鹿野苑法敕》及各种碑文变体中可以看到，阿育王曾宣称"任何人都不得分裂僧伽"，并声称要依教规处罚分裂僧伽者。在这一点上，阿育王与查理曼大帝很像。查理曼大帝"孜孜不倦、事无巨细地管理着整个国家，统治期间兼顾国家事务与教会事务。身为教会统治者，查理曼大帝需召集并参加宗教会议、检查与任命主教、依照教规解决教会中有关教会戒律与政策的一切问题"②。

　　阿育王并未严格区分他对社会事务和佛教事务下的命令。国王命令由一个官员组织传达。其中的高级别官员称为 mahamatras，低级别的官员称为 yuktas③。通过官衔前的称呼，可以看出某部门的 mahamatras 或 yuktas 的职责范围。而文明程度较低的边境与丛林区，则由隶属于国王最

---

① 斯特拉博（《古印度》，第 16 页，麦克林德尔）称皇家公路长一万视距，或约 1150 英里，这是根据麦加斯梯尼与埃拉托色尼从官方记录中获取的数字得来的，其他出处为 9000 视距。1 视距 =202.25 码；10 视距 =2022.5 码。现存石柱（或塔）之间所测量的莫卧儿科斯平均长度为 4558 码，但旁遮普的科斯长度要短一些。有人将第七石柱法敕第五部分中的"adhakosikya"阐释为"每隔八科斯"，我认为这一说法是不对的。法敕中"adha"的意思显然不是"八"。从地图上量，华氏城与塔克希拉的直接距离约为 950 英里。——原注
② 《神圣罗马帝国》，第 64 页，布莱斯著，1892 年。——原注
③ 法敕中多次出现"yukta"一词，《政事论》中也常出现这个词。——原注

查理曼大帝
(742—814)

高领导的部落首领负责。可以确定，帝国大部分地区都由当地世袭首领管理。只要当地首领按宗主国要求提供相应的人力物力，就可以享有很大的自主权。但碑文并没有提及这些部落首领。以上内容是基于印度历史通识课[①]做的判断。

麦加斯梯尼、考底利耶以及诸法敕等权威引证似乎都说明了一件事：所有的管理工作都是由册封官员负责的。由王公担任的总督职位位于整个官僚机构之首。法敕中提到了四个总督[②]——塔克希拉王公、乌贾因王公、托萨利王公以及坎纳达王公。法敕应该也提到了其他王公。通过传统文学可以得知，塔克希拉王公与乌贾因王公在阿育王继位前就为阿育王管辖着那些边远城邦。塔克希拉王公的管辖范围至少包括旁遮普和克什米尔地区。当时，阿富汗地区应该是由另一个王公管辖，但法敕没有提及。乌贾因王公管辖的应该是马尔瓦、古吉拉特邦与苏拉时特拉地区。托萨利王公管辖的可能是阿育王征服了的羯陵伽。坎纳达王公似乎是南方总督[③]。

很明显，帝国中部地区的管理工作由首都直接任命的官员负责，不受任何王公制约。石柱法敕的分布状况大致说明了国内城邦的范围，而摩崖法敕只出现在边远地区。

被称作"万人之上"的 Rajukas，职位可能仅在总督之下。该职位可能相当于"管理者"这一现代术语。Rajukas 之下是 Pradesikas 或地区官员。两个级别的管理者名称似乎都取自 mahamatras 这一通用名称。大量的小官员——yuktas 或 upayuktas、办事员及其下属人员，层层相传，执行来自上级的命令。当然，还设有国王与高官秘书处，供秘书或 lekhakas 工

---

① 《罗达曼基尔那尔铭文上的耶婆那王侯图尔莎斯法》，第 8 卷第 36 页。——原注
② 《羯陵伽城邦法敕》中提到塔克希拉和乌贾因；《羯陵伽边境居民法敕》中提及托萨利、陶利碑文；《第一小摩崖法敕》提及坎纳达、婆罗马吉里碑文。——原注
③ 托萨利应该在奥里萨邦普里县的陶利或附近地区，可能就是托勒密王朝的多萨拉。无人知晓坎纳达的位置。坎纳达的意思是"金色的山"，1915 年在尼扎姆领地马斯基发现的碑文镌刻于古代金矿附近的一块岩石上，这一事实说明了坎纳达在离马斯基不远的赖久尔地区。坎纳达的地址有望找到。——原注

第 2 章 孔雀王国的疆域与管理：强权背后的现实基础

作①。以上一切都说明了，在记录和执行命令方面，孔雀王国都有着极高的管理水平。

管理部门不胜枚举。令麦加斯梯尼难忘的是灌溉部门的工作。该工作的职能与埃及相应的机构相似，专门负责调节水闸，给农民公平配给灌溉用水。基尔那尔的罗达曼碑文可以让我们大致了解该部门的实际运行情况。月护王旃陀罗笈多·孔雀时期，灌溉部门为基尔那尔修筑了堤坝；到了阿育王时期，波斯首领塔萨斯普哈在基尔那尔又建了水道。该事例说明：孔雀王国悉心促进农业发展以提高土地税收，即使是离首都千里之遥的领土也在它的悉心管控范围内。但农民不能免费享用水资源，农民要按照严格的交易原则来缴纳高昂的水费。根据不同灌溉模式，水费按农作物收成的四分之一至三分之一来收取②。

孔雀王国货币

---

① 《政事论》，第 2 卷第 10 章。——原注
② 《政事论》，第 2 卷第 24 章。——原注

土地税或地税一直是孔雀王国国库收入的支柱。所有的农业用地都是王室财产。按常理，农作物的四分之一或六分之一收成归国家所有。除水费外，国家还要征收各种苛捐杂税。在研究了历史之后，那些对现代税收体制抱怨不迭的人会发现，他们的祖先受到的剥削更加残酷。对这种国王在资金不足时为填充金库而采用的卑鄙的权谋手段，考底利耶抛弃一切道德做出辩解[①]，并称历史上不乏这样的先例。无论是古代还是现在，官员作恶都屡见不鲜。像每一个印度人一样，考底利耶也喜欢分门别类。他声称在印度"共有四十种挪用公款的行为"，还煞费苦心地一一予以精确解释。考底利耶还大言不惭地说，"就像我们抵制不了蜂蜜的诱惑会亲尝其甘甜一样，政府官员也不可能一点都不侵吞国王的税收"[②]。在《羯陵伽城邦法敕》中，我们可以看出阿育王对官员疏忽职守和抗旨不遵的担忧。法敕以非常清楚的语言昭示了国王对玩忽职守官员的不满。这些话明显出自阿育王本人。他说，"你们务必要知晓自身职责并牢记：'此戒律乃尊贵的陛下的旨意。践行此戒律终得硕果；反之则招来灾难。天国与王室都无法拯救那些执迷不悟之人。诸如此类'"。

阿育王记录了自己管理辽阔疆域的艰巨任务。他疾呼"我深感自己所做太少，付出不足，处理的事务也太少。我必须为所有人谋幸福。我要努力处理更多事务，因为没有什么比给大家谋福利更有效的了。"因此，阿育王辛劳一生，并因自己随时随地都能接见请愿者而自豪[③]。阿育王的这种做法虽然同现在真正高效的政府不太一致，但深受印度人的欢迎。在印度，没有人会告诫民众少打扰国王，从而让国王更好地安排自己的时间。欧洲的批评家认为，如果阿育王不这么辛劳的话，就会取得更大的成就，不过这些批评家也承认，尽管阿育王的管理方法有不足之处，但还是成功统治了一个泱泱大国四十年。阿育王统治的领土面积之广，鲜有国家能及。阿育王同祖父月护王旃陀罗笈多·孔雀的做法可谓一脉相承。儿时的阿育

[①] 《印度古文物研究》，第34卷第115页到第119页。——原注
[②] 《政事论》，第2卷第8章和第9章。——原注
[③] 《第六摩崖法敕》。——原注

第 2 章 孔雀王国的疆域与管理：强权背后的现实基础

王曾见到祖父处理公务，耳濡目染下，他制定的法规与考底利耶制定的如出一辙。以下法规就像从法敕中摘抄来的一样：

> 因此，国王要亲自侍奉神灵，并关怀异教徒、熟谙《吠陀经》的婆罗门教徒、公牛、圣地、未成年人、年迈之人、苦痛之人、无助之人以及女性——一切按列举顺序或事情的紧急性来安排①。

同多数东方国王一样，阿育王非常倚重那些刺探消息的人、记录新事件的人和王室雇的特别调查员。这些人监督行政官员的工作，并向国王汇报他们掌握的一切消息。该秘密组织甚至还雇了妓女。考底利耶详细论述了这种做法的本质。在那时，国王的确有担心的理由。据载，月护王旃陀罗笈多·孔雀白天根本不敢休憩，每晚都得更换寝室。这一点很像现代的缅甸国王②。

公元前 256 年，阿育王在常规机构中又增加了一些专门负责弘扬和执行佛教"正法"的官员。其中，高级官员称 Dharma-mahdmdtras，可以称作监察官；低级官员称 Dharma-yuktas，可以称作助理监察官。譬如，《第五摩崖法敕》《第十二摩崖法敕》条款规定，监察官要在以下情况下行使执法权力：有人违反规定伤害动物、严重不孝顺父母和违背法敕规定的其他道德规则。监察官应纠正冤假错案，同时享有豁免权。监察官可以豁免年事已高、遭遇突然变故或家庭负担重的罪犯。监察官还要与女性督察员一起监督女性道德，并在管辖范围内监管首都及其他城邦皇室亲属的日常生活。该职责着实棘手，因此，这些机构在实际工作中一定困难重重，而滥用职权者一定不少。

---

① 《政事论》第 1 卷第 19 章中的《国王的责任》一文。——原注
② 详见《麦加斯梯尼》第 71 页及《政事论》第 1 卷第 11 章；《第三石柱法敕》中提及的国王代理人（pulisani），参考查理曼大帝的"missi dominici"；还可参见戏剧《马德拉罗利》第 2 幕。查理曼大帝的"missi"指的是"委任跨越领土的官员，汇报并矫正所见之恶事"（《神圣罗马帝国》，第 68 页，弗里曼著，1892 年）。这些人的作用同阿育王时期的代理人很相似。——原注

阿育王：一部孔雀王国史

经贾斯廷证实，月护王旃陀罗笈多·孔雀时期的政府管理非常严格。贾斯廷称，在马其顿战役中取得胜利后，月护王旃陀罗笈多·孔雀"用专政抹煞了功绩，从而辜负了'解放者'这一称号。这是因为刚走出外国奴役的印度人又陷入月护王旃陀罗笈多·孔雀的压迫中"。一些记录在案的残忍刑罚似乎可以证实罗马历史学家的这一感想。正如我们所知，一些偷税行为会处以死刑；国王狩猎远征时，越过仪仗队绳索的人也可能会受到同样的刑罚；我们同样得知，致使工匠失去一只眼睛或一只手的罪行极其严重——这很明显是因为娴熟技工是专门为国王服务的；做伪证或盗窃行为通常会处以肉刑。其他酷刑的例子可以在考底利耶的论述中见到。在一些没有详细说明的案例中，还有一种剃光犯人头发的古怪刑罚。这种刑罚很明显取自波斯。该刑罚同其他迹象表明：波斯帝王的宫廷刑罚案例对孔雀王国产生了一定影响①。如前文所述，阿育王似乎沿袭了先王们的严厉制度，唯一可称道的就是他批准死刑犯有三天的缓期执行。阿育王在加冕日释放犯人的做法也与前任国王如出一辙②。麦加斯梯尼用个人经历证实了以下事实：严厉的管理抑制了犯罪。在月护王旃陀罗笈多·孔雀时代人口达四十万的王国首都，每天的失窃数额不超过二百德拉克马③。

作为阿育王理想的管理模式的权威性论述，两个羯陵伽法敕值得专门研究。阿育王理想的管理模式是慈父专制式。阿育王吩咐属下务必引导荒野部落"信任国王并了解以下事实——'国王如慈父；国王爱子民甚于爱自己；子民对国王来说就像国王的孩子'"。在谆谆教诲中，这两个法敕建议将该原则应用到人口更多的城邦中。

按规定，由步兵团、骑兵、军象、战车组成的军队属于常备军而非民兵组织。常备军由王室供养，拥有充足的供给并持有政府配给的军械。正如我们所料，法敕并没有揭示阿育王统治时期的政府组织。现有信息主要源自麦加斯梯尼对月护王旃陀罗笈多·孔雀时期的记载。海军是军队的一

---

① 《印度古文物研究》，第34卷第202页，1905年。——原注
② 《政事论》，第2卷第36章（《印度古文物研究》，第34卷第52页）。——原注
③ 古希腊货币单位和重量单位。——译者注

第 2 章 孔雀王国的疆域与管理：强权背后的现实基础

个分支——这一点同欧洲一样。直到最近，欧洲海军还是军队的一个分支。尚无证据显示孔雀王国的海军管辖范围。但众所周知，古代印度人并不像他们的后代一样，极力避开"污水"。好几百年来，印度南方的城邦都有着强大的海军力量。因此，孔雀王国的船可能不仅在河流上航行，而且到海上航行。事实上，考底利耶清楚地阐明：海军部门的长官不仅要照管内河航行船，也要照管航海船①。

同首都一样，管理战争部的是一个由三十人组成并分成六个部门的委员会。每一个部门的职责范围如下：

第一部门：海军部，负责协助海军统帅的工作；

第二部门：后勤部，负责交通、军需、征兵，包括征募鼓手、马夫、技术人员和割草人员等工作；

第三部门：步兵团；

第四部门：骑兵；

第五部门：战车；

第六部门：军象。

第一章已提及月护王旃陀罗笈多·孔雀时期的军事力量。因为阿育王主张和平，所以可能军队编制人数较少，但在该方面并无任何记录。通过羯陵伽战役中敌军的惨重伤亡，可以看出阿育王攻打羯陵伽时一定调用了大量军力。

闲置的武器储备于军械库。到处可以见到为大象和马搭建的各种牲口棚。为了节省马力，行军路上的马车由牛来拉。战车由两匹或四匹安装了马具的马并肩拉。战车上赶车人身旁乘坐两名战士。马车用于国家运输时便由四匹马同时拉。据说，"国王能打胜仗主要靠军象"②，因此，军队中豢养着成千上万头大象。除了赶象人，每一头战象上还乘着三名战士。

---

① 详见《政事论》第 2 卷第 28 章中的《河海管理》一文。——原注
② 《政事论》，第 2 卷第 2 章。考底利耶规定"宰杀大象之人要处以死刑。"——原注

赶象人与战象

利用战象作战

阿育王：一部孔雀王国史

阿里安^①描述了步兵团和骑兵团装备方面的一些有趣细节。我们不妨引用全文：

> 我接着来描述一下印度人行军打仗时的装备。前提是不要将这看成当时唯一盛行的模式。步兵携带一支和他们身高一样长的弓。他们将弓放到地上，朝后拉弓，用左脚踩压来发射弓箭。箭杆稍短一些，只有三码长。什么都挡不住印度弓箭手的射击——无论是盾牌、护胸甲或其他更强的防御方式。这些步兵左手拿着一只用生牛皮做成的圆盾，盾牌还不及他们身体宽阔，但与他们差不多高。有些士兵手持标枪而非弓箭，但都佩戴刀剑。这些刀剑十分宽，但不超过三腕尺。这样，他们在短兵相接时——虽然他们也很不情愿——就可以双手挥舞刀剑将对方有力击倒。
>
> 骑兵手持两根同 saunia 很像的长矛，手中的盾牌比步兵的要小。但马上没有放置马鞍，也没有安装希腊人和凯尔特人用以控制马匹的马衔，而是在马嘴边装了一个圆形的缝制的牛皮。生牛皮上朝内镶定了不太锋利的铁刺或铜刺——富人会在牛皮上安装象牙刺。马的口腔内放置了一个类似烤肉叉的铁叉子，铁叉上系着缰绳。当骑马人拉动缰绳时，马嘴内的铁叉可以控制马匹，连着铁叉的铁刺又可以驱赶马，这样，这些马匹就只能任人驾驭了。^②

孔雀王国统治印度期间所形成的既错综复杂又井井有条的国家、军事

---

① 阿里安（约86—约160），希腊历史学家，哲学家。——译者注
② 《印度记》，第16章，阿里安著，麦克林德尔译（《麦加斯梯尼》，第220页）。亚历山大·卡宁厄姆在《巴尔胡特佛塔》第32卷、第50卷再次对麦加斯梯尼提到的步兵进行了描述。这些步兵手持兵器。想了解公元纪年开始的印度武器形状，可参见《比尔萨佛塔》第33卷第217页与《桑吉》（麦西著）第35卷和第36卷。《政事论》中谈到了一长串的武器和机械，第2卷第18章。坦南特（《锡兰》，第3版，第499页）比较了维达人用脚踏弓的模式，但完全不同，维达人的弓不放到地上。——原注

第 2 章 孔雀王国的疆域与管理：强权背后的现实基础

和宗教管理系统，让人深感震惊。亚历山大大帝入侵印度的记录揭露了这样一个事实：印度当时存在大量由首领或部落独裁者统治的独立邦国。这些邦国战乱不断，都不受更高权力的制约。虽然摩揭陀在这一时期地位显赫，但摩揭陀的难陀王没有自称印度最高国王。将从阿拉伯海到孟加拉湾、几乎整个印度河流域和阿富汗都归于治下的观念，是月护王旃陀罗笈多·孔雀和大臣们在短短二十四年治理后才形成并生效的。纵观历史，很少有国王能有如此卓越的政治成就。孔雀王国建立后，管理也十分周密，从印度河岸边到阿拉伯海沿岸，都毫无异议地服从国王从华氏城发出的命令。孔雀王国的首任国王将他天才般创建的巨大遗产完整地传到了儿子和孙子手中。可以说，这三位国王可与任何同时期主要的希腊国王分庭抗礼。我们对宾头娑罗·阿米特拉加答的了解甚少，只能猜测宾头娑罗·阿米特拉加答应该能力非凡，能完成一出生就肩负的重大使命，否则，他就不可能将辉煌的王权传给他因杰出统治而闻名的儿子——阿育王。

虽然有很多细节还没有完全浮出水面，但阿育王的确在历史上的杰出国王中占有一席之地。在一定程度上，我们对阿育王的了解更多，因为阿育王用自己的语言同我们进行交流。我认为，任何一个悉心研读法敕的人都会听到阿育王的声音。法敕中第三人称 oratio obliqua 到第一人称 oratio directa 的突然转变，让译者备感困窘，也让早期译者产生一种粗制滥造、漏洞百出的感觉。但当我们将该人称转变看成国王在官方宣言中插入自己话语的手段时，就会觉得这种人称转变非常重要。我们可以感受到一个意志坚强、理想崇高并孜孜不倦付诸实践的人物形象。阿育王不遗余力地追求自己的理想，在精神上控制着在三大洲上进行着的传播佛教的活动，并同时控制着帝国内错综复杂的僧伽与国家事务。阿育王统治的帝国能让最强大王权的拥有者都心生羡慕。阿育王在岩石上忠实记录自己道德准则的做法，同样新颖而大胆。他殷切地希望自己的措施会让法敕中的"善法"长存。在很大程度上，现存的三十五个独立法敕实现了阿育王这个愿望。

阿育王的政体是一个没有具体膜拜对象的神权政体。就政权本身而言，它与查理曼大帝的政权很像。阿育王与查理曼大帝都身兼国家和宗教的领袖，也都取得了不菲的成就。无论在数量、价值还是规模上，阿育王时期的建筑与纪念碑都足以说明建造了它们的帝国一定是富强安宁的。

在阿育王驾崩后，该政权开始瓦解——对此我们并不吃惊。令人吃惊的是，这个帝国竟持续了这么长时间。

第 3 章　纪念碑：佛国的象征

传说，阿育王在三年的时间里建了八万四千座佛塔。这说明，孔雀王国时期的建筑不仅数量众多、规模庞大，而且宏伟壮丽。这些建筑雄浑壮观，鬼斧神工。

> 这些从古至今一直屹立于城市中央的王室宫殿是国王请神灵建造起来的。神灵堆起石头，竖起墙壁和大门，并在建筑上精雕细琢。神灵的技艺之精美，人类无法企及。[①]

以上文字由法显写于 5 世纪初。两百多年后，当玄奘游历至华氏城时，这个古都已经是一片荒凉的废墟。宫廷迁址再加上白匈奴的踩躏，致使华氏城变成这番光景。现在，"高耸入云的塔楼，美轮美奂的宫殿，庄严肃穆的庙宇"都埋在桑河与恒河的泥沙之中，成了巴特纳城、孟加拉的居民站、各个村落或西印度铁路公司的地基。

在所有华氏城的建筑中，没有一个保存良好。因此，人们也无法一窥阿育王统治时期俗世建筑的设计旨意和风格。当地的传说表明，在班基波至巴特纳铁路线以南的肯拉哈尔村及其附近，掩埋着大量废墟。这一带就

[①] 《游记》，第 27 章，法显著，莱格译。贾尔斯的译文略有不同："国王的宫殿与宫廷都是由国王请的神灵所造，神灵堆起石头，将墙壁与大门竖起，并在建筑上雕刻装饰图案与文字——的确非凡人所造。至今仍在。"比尔同莱格的观点一样，认为宫殿在"城内"，且"遗迹犹存。"——原注

是古代国王的宫殿所在地。这些传说中也许蕴含着史实。在肯拉哈尔村以北的卡路和查普曼间的贮水池处，巴布·普尔纳·钱德拉·穆克哈吉先生找到了不计其数的阿育王石柱碎片。同以往发现的石柱一样，这些石柱由直径约三英尺的抛光砂岩制成。柱身的破裂很明显是周围堆积的大量可燃物的燃烧造成的。贝拿勒斯城东北方也有一根相似的柱子。柱身残余部分被称为拉特布哈罗。该石柱毁于1805年的一场伊斯兰教大骚乱。肯拉哈尔有很多雕塑，也有一些其他遗迹。这些都说明了该地区的重要性。另一个宫殿应该在城内的某个地方。据说巴特纳地下还掩埋着第二个阿育王石柱①。事实上，人们难以触及巴特纳及附近的大多数遗迹。断断续续的几次挖掘工作也不足以产生实质性成果。如果对挖掘工作予以重视，则需采用另一种方式进行勘探，但挖掘过程必定耗时耗力。

阿育王在孔雀王国内修建的大量庄严的寺院同他的宫殿一样，已无法看出原貌。像这样失去原貌的建筑难以计数。玄奘在提及阿育王建的八十多个佛塔与寺院时，没有包括克什米尔传说中的五百个尼姑庵，也不包括其他国家数量庞大、难以计数的建筑。阿育王皈依后的第一个成果是鸡园寺②。这个坐落于华氏城东南方的寺院可容纳一千僧侣，但遗址至今不明。因为玄奘在7世纪游历至此时，这里就已是一片废墟，所以此事也不足为奇。据多罗那他③说，王舍城附近恢宏的建筑那烂陀寺就是阿育王修的。那烂陀寺后来成了印度的佛教总部。那烂陀寺遗址轮廓清晰，可以勘察，这里的挖掘工作应该会取得比巴特纳更多的成果。迄今为止，那烂陀寺的挖掘工作还停留在最浅层。

佛塔——阿育王曾慷慨地赐予它们大量珍宝——要比这一建筑群中的宫殿和寺院幸运得多。因为所处位置偏僻，这些佛塔得以幸存，除了受

---

① 在卡鲁汗巴格，该石柱埋于马拉维斯·穆罕默德·卡比儿和艾米尔的庭院下几英尺处，石柱非常粗壮，即使两人手臂相连，也无法将石柱包围。（未出版的《报道》，第17页，巴布·普尔纳·钱德拉·穆克哈吉著）。拉特布哈罗石柱见作者1909年的论文。——原注
② 也称无忧园寺。——原注
③ 多罗那他（1575—1634），藏传佛教的觉囊派的一名喇嘛，杰出的学者，著有《印度佛教史》等著作。——译者注

那烂陀寺遗址

法显（337—422）
参观阿育王宫殿

玄奘游历印度

到19世纪早期英国业余考古学家的破坏外,保存较为完好。这些幸存下来的佛塔位于印度中部,在博帕尔邦的桑吉及附近地区[①]。加上其他建筑物遗迹,这里共有十个佛塔。英国考古学家是在1818年才来过这里。

　　这里要解释一下"佛塔"一词。有些佛塔是为了珍藏佛陀或其他圣人的舍利而建,有些佛塔是为了纪念佛教史上著名事件的发生地而建,但也有零星的几个佛塔是为纪念某一佛陀而建。显而易见,佛塔的外形源于土冢。历史越久远的佛塔,其外形越像坟冢。阿育王时期,佛塔的外观呈半球形,由砖或石建成实心砌体,砌体底部是供礼佛者绕行的基台,塔顶上方是一个方形的祭坛形状的平台,平台上覆盖着层层石质伞盖。基台外围常筑有石栏、石柱、栅栏和压顶石,这些建筑有的未经修饰,有的则饰有浮雕。有些雕栏的入口处建有雕饰精美的塔门。这种塔门很像在中国常见的建筑。塔门的雕琢极其精美。

佛塔遗址

---

① 北纬23°29',东经77°45'。——原注

第3章 纪念碑：佛国的象征

从印度中部铁路望去，立于山顶的桑吉佛塔十分显眼。该佛塔呈半球形，由红色砂岩筑成。穹顶平台直径为一百一十英尺。佛塔柱基的直径为一百二十一英尺六英寸。据说塔身曾高达约七十七英尺五英寸。佛塔外环绕的未经装饰的石栏高达十一英尺，入口处有四个高三十四英尺的塔门，塔门上饰有阐释佛教戒律的大量浮雕。这些塔门增添了入口处的庄严感。闲暇时，可通过观察南肯辛顿①或其他博物馆的东塔门土质铸模②来感受这些佛塔。据说，现存佛塔和未经雕饰的栏杆源于阿育王时期，但雕饰精美的塔门应该是在阿育王之后一个世纪才修建的。如第一章所述，附近的其他佛塔也是类似的形状，而且佛塔内也有舍利盒。南边的一个残损石柱上留有阿育王法敕碎片。石柱上还发现了许多重要雕刻与碑文。在亚历山

佛塔遗址

---

① 肯辛顿是英国伦敦西部的一个地区。——译者注
② 即用土为原料制成的东塔门模型。——译者注

大·卡宁厄姆看来,印度最精美的雕刻作品是一个破损的圣人雕像,这个带有光环的直立雕像曾伫立于一根石柱上方——该石柱是大佛塔附近的一根独立石柱。亚历山大·卡宁厄姆对该雕像的艺术水平赞不绝口,但笔者从未见过一张足以证实亚历山大·卡宁厄姆赞誉的照片或绘图[①]。

1873年,在阿拉哈巴德西南九十五英里处巴克尔根德地区纳戈德邦的巴尔胡特,亚历山大·卡宁厄姆先生发现了一个重要遗迹,从时间上来说,该遗迹部分属于阿育王时期。在此处,亚历山大·卡宁厄姆发现了一个中型大小、直径约六十八英尺的砖制佛塔遗迹。佛塔的外围是精雕细琢的雕栏,栏杆上镌刻的大量碑文与阿育王碑文很像。佛塔上覆有一层石膏,石膏内嵌有数以百计的三角形凹槽。将灯置入这些凹槽后,就可以照亮纪念碑了。以前的印度教徒和现在信奉同一宗教的缅甸人一样,会在节日里用鲜花、花环、旗帜和灯光来装饰神圣的建筑物。

笔者认为该佛塔已完全消失,只有送往加尔各答保护起来的部分雕栏得以保存。这些雕栏现在是印度博物馆里的珍宝之一。雕栏长七英尺多一点,分别面朝东南西北四个方位的塔门将雕栏分成了四个扇形体,这些雕栏同桑吉发现的那些雕栏很相似。雕栏与塔门上的雕刻主要为《本生经》,或佛陀诞生的故事[②]。同桑吉发现的建筑一样,这些建筑年代不一,佛塔本身可能源于阿育王时期,而其中一个塔门却建于孔雀王国后的巽加王朝[③]时期。雕栏建造日期可能比塔门早得多,雕栏由石柱、三条横杆以及一个厚重的压顶组成。每根石柱都是一整块石料,巨石每一面的中央都刻有圆形浮雕,这些圆形浮雕一半在顶端,一半在底端。每个建筑上都饰有

---

① 《比尔萨佛塔》,亚历山大·卡宁厄姆著,1854年,伦敦;《考古调查报告》,第5卷第56页,1889年;《树崇拜与蛇崇拜》,第2版,弗格森著,1873年;伯吉斯从《皇家亚洲学会杂志》引用的其他文章,第29页到第45页,1902年。近年来,已投入大量工作保护和重建桑吉建筑群,并收集了大量照片,但尚无人整理这些材料并详述这些遗迹。科森斯先生认为,在阿育王时代前,桑吉佛塔就已存在,并阐明了原因。他还拍摄了一些佛塔前石柱上的雕像碎片的照片(这些照片拍摄于1861年),并打算将佛塔按比例画出来。——原注

② 《本生经》是讲述释迦牟尼佛诞生故事的印度本土文学。——译者注

③ 巽加王朝是公元前185年到公元73年间统治印度中部和东部次大陆的摩揭陀国的一个王朝。——译者注

第 3 章 纪念碑：佛国的象征

丰富而生机勃勃的浅浮雕。这些浅浮雕对研究佛教历史意义非凡。因为这些浮雕上的文字是了解佛教历史的重要依据。

在菩提迦耶，可以看到一些类似的雕栏碎片。通常，人们认为这些遗迹是"阿育王时期的雕栏"，但事实上，这些雕栏同巴尔胡特的塔门一样，是巽加王朝的产物[①]。在巴特纳，巴布·普尔纳·钱德拉·穆克哈吉至少发现三处石栏，其中一些石栏应该是阿育王时期修建的。在离桑吉不远的比尔萨附近，有一个维迪斯哈雕栏，这个雕栏大约是阿育王时期的建筑物。该雕栏上的雕刻手法同巴尔胡特和桑吉发现的那些建筑上的雕刻手法很相似[②]。随着鹿野苑挖掘工作的开展，可能会出土更多孔雀王国时期的遗迹，但遗迹上方的建筑物使该地区的挖掘工作困难重重。

古印度和现在的中国一样，佛教徒和耆那教徒都有为昂贵的宗教建筑募捐的习惯。捐款人或捐款团体出资捐助的某石柱、压顶石或其他建筑部分的上面会刻上捐款者的姓名，以示功德。当然，那时的捐赠物一定是现金。建筑师按设计开展工作。记录捐赠人姓名这一做法，不仅能满足捐赠者希望流芳千古的名利心，也能让捐赠者为自己和家人积攒功德，来世逢凶化吉。在印度的一些记录中，经常会提到这一特殊目的。巴尔胡特的纪念碑文不计其数。值得注意的是，希腊时期的亚洲也有这种靠捐赠来修建建筑物的做法。在一座可追溯至尼禄[③]或稍晚一些时期的寺庙——卡里亚[④]的拉布郎达[⑤]寺庙，查理斯·费洛斯爵士发现了十二根刻有凹槽的圆柱，每一根圆柱上都有一块记录某某人捐赠明细的展板[⑥]。

在刚刚提到的桑吉圣人像旁，还发现了两三个圆雕。这些圆雕明显是孔雀王国时期建成的。最著名的圆雕是在帕尔卡姆发现的巨大的刻字人像，帕尔卡姆位于阿格拉村与马图拉村之间。人像高约七英尺，体型庞大，

---

① 《皇家亚洲学会杂志》，第 4 卷第 1096 页，马歇尔著，1908 年。——原注
② 详见《考古调查报告》第 10 卷第 38 页，亚历山大·卡宁厄姆著。——原注
③ 尼禄（37—68），朱里亚·克劳狄王朝的最后一位罗马皇帝。——译者注
④ 今土耳其卡里亚。——译者注
⑤ 今土耳其穆拉省的一个考古遗址，在卡里亚海岸附近。——译者注
⑥ 详见《小亚细亚》第 261 页、第 331 页，费洛斯著，1838 年，伦敦。——原注

巽加王朝陶罐

巽加王朝象牙器皿残片

巽加王朝环形石刻

尼禄（37—68）

由高度抛光的灰砂岩制成。可惜雕像的面部残缺不全，胳臂也已断掉。雕像的装束十分奇特：宽松的袍子上系着两条宽带，一条在胸部下方，另一条在腰部附近。雕像上的文字编排不规范，文字类型几乎与法敕一模一样①。

  此外，在维迪斯哈，人们还发现了一个巨大的女性雕像。雕像高六英尺七英寸，无任何文字。通过雕像的服饰来看，该雕像和刚才提及的刻字雕像应属同一时期，尤其值得注意的是，该雕像是所知圆雕中唯一的女性雕像。雕像胳臂缺损，面部受损，但从照片判断，仍具有极高的价值。如果还有其他孔雀王国时期的独立雕像的话，该雕像的价值就会降低不少。

  阿育王钟爱竖立各种巨大石柱。这些石柱有的未经刻字，有的则刻有碑文，可谓数量繁多、规模庞大且成本惊人。很多石柱都几近完整。同其他纪念碑相比，这些石柱更能让我们了解阿育王时期建筑的品位、技艺与所耗费的资金。玄奘专门提到了十六个这样的石柱，其中四五个石柱与现存的纪念碑差不多。但现存的大部分石柱玄奘都没有提及。据了解，现存的十个刻字石柱中，只有两个与玄奘注意到的石柱相同。幸运的是，这两个石柱——一个未经刻字，另一个刻着前六套石柱法敕的副本——依然保持着原貌。如果对这些石柱进行详尽描述的话，读者就会充分了解这一类建筑。孔雀王国现存最精美的艺术品是新近发现的鹿野苑石柱柱头。

  在比哈尔北部的穆扎法尔布尔地区，有一个完美的无字石柱。该石柱位于巴萨尔，即古毗舍离②附近的巴克赫拉。无字石柱的地面高度是三十二英尺柱身由一块高度抛光的精美砂岩巨石制成。据说，石柱在水下还有三层方形基座。柱身直径从水面处的四十九点八英寸逐渐减少至顶端的三十八点七英寸。柱头的主要部分高二英尺十英寸，呈钟形结构，是波

---

① 详见《考古调查报告》第20卷第40页，亚历山大·卡宁厄姆著。这个雕像与佛教没有明显关系，尚无人知晓该雕像的意义。——原注

② 印度古城，今比哈尔。——译者注

第3章 纪念碑：佛国的象征

斯阿契美尼德王朝①时期的建筑风格，柱头上方有一个十二英寸高的椭圆形顶板，顶板上方是一只蹲踞的雄狮狮身高四英尺六英寸。柱身与钟状柱头间嵌有两三条饰带，其中一条饰带在柱头与顶板间。石柱水面以上的总高度是四十四英尺二英寸。如果再加上水面以下的部分，该石柱的总高度不低于五十英尺，重约五十吨②。

在比哈尔北部的帕兰区，劳里亚-南丹格尔③或马特西亚石柱④的风格与巴克赫拉石柱很像，但更轻、更小，因而也更加优雅。柱身进行了抛光处理，高三十二英尺九点五英寸。柱身直径从基座的三十五点五英寸逐渐缩减到塔顶的二十二点二五英寸。圆形的顶板边缘装饰着优雅的浅浮雕，浮雕上刻着的是一群啄食的鹅。柱头高度还包括一只面朝旭日的狮子。这只狮子高六英尺十英寸，因此，整个石柱高达四十英尺。起饰带作用的装饰线条与卵箭饰线脚装饰⑤都制作得精美绝伦。整体设计、工艺堪称技艺高超、实力非凡⑥。

在阿哈拉巴德石柱上，圆形顶板上装饰的不是鹅，而是一幅优雅的互生荷花和金银花图，这些花雕刻在串珠饰带上。这种风格似乎源于希腊。传说，最初石柱的柱头是一只狮子。1838年，皇家工程师史密斯队长受托按照巴克赫拉和劳里亚-南丹格尔的石柱风格设计一个新的柱头。但史密斯队长的努力一败涂地，设计成果丑陋无比，在亚历山大·卡宁厄姆眼里"简直就是一只卡在倒置的花盆中、吃撑了的狮子狗的模样"。笔者曾在多年前见过该建筑，估计目前还在。

在帕兰区的兰普尔瓦，有两个残损的石柱。在刻有前六套石柱法敕副本的柱体上方，有一只设计精美的狮子。这个狮子柱头是最近在附近的地

---

① 阿契美尼德王朝（前550—前330），也称波斯第一帝国，由居鲁士大帝创建。——译者注
② 《考古调查报告》第1卷第56页和第16卷第12页，亚历山大·卡宁厄姆著。——原注
③ 即马特西亚。——原注
④ 是印度北部比哈尔邦的帕兰西区的一个市镇。这里有孔雀王朝的遗迹。——译者注
⑤ 刻于木、石等材料上的一种装饰方法，用鸡蛋、箭头、飞镖等形状做装饰外形。——译者注
⑥ 《考古调查报告》第1卷和第16卷，卷头插画源自第26卷，亚历山大·卡宁厄姆著。——原注

下发现的。马歇尔先生发现这只狮子"塑造得雄浑有力,虽然在一些细节上沿袭了传统的处理方式,却显得生机勃勃、威风凛凛,堪称孔雀王国时期最精美的雕刻之一"。研究发现,另一个无字石柱的上方是一只公牛柱头,但可惜的是,这个柱头受损严重。狮子柱头的钟形断面是通过一个纯铜制的筒状螺栓固定在柱身上的。螺栓长二英尺零点五英寸,中央的直径是四点三一二五英寸,两头的直径是三点六二五英寸。螺栓精准地安装在柱身与柱头间,并没有使用任何水泥黏合①。

显而易见,穆扎法尔布尔和帕兰区的一系列石柱是华氏城对面的恒河到尼泊尔峡谷的皇家大道的标志。这些石柱分别位于巴克赫拉、劳里亚-阿拉拉杰②、劳里亚-南丹格尔和兰普尔瓦。兰普尔瓦村就在山脚不远处。五个石柱中,有三个石柱都镌刻着前六套石柱法敕的副本,因而石柱都打磨得十分光滑,以教诲途经此地的游历者。据了解,其他石柱都置于显眼之地,如重要城市、礼佛之地和国内城邦中最常走的路段。在偏远城邦中,尚未见到刻有摩崖法敕的石柱。石柱是由优质砂岩制成。很明显,这些砂岩多数是从米尔扎布尔区的丘纳尔开采出来的。丘纳尔的采石场开采出来的巨石材质极佳,体型硕大,非常适合做石柱原料。巨石开采出来后,再送至各地区竖立起来,而这些地区离采石场十分遥远,距离常常远达几百英里。石柱的制造、运输与竖立都有力地证明了孔雀王国时期石匠和工程师的智慧与高超技艺。

在德里附近的科提亚拉和瑞德格矗立着两个石柱。这两个石柱是十六个世纪后,即1356年,由苏丹国王菲罗兹·莎阿③搬过来的,其中一个石柱来自安巴拉区,即现在的旁遮普托普拉,另一个来自联合城邦④的密鲁特。

---

① 详见《考古调查报告》第16卷和第22卷,亚历山大·卡宁厄姆著。另可参见马歇尔在1908年《皇家亚洲学会杂志》第1卷第1085页到第1088页进行的论述。该铜螺栓现藏于印度加尔各答博物馆。——原注
② 即拉德西亚。——原注
③ 菲罗兹·莎阿(1309—1388),苏丹图格鲁克王朝国王,伊斯兰教徒。1351年到1388年在位。——译者注
④ 英属印度时期(1902—1947)的一个印度行省,即今印度北方邦和北阿坎德邦。——译者注

第3章 纪念碑：佛国的象征

一位当代作家描述了托普拉纪念碑的运输过程，其生动的描写值得抄录。从中，我们可以看到阿育王时期的工程师们面对的艰辛和为克服困难做的艰苦卓绝的努力：

> 苏丹国王菲罗兹·莎阿在远征塔城①后，就经常在德里附近远足。苏丹国王菲罗兹·莎阿在那里看到了两个石柱。一个在山下萨陶拉和基斯拉巴德区的托普拉村，另一个在密鲁特附近……当苏丹国王菲罗兹·莎阿第一次看到这些石柱时，心中就无限钦佩，并决定将这些石柱当作战利品小心翼翼地运回德里。
>
> 基斯拉巴德在距德里九十科斯远的山区附近。当苏丹国王菲罗兹·莎阿游历此地时，看到了托普拉村的石柱，于是决定将石柱运回德里，并立在德里以让后人纪念。在计划好放倒柱子的最佳方法后，一声令下，冲积地②内外居住的所有人前来帮忙，还包括所有步兵和骑兵。大家奉命带来一切所需工具和材料，搬来大量丝光木棉③。人们将大量丝光木棉置于石柱周围，当基座下的泥土被挖走后，柱子就轻轻地倒在了为柱子准备好的软垫上，然后再慢慢取出这些絮状物。几天后，柱子就安然无恙地放倒在地上了。人们在检查柱基时，发现柱基处有一个方形巨石，这块巨石后来也被取了出来。
>
> 人们用芦苇和生皮将石柱从头到尾包了起来，以防石柱发生破损。人们还制作了一辆有四十二个轮子的马车，每一个轮子上都系着绳子，柱身上也绑有许多绳子。搬运时，成千上万的人一起拉这些绳子④，历经千辛万苦，终于将石柱抬到马车

---

① 巴基斯坦信德省的一个城市，中世纪时曾是信德的首都。——译者注
② 该词指在印度与巴基斯坦两河交汇处肥沃的土地。——译者注
③ 使用木棉是因为木棉的花絮有很强的柔韧性。——原注
④ 此处为译者根据上下文补充的内容。——译者注

阿育王：一部孔雀王国史

上。每个车轮上都固定着一根坚固的绳子。二百个人一起拉动这四十二个马车上的绳子。众人一齐拉动马车，直至把马车拉到亚穆纳河岸边。苏丹国王菲罗兹·莎阿亲自在此等候。亚穆纳河上已汇聚大量船，一些船能运载五千到六千莫恩德①的谷物，最小的船也能承受两千莫恩德的重量。石柱被非常小心地挪到这些船上，然后在菲罗扎巴德上岸后，再以极大的辛劳与技巧运至库什克。

创作该书时，作者年方十二，师从当时受人尊敬的米尔汗。石柱运到王宫时，在迦密清真寺附近，人们正着手为石柱搭一个建筑物，并请来最娴熟的工程师和匠人。这个多层建筑物用石头和细砂浆建成。每建一层，石柱就升高一阶，如此往复，直到石柱达到预期高度。石柱升至最高层时，还需使用其他办法使石柱保持直立。六层基台各放有一架起重辘轳，而石柱上则系着很粗的绳子。绳子一端固定在石柱顶部，另一端则绕过牢牢固定在各层基台上的起重辘轳。然后每转动一次辘轳，石柱就会升高约半盖斯。随后，在石柱下放置原木和棉絮袋，以防石柱再次下陷。就这样，石柱逐渐升至垂直角度。然后，在石柱周围放置大量原木，直至形成一个脚手架。这样就确保了石柱像箭一样不偏不倚保持直立。前文提到的方形石也置于石柱之下。②

阿育王建了三十多个这样的纪念碑。从一百二十英里远的地方搬运一个石柱都如此耗费劳力，可想而知，三十个石柱的落成要耗费多少心血！一些石柱甚至比苏丹国王菲罗兹·莎阿所搬运的石柱还要沉重，路途也更加遥远。

---

① 莫恩德是英属印度时期的一个质量单位。——译者注
② 详见《考古调查报告》第14卷第78页，亚历山大·卡宁厄姆著。另可参见《德里考古》第131页（卡尔·斯蒂芬斯著）及《印度史》第3卷第350页（埃利奥特著）。——原注

第 3 章 纪念碑：佛国的象征

据了解，目前有十个刻字石柱。其中六个石柱都刻着前六套石柱法敕的副本。最重要的《第七石柱法敕》只见于德里－托普拉石柱。前文已讲述了该石柱的搬运过程。通过尼泊尔塔莱的两个石柱上的碑文可以看出，这些石柱是为了纪念阿育王在公元前 249 年礼拜佛教圣地而建的。桑吉与鹿野苑的石柱上刻着小摩崖法敕的各种校订碑文，内容都与僧伽戒律有关。本章末详细列举了各刻字石柱。

还有更多石柱有待发现。据说在舍卫城附近，祇园精舍入口处的两个大纪念碑至今犹存。在这两个纪念碑的上方，一个是牛形柱头，另一个是法轮①柱头。尽管我不太认同最近的一些发现，但仍然相信舍卫城就埋在拉普提上游的尼泊尔丛林之下。据报道，在尼泊尔根杰区、贝鲁和墨蒂亚里县附近的石柱可能就是祇园精舍的石柱。据传，其他石柱分布于格纳克

舍卫城出土的佛像（左、右）

---

① 也称正法之轮，是印度佛教、耆那教和印度教中的佛门八宝。法轮象征佛法、佛陀的教诲与启迪。——译者注

普尔边界外尼克哈瓦尔北部的尼泊尔塔莱,以及帕兰区北部的巴勒瓦和毛拉格尔①。

在这十个刻字石柱中,只有蓝毗尼石柱与鹿野苑石柱比较有名。玄奘看到的纪念碑就是这两个石柱。第三个尼格利瓦石柱已不在最初的位置,该石柱或许就是玄奘当年提及的与拘那伽牟尼佛塔有关的石柱。毫无疑问,玄奘并没有看到其他七个石柱,因而也没有留下相关记录。令人好奇的是,玄奘一点都没有提及石柱法敕或摩崖法敕。当玄奘谈到华氏城一个石柱上记录的南瞻部洲②为僧伽的所有捐赠时,确实提到了所谓的阿育王碑文,不过,当时玄奘可能只是在转述当地的僧侣传言,而这些僧侣根本读不懂碑文,只是杜撰了一些内容而已。当地向导也经常这样对碑文做出虚假的阐释。譬如,萨姆斯·伊·西尔拉杰说"一些异教徒"将德里-托普拉石柱上的碑文解释为"只有日后出现的一个叫苏丹·菲罗兹的伊斯兰教国王才能将这座方尖塔挪走"。对于阿育王曾如此愚蠢地声称要放弃南瞻部洲,或将自己的胡言乱语刻在纪念碑上的这些说法,笔者一点都不相信。真正的阿育王语录非常明智且实事求是。中国礼佛者没有注意到阿育王石柱,这可能是因为那时——距碑文镌刻已有九百年——没人能读懂法敕内容。众所周知,7世纪的印度字母系统已同阿育王时期的字母系统有很大差异,该差异足以让碑文难以辨认。那时,大量流传的神话传说已掩盖了这位伟大国王的真正人格,也没有人会费心寻找阿育王统治时期的真正记录。

阿育王的摩崖石刻虽不及石柱有艺术价值,但在某些方面,这些令人惊叹的石刻碑文却是阿育王统治时期最重要的纪念物。这些摩崖石刻分布在孔雀王国偏远城邦的十二个不同的地方。内容一般都是弘扬"正法"的说教。较长的碑文中,有些是十四个摩崖法敕系列的各种或长或短的修订法敕,有些则代替了该法敕系列中的某一套法敕。较短的碑文有两类:小摩崖法敕和比较特别的布哈布拉法敕。这些碑文的发现地在北纬34°20'到14°49'、东经约72°15'到85°50'处,也就是说,跨越二十个纬度和十三个

---

① 《尼泊尔塔莱的古文明遗迹》,第59页,巴布·普尔纳·钱德拉·穆克哈吉著。——原注
② 佛教、耆那教和印度教宇宙观中的凡人生活的土地。——译者注

第 3 章 纪念碑：佛国的象征

经度。或许在阿富汗境内、西北边界以外的部落地区甚至是印度境内，尚有未发现的其他法敕。

从西北方向开始，第一套碑文是在夏巴加里希①发现的。夏巴加里希位于西北边界上白沙瓦地区的尤萨夫扎伊地区，在白沙瓦西北方向约四十英里处，与华氏城的直线距离是一千多英里。除了《第十二摩崖法敕》，十四个摩崖法敕的重要碑文都刻在一个巨大的黑色火成岩的东、西两面。这块巨大的岩石长二十四英尺，高十英尺，位于夏巴加里希西南边的山坡上。

已故的哈罗德·迪恩在几年前发现了包容法日敕，即《第十二摩崖法敕》。该法敕刻在一个高约五十码的独立岩石之上，与其他法敕相距甚远。碑文内容接近完整。这对研究历史的人来说有极高的价值②。

另一个保存良好的修订法敕在西北边界的哈扎拉地区。具体位置是北纬34°20′、东经73°13′处的曼塞赫拉，距阿伯塔巴德北部约十五英里。斯坦因博士发现了将该法敕置于人迹罕至之地或主干道之外的原因——这里有一条古道，可通往现称为"布莱芮"的礼佛地。与罗钵那和基尔那尔的碑文一样，这里的碑文也被置于礼佛者一眼就能看到的地方。该碑文没有夏巴加里希碑文完整③。西北的这两个修订法敕都特别突出包容法敕，曼塞赫拉碑文只刻在了岩石的一面，而夏巴加里希碑文则刻在一个单独的岩石上。这两个修订法敕都是用阿拉姆语，即现在一般称为佉卢文的文字从右往左镌刻的。这些文字应该是公元前500年左右引进印度的。当时，希斯塔斯坡的儿子大流士征服了印度峡谷，随后，波斯官员将该文字引进印度西北地区。

1860年发现的摩崖法敕可能是所有修订法敕中最完整的一个。该法敕是十四个摩崖法敕的第三个修订法敕。碑文刻在伽尔尸村以南一点五英

---

① 今巴基斯坦西北边境省马儿丹地区的一个村庄。——译者注
② 详见《考古调查报告》第5卷第9页到第22页，亚历山大·卡宁厄姆著；《第十一界东方学者大会》，第93页，福切尔著，巴黎。该修订法敕的引用名称为卡普尔达吉丽，这是距此地两英里远的一个村庄的名字。——原注
③ 参见1890年《印度古文物研究》第19卷第43页。——原注

里处一块岩石上。伽尔尸村在联合城邦的台拉登地区,即穆索里避暑别墅以西约十五英里处,是萨哈普尔到查克拉塔兵营的途经之地。碑文刻在一个形如角锥体的白色石英石西南面,基台直径约十英尺,高约六英尺。这个俯瞰亚穆纳河和通斯河交汇处的石碑立于一个双层基台的上方。在当地人眼中,河流的交汇是神圣的,所以可能会有礼佛者来此礼佛,这一定就是碑文安放至此的原因了。一些壁柱和铸石说明了附近曾有过一些建筑物。该碑文同曼塞赫拉碑文十分类似,但有一些独特之处。大圆石上的一面刻着一头栩栩如生的大象,并标着"最优异的大象"几个文字。除了曼塞赫拉和夏巴加里希碑文,这个碑文上的文字同阿育王的所有碑文一样,都是从左往右用婆罗米文镌刻的。婆罗米文就是现代的天城体①和联合字母的源头。各碑文中的字母形式略有差异②。

在十四个摩崖法敕中,有两套法敕的颁布地点是西海岸。在孟买北部的塔纳区索帕拉③,人们发现了一些刻有《第八摩崖法敕》内容的碎片。这些碎片虽然只有只言片语,却足以说明这里曾颁布过《第八摩崖法敕》的副本。索帕拉曾是一个重要港口和贸易中心,曾用名有索普拉卡、苏帕拉卡或姝帕拉卡。该地区也有过一些著名的印度教与佛教建筑。时至今日,索帕拉仍是一个富足的小镇。这里的海平面曾升至城墙那么高,很长时间以来,河道都被淤泥充塞④。

1822年,托德上校首次描述了著名的基尔那尔碑文。该碑文掩埋于茂密的森林下,如果不是当地一个贵族为方便礼佛者上山礼佛而修建穿越森林的道路的话,这里的碑文恐怕会永远不见天日。基尔那尔是耆那教徒

---

① 印度河尼泊尔使用的一种元音附标文字。——译者注
② 参见《考古调查报告》第1卷第244页(亚历山大·卡宁厄姆著)、《阿育王碑文》第12页(亚历山大·卡宁厄姆著)及1904年9月23日的《先锋邮件》。大圆石并没有像之前担心的那样被河水侵蚀。——原注
③ 位于北纬19°25',东经72°48'。——原注
④ 《印度古文物研究》,第1卷第321页;第4卷第282页;第7卷第259页;《索帕拉》,巴格万·莱·英德拉吉特著,1882年,再版。——原注

第3章 纪念碑：佛国的象征

最崇敬的圣地之一。古城久纳加尔是卡提瓦半岛①地区的首府，位于基尔那尔与达塔尔山之间。善见城湖修于月护王旃陀罗笈多·孔雀时期。阿育王时期，地方政府修好了河道与水闸。该湖位于一个峡谷中，占据了整个峡谷。湖的西面是乌帕尔科特岩石，东面则是刻有碑文的石壁。那块几乎呈半球形的巨大花岗岩，曾屹立于已消失很久的湖边。事实上，人们早已遗忘了这块岩石，因此岩石最初的位置也很难确定下来。岩石的东北面刻着十四个摩崖法敕，刻在最上方的是珍贵的楼陀罗达曼一世②的碑文③，刻在西面的是塞建陀芨多总督④的重要碑文⑤。碑文受损严重，不过目前已对它采取了保护措施。塞纳尔在誊写阿育王碑文典籍时，只能依赖这些不完

托德上校（1781—1835）

---

① 位于北纬21°31'，东经70°36'。——原注
② 楼陀罗达曼一世（130—150），是西萨特拉普王朝的著名塞人总督，称帝后自称大总督，后皈依印度教。他是让百乘王朝走向衰落的具有影响力的人物。——译者注
③ 公元150年。——原注
④ 印度笈多王朝的最后一位国王，死于公元467年。——译者注
⑤ 公元457年。——原注

整的碑文副本。1899 年到 1900 年，里斯·戴维斯教授又发现了两块岩石上剥落的碑文碎片，从而有了更精确的碑文副本①。

在孟加拉湾附近，印度东部的羯陵伽境内也有十四个摩崖法敕的两个副本。阿育王曾在公元前 261 年征服过该地。这两个碑文副本都略去了不适用于当地的《第十一摩崖法敕》《第十二和摩崖法敕》和《第十三摩崖法敕》，而用《边界居民法敕》和《城邦法敕》取而代之——这两套法敕是阿育王专为新兼并的领土起草的，仅在羯陵伽颁布。

北边的碑文副本刻于一个称作阿斯瓦斯特的岩石的北面该岩石距陶利村附近的一个山顶不远②，在奥里萨邦普里区的巴布瓦内斯瓦尔以南约七英里处。碑文刻在一个处理过的倾斜岩床的表面，碑文上方有一头石象。石象用身体的前部护卫着碑文。这只大象做工精良，高约四英尺，由坚石制成。托萨利总督小镇似乎就在该地附近③。

另一个南边的碑文副本刻在一个高达一百二十英尺的巨大花岗片麻岩的岩石上。该岩石离一个叫杰格达④的古城中心不远。古城位于马德拉斯市的甘贾姆区。碑文所在地可能就是当地法敕里提到的萨姆帕镇⑤。

如第一章所述，小摩崖法敕被视为阿育王最早的碑文。该法敕与十四个摩崖法敕一样，只能在偏远的城邦才看得到。《第二小摩崖法敕》的内容只在迈索尔出现过，对"正法"做了概述，文风与其他法敕截然不同。迈索尔的碑文中，有三个法敕副本都是对《第一小摩崖法敕》的补充。补充法敕可能是坎纳达王公的部下编写后由总督⑥颁布的。这三个修订法敕分别刻在三个相距不远的地方，都在一个古镇附近，地处迈索尔北部

---

① 《皇家亚洲学会杂志》，第 335 页，1900 年。——原注
② 位于北纬 20°15′，东经 85°50′。——原注
③ 参见 1908 年《重要地名词典》第 2 版；亚历山大·卡宁厄姆所著《阿育王碑文》第 15 页；亚历山大·卡宁厄姆所著《考古调查报告》第 13 卷第 95 页。——原注
④ 也称杰格德，位于北纬 19°33′，东经 84°50′。——原注
⑤ 参见以下文献：《阿育王碑文》第 17 页，亚历山大·卡宁厄姆著；《考古调查报告》第 13 卷第 112 页，亚历山大·卡宁厄姆著；《马德拉斯古文明遗迹》第 1 卷第 4 页，休厄尔著；《印度古文物研究》第 1 卷第 219 页。目前，该碑已用屋顶与铁栏杆加以保护。——原注
⑥ 即王公。——原注

第3章 纪念碑：佛国的象征

吉塔杜尔格区。这三个地方分别是西德达普尔①、杰廷嘉－茹阿梅索尔和婆罗马吉里。在比哈尔斯南部哈哈巴德区的萨萨拉姆②，可以见到《第一摩崖法敕》的各种修订法敕。《罗钵那修订法敕》在中部城邦贾巴尔普尔地区；《马斯基修订法敕》在尼扎姆领地；《贝鲁修订法敕》在拉杰普塔纳③。《第一小摩崖法敕》对阿育王的宗教发展历程做了非常有价值的描述，并教诲人们践行国王最爱的戒律："无论贫富贵贱，皆当尽力奉行正法"。因此，《第一摩崖法敕》似乎是分别在五个相距很远的地区颁布的。这足以说明，法敕十分重视说教。

罗钵那碑文单独位于一个偏僻的峡谷中，"五十英尺到六十英尺高的险峻悬崖为凌乱的岩石和水塘遮阴挡阳，这里的裂缝和洞穴为野生动物提供了一个安静的庇护所"。事实上，当科森斯先生在该地拍照时，一只蹲伏着的黑豹正在不到二十码的地方盯着他。直到今天，仍有礼佛者来此峡谷礼拜当地的一位湿婆神。峡谷有三个层层叠叠的池塘。在雨季时，这些池塘可以连成一个漂亮的瀑布，所以显得神圣。在最下层池塘的西边，有一棵大树。刻有法敕的独立大圆石就在这棵大树下。圆石可能是从原来更高的地方掉下来的④。

在萨萨拉姆小镇西边一个山顶附近的人造山洞里，岩壁上刻着《萨萨拉姆修订法敕》。现在，碑文上方有一个伊斯兰教圣人的神龛。阿育王时期，印度教的拜谒者一定曾来此拜谒⑤。

1872年至1873年，卡尔勒伊先生⑥发现了贝鲁碑文。碑文刻在一

---

① 位于北纬14°49'，东经76°47'。——原注
② 位于北纬24°57'，东经84°1'。——原注
③ 位于北纬27°27'，东经76°12'。——原注
④ 罗钵那在斯利曼阿巴德火车站以西十四英里处。布洛赫博士手里有一个质量上乘的印刷品，但尚未发表。参见《考古调查报告》第7卷、第9卷，亚历山大·卡宁厄姆著；《阿育王碑文》第29卷第21页，亚历山大·卡宁厄姆著；《印度古文物研究》第22卷第298页。——原注
⑤ 参见1908年的《重要地名词典》第2版；《阿育王碑文》第20页，亚历山大·卡宁厄姆著。——原注
⑥ 英国考古学家。——译者注

块大如房屋的硕大火山岩南面的下方。该巨石位于离古镇贝鲁不远的潘都斯山山脚下[①]。

布哈布鲁法敕列举了阿育王最喜欢的戒律段落。这个特殊的法敕也在贝鲁镇附近,刻在了另一座山的山顶寺院附近的大圆石上。这块大圆石现保存于加尔各答[②]。

在加雅附近的巴拉巴尔山和纳加尔道尼山上,有阿育王和他的孙子为邪命外道教徒在耐火片麻岩上修建的洞穴。这些洞穴虽然不如艺术品般精美,但饱含建造者无尽的心血与汗水。对现代人而言,该洞穴似乎用错了地方。达萨拉塔修建的格皮卡洞穴是最大的洞穴。该洞穴长四十六英尺五英寸,宽十九英尺二英寸。洞穴的尽头呈半圆形,拱形屋顶高十英尺六英寸。洞穴的全部内壁都打磨得十分平滑。修建这样的洞穴一定耗费了不少

加尔各答

[①] 参见亚历山大·卡宁厄姆所著《考古调查报告》第6卷第97页和《阿育王碑文》第22页。这座山还有其他名字。——原注
[②] 参见亚历山大·卡宁厄姆所著《阿育王碑文》第24页《第二贝鲁岩石》一文,与《考古调查报告》第2卷第247页。——原注

第 3 章 纪念碑：佛国的象征

财力。这充分说明，现今人们已经遗忘了的苦行者在阿育王时期有很大的影响力。尽管苦行者遭到正统佛教徒的厌恶，但得到了"尊敬一切教派"的国王的支持[1]。

毋庸置疑，在阿育王时期，艺术创造达到了很高的水准。

王室工程师和建筑师能在砖、木和石上设计并建成宽敞巍峨的建筑物，也能建设配有易操作的水闸和其他装置的大型堤岸，还能对巨石进行提取、凿切等操作，此外，还能在最坚硬的岩石上开凿出宽敞、光洁的屋室。雕刻技术可以为建筑增色不少，所有的重要建筑上都铺张地饰有大量装饰图案，展现各种生机勃勃的浅浮雕和令人赞不绝口的人兽雕像。人们还发现了一个罕见的独立人像，但巨石柱上方的狮子雕刻得更加精巧。马歇尔先生用以下略带夸张的文字描述了新近在鹿野苑发现的柱头。从照片可以看出，马歇尔先生的这番描述基本属实："石柱附近的地上，可以看到柱身上端的断裂部分，还可以看到一个呈钟形的波斯阿契美尼德王朝时期建筑风格的雄伟柱头，该风格十分著名。柱头上有四只狮子，支撑柱身与柱头的是一个法轮。法轮象征着鹿野苑颁布的第一个法敕。钟形物和狮子都保存完好，它们无论是在风格还是在雕刻技术上都堪称杰作——在我看来，该雕刻是印度有史以来最精美的雕刻艺术，甚至是古文明中无以伦比的艺术品。"[2]

可以说，石匠的技术已臻完美。他们的雕工技艺恐怕超过了 21 世纪的水平。柱身长三十或四十英尺，由硬砂岩制成，外表与比例极其优雅。柱身做了了抛光处理，但即使是现代石匠也无法辨认出石柱所用的抛光材

---

[1] 亚历山大·卡宁厄姆在《阿育王碑文》第 30 页到第 32 页描述了该洞穴。另可参见《考古调查报告》第 1 卷第 40 到第 52 页以及凯迪在 1895 年发表的相关文章。"邪命外道教徒或裸体苦行者。传说，这些教徒在神祇园精舍 [舍卫城] 后面进行荒谬的苦修。很多教友目睹这些苦行者痛苦地跪在地上，像蝙蝠一样摆动，倚靠在荆棘上，用火烧灼自己的身躯，以及各种各样荒谬的苦行，教友深受打动，就问薄伽梵这样做是否能带来益处。'什么也得不到，'薄伽梵回答。"以上描述引自考埃尔及弗朗西斯翻译的《本生经》第 1 卷第 307 页。参见德瓦达多·罗摩克里希纳·班达伽在《印度古文物研究》第 286 页的论述以及霍诺尔所著《宗教与道德百科全书》第 2 版。——原注

[2] 《年度考古调查报告》，第 36 页，1904 年到 1905 年。——原注

料。石匠将最坚硬的片麻岩面打磨得光滑如镜,还成功烧制了巨大的砖块,此外,石质建筑的接合处都安装得十分精准。除了埋在巴特纳河淤泥下的一些柱子与大梁,所有木质建筑都受到了白蚁和其他力量的破坏。但从那些浅浮雕的照片和石栏、石质建筑来看,还是可以了解该时期的木匠工艺——弗格森一直坚称木质建筑是各种石质建筑的原型。缅甸的建筑说明,木质建筑也不乏庄严和雄浑。可以说,巴尔胡特石栏和桑吉塔门前的木质建筑是配得上一个拥有强大主权、庄严殿宇和富足阶层的王国的。间或发现的孔雀王国及更早时期的念珠、珠宝和封印证明了古印度的宝石鉴定家与金匠在灵巧程度上一点都不比其他国家的同行逊色。通过雕刻再现的马车、甲胄、武器、装备、服装、纺织物和其他生活必需品或奢侈品,说明了在公元前第三个世纪里,孔雀王国的物质文明已经达到一千八百年或一千九百年后著名的莫卧儿王朝的水平。

浅浮雕上的雕刻虽然大多都谈不上漂亮,但充满生机与活力,且非常写实。再现这些法螺和其他令人难以置信的生物时,艺术家虽然发挥了一定的想象力,但没有试图将这些生物理想化。雕刻上的场景虽然没有用透视法处理,但还是让人感到生动逼真,很多形象都画得栩栩如生。纯粹的装饰性元素彰显了设计的多样性。一些水果与鲜花图案极其优雅。阿育王时期,无人知道佛陀的样子,因此,雕刻中没有佛陀的形象。佛陀只体现在象征物中,譬如,空着的座位、一对脚印或是轮子。

当我将希腊人的描述与阿育王法敕相结合时,发现在国家与军事的治理水平上,孔雀王国要比阿克巴或沙贾汗[①]高。可以确定,希腊作家在谈到普拉西国(摩揭陀)与甘格里达国(孟加拉)的权力和资源时,心中充满无限的敬意;我们还可以确定,在亚历山大大帝眼中,普洛斯是一个劲敌;同时还可以确定的是,月护王旃陀罗笈多·孔雀有足够的实力先打败马其顿军队,再击败塞琉古一世。有序的国家行政组织与发达的艺术水平可以反映出政府的军事实力。

---

① 沙贾汗(1592—1666),莫卧儿帝国第五任国王,1628年到1658年在位。——译者注

沙贾汗
（1592—1666）

阿育王：一部孔雀王国史

用永不磨灭的文字将国王的法敕和纪念性话语精心雕刻在大城市、主干道和礼佛者经常拜谒的圣地的岩石上。此举说明在阿育王时期，阅读与写作得到了很大推广，当时一定有很多人可以读懂法敕。这一点也体现在碑文所用的语言中。碑文并不是一种学究式的口吻，而是以普通老百姓可以理解的地方语写成，并根据当地需求加以调整。大量的寺院可能促进了当地百姓的学习，也可能许多村的孩子都是在寺院僧侣和尼姑那里学习知识。现在，缅甸的孩子就是从僧侣那里获取知识。值得注意的是，阿育王鼓励兴建尼姑庵，并不止一次专门提及女信士与尼姑。笔者认为，与现在英属印度的许多城邦相比，阿育王时期的佛教徒很可能识字率更高。1901年的资料显示：在拥有许多伟大城市和古都的联合城邦中，每一千人中，只有五十七名男性和两名女性有读写能力。而在佛教寺院遍地开花的缅甸，相应的数字为三百七十八和四十五①。笔者相信，在辉煌时期，整体而言，

缅甸佛教寺院
（大金寺）

---

① 《印度帝国重要地名词典》，第 4 卷第 416 页，1907 年。——原注

第3章 纪念碑：佛国的象征

印度的佛教寺院和尼姑庵一定是个非常有影响力的机构。佛教的消失对印度来说是个巨大的损失。

如前文所述，碑文使用了两种文字。从右往左书写的佉卢文，一般只出现在印度西北角。但在《小摩崖法敕》的婆罗马吉里碑文中，抄写员为了展示自己的学识，使用了佉卢文署名。

婆罗米文是天城体和大多数现存印度字母的源头。在阿育王碑文中、布哈蒂普罗鲁的记录中以及锡兰的各种变体中，都是这种文字。尽管目前尚未发现比阿育王时期更早出现的婆罗米文字，但在阿育王时期，该文字一定已使用了好几百年。布勒认为这种文字源于美索不达米亚，是在公元前七八百年甚至更早以前引入印度的，该观点可能是正确的。

关于印度文明起源的故事，调查工作仍显不足，有待日后再行编写。我们可以大致了解到，印度的艺术与科学元素是从埃及和亚洲大陆通过海洋交通和陆地交通传到印度的，但我们对该主题的实际了解并不全面。显而易见，波斯帝国的雄伟建筑给印度人留下了深刻的印象。一些事实证明，波斯文明确实对孔雀王国产生了深刻的影响。

波斯帝国的建筑的主要特点就是能随意地运用石柱。阿育王对石柱的喜爱就可以说明波斯对印度的影响力。在波斯人看来，阿育王的巨石让人想起了在波斯帝国的钟形柱头上，装饰主题往往都是背靠背的动物。刚才提到的鹿野苑柱头，虽然在一定意义上是波斯帝国的建筑风格，但相较原型有很大改观。就笔者所知，鹿野苑柱头的设计与雕刻风格比波斯帝国的建筑更加出色[①]。长久以来，波斯帝国风格的柱头一直都是印度雕刻的装饰性元素。在犍陀罗式的浮雕中，经常可以看到此类型的柱头。"犍陀罗式"指受希腊、罗马影响的佛教艺术。

将长长的公告刻于岩石上，该想法可能是受到了大流士的启发，而将公告用作布道的特殊变更可能源于纳卡什-伊-鲁斯塔姆[②]僧侣的"具

---

① 卢浮宫可能有波斯风格的狮子柱头样本，佩罗和基匹厄斯可能有改造过的狮子柱头。《波斯艺术史》，伦敦，1902年。——原注
② 伊朗法尔斯省波斯波利斯西北12公里处的大墓地。——译者注

犍陀罗式的浮雕

纳卡什－伊－鲁斯塔姆

有告诫性"的碑文。该碑文含有"大流士对民众在未来政治、道德和宗教行为方面的最庄严的告诫"。但很明显,碑文内容并未公布,因此无法与阿育王法敕进行详细对比①。阿育王法敕的起首是"尊贵仁慈的陛下这样说道"等诸如此类的话语。如前文所述,这些话让人想起波斯帝国的记录风格。

通过几个小细节可以证实:对刚被亚历山大大帝征服的波斯帝国的影响,孔雀王国的态度非常明智。在夏巴加里希碑文中,有波斯语"nipi"一词,意为"写";前文提到的剃光犯人头发就是一种波斯式的惩罚方式②;据希罗多德③说,斯特拉博提到的印度传统的国王灌顶仪式,似乎就是在模仿薛西斯④类似的仪式。斯特拉博转述的一定是麦加斯梯尼的记录⑤。印度西部一直使用至4世纪晚期的波斯帝国总督头衔,在孔雀王国时期并没有记录。但巨石柱本身就足以证明波斯帝国的影响。勒邦⑥坚称:早期的印度艺术在很大程度上,是受到了波斯艺术的启

希罗多德
(前484—前425)

---

① 《楔形碑文回忆录》,第1卷第312页,罗林森爵士著;《希罗多德的翻译》,第4卷第177页,罗林森教士著。——原注
② 《雅典娜神庙》,1902年7月19日。——原注
③ 希罗多德(前484—前425),古希腊历史学家。因著有《历史》一书而闻名。——译者注
④ 薛西斯(前519—前465),阿契美尼德王朝第五任国王。公元前465年被杀。——译者注
⑤ 参见《古印度》第75页,麦克林德尔译;《印度古文物研究》,第34卷第202页,1905年。——原注
⑥ 勒邦(1841—1931),法国人,研究兴趣广泛,包括:人类学、心理学、社会学、医学、发明和物理学。——译者注

第3章 纪念碑：佛国的象征

迪。勒邦的说法应该是有道理的①。希腊风格的装饰主题和叶形饰等在古印度建筑中十分常见。这种装饰风格很可能源自波斯或希腊，或是两种文化的融合体。印度、亚洲与希腊间的艺术关系一直没有定论，只言片语也无法阐明这一复杂问题。但笔者认为，早期的印度浮雕可以说是希腊装饰主题的一种转化，即这些浮雕的建筑风格是希腊化的，但建筑精神、主题或细节完全是印度本土的。勒邦的确发现"印度在改造、变形方面，力量是如此强大，以至于人们简直认不出原来的形式"。在造型艺术与文学方面，可引用的阐述非常多。印度人在吸收和改编外来方案时，做法十分高明。印度人会让原作品发生极大的改观，让人看成是一种本土原创。

要提醒读者的是，这里所提到的波斯艺术，本身是在亚述模式的基础上发展而来的。因此，从一定意义上来说，印度柱头应该属于亚述风格。但与希腊风格紧密相关的浅浮雕又迥异于亚述与波斯那种死板、正式的风

薛西斯
（前519—前465）

---

① 《温德纪念碑》，第15页，勒邦著，1893年，巴黎。——原注

格。笔者认为，可能直到最近，印度所受到外来文化的影响都比不上孔雀王国时期。该问题有待进一步的深入研究。但似乎很明显，当我们将印度艺术与希腊以外的能工巧匠的杰作相比时，无论印度艺术家运用的是哪个国家的建筑风格，孔雀王国和巽加王朝时期的印度艺术水平都已非常高，并在世界艺术发展史中占有一席之地。

上述分布于印度各处的碑文，先在某个总督府或首都写成，再交由技术娴熟的石匠刻于岩壁与石柱上。孔雀王国西北边上的碑文使用的是当地百姓最熟悉的佉卢文字母；其他地方的碑文使用的是婆罗米文字。碑文语言都是帕拉克里语——当时使用的本地语。这种语言一方面同梵语尤其是吠陀语的变体紧密相关，另一方面也与孔雀王国当时的地方语密切相关。国内城邦颁布的法敕使用的是摩揭陀方言。偏远地区颁布的法敕在拼写、词汇和语法方面都具有当地语言的特性。同一法敕不同碑文间的差异有大有小。

佛教戒律式的重复十分常见，且都是故意安插进去的，如十四个摩崖法敕的结束语。早期译者认为这种表述粗鄙生涩。但在有了更准确的碑文后，人们也对碑文的语言有了更深刻的理解。人们发现，法敕的语言坚定有力、庄重简洁。法敕想按国王的语气进行表述，这一点在羯陵伽法敕中尤为明显。这种表述涉及人称转变——需从第三人称转化到第一人称，对译者来说十分棘手，但不能因此说明法敕语言生涩僵滞。以下译文的直译程度和习语翻译允许的差异范围相同，希望译文成功传达了笔者对原文的理解。精确再现原文本就再好不过了。在记录与镌刻方面，碑文几乎没有什么错误。通过蓝毗尼碑文的二号石板碑文可以看出，法敕文字非常优美。笔者见过该碑文两次，可证实碑文影像的缩印本与原碑文一样清晰。

第一章已经写到将所有碑文作者视为一人，并在译文中采用王号的原因。当然，原文中没有主题和题目。在修订原文本期间，笔者用到了所有的碑文研究，该修订版与前一版有很大不同。参考书目见第五章附录中的参考文献。

第 3 章 纪念碑：佛国的象征

根据塞纳尔先生、托马斯先生以及笔者认可的年表[①]，现存碑文可以按时间做如下分类：

法敕		
小摩崖法敕	阿育王 13 年	公元前 257 年
布哈布鲁法敕	时间不详	时间不详
十四个摩崖法敕	阿育王 13 年和 14 年	公元前 257 年和公元前 256 年
羯陵伽法敕	也许是阿育王 14 年或 15 年	也许是公元前 256 年或 255 年
七个石柱法敕	阿育王 27 年和 28 年	公元前 243 年或公元前 242 年
小石柱法敕	阿育王 29 年至 38 年	公元前 241 年至公元前 232 年

各种碑文		
阿育王洞穴碑文	阿育王 13 年和 20 年	公元前 257 年和 250 年
塔莱纪念碑文	阿育王 21 年	公元前 249 年
达萨拉塔洞穴碑文	时间不详	公元前 232 年

现存阿育王刻字石柱			
序列号	名称	位置	备注
1	德里－托普拉刻字石柱	德里附近、菲罗扎巴德古城的科提拉山顶上；1356 年，苏丹国王菲罗兹·莎阿从安巴拉区的托普拉搬运至此。	"德里－西瓦利克山脉"；"苏丹国王菲罗兹·莎阿石柱"或"德里 1 号石柱"。第一到第七石柱几乎完整。柱头仍在。
2	德里－密鲁特刻字石柱	德里地区，已破裂；公元 1356 年苏丹国王菲罗兹·莎阿从密鲁特搬运至此，竖立在当前位置附近的狩猎屋地面上，1867 年，印度政府重新竖立了该石柱。要塞区埃伦伯勒营房	"德里 2 号石柱"。第一至第六石柱法敕都损毁严重。柱头遗失。
3	阿哈拉巴德刻字石柱	埃伦伯勒军营附近；显而易见，该石柱是从憍赏弥搬运至此，搬运者可能是苏丹国王菲罗兹·莎阿。	第一至第六石柱法敕、王后法敕、憍赏弥法敕都不完整。柱头仍在，顶板遗失。
4	劳里亚－阿拉拉杰刻字石柱	比哈尔北部帕兰区劳里亚的一个小村庄，该村位于一个称为阿拉拉杰－马哈德奥的寺庙西南一英里、盖瑟里亚佛塔西北方向二十英里处，是去贝蒂亚的途经之地。	"拉德西亚"或"R"（R 是拉德西亚英文的首字母，下同）。第一至第六石柱法敕基本完好。柱头丢失。据福切尔再造的微小模型得知，石柱上方是一只金翅鸟或有翅巨兽。

[①] 某些学者对该年表持怀疑态度。——原注

5	劳里亚－南丹格尔刻字石柱	帕兰区劳里亚的一个大村落附近，位于从尼泊尔到贝蒂亚的一条直路上，距北马特西亚三英里，贝蒂亚西北偏北十五英里处。	"马特西亚"或"M."——塞纳尔。第一至第六石柱法敕基本完好。狮子柱头在奥朗则布时期（卧莫儿王朝第六任皇帝）的一次炮击中轻微受损。
6	兰普尔瓦刻字石柱	兰普尔瓦村，匹帕里亚东北一英里多处，同一地区的5号石柱约东北偏北的二十英里处，东经84°34'，北纬27°15'45"。柱身平卧。	第一至第六石柱法敕保存完好。现柱头柱身分离；最近发现狮子柱头埋于地下不远处。附近的"公牛"石柱上没有碑文。
7	桑吉刻字石柱	印度中部博帕尔邦桑吉大佛塔南入口处，北纬23°29'，东经77°45'。石柱倒塌破裂。	小石柱法敕，不完整，是鹿野苑、憍赏弥、阿拉哈巴德石柱的碑文变体。四只狮子组成的精美柱头就在附近。
8	鹿野苑刻字石柱	鹿野苑贾加特·辛格佛塔西北偏北，距贝拿勒斯北部约三点五英里。石柱已破裂。	小石柱法敕，几乎完整，是桑吉法敕与憍赏弥法敕的更完整碑文。以前，宏伟的柱头上方有四个撑着法轮的狮子。厄特尔林先生在1905年发现。
9	蓝毗尼刻字石柱	蓝毗尼圣地，巴达利亚以北约一英里、尼泊尔区巴哈瓦尔布以北二英里、巴斯蒂英属区达尔哈东北方向约六英里处。	"帕德里亚"——布勒。石柱因雷击破裂，但依然伫立，柱头钟形物已支离破碎，柱头下落不明。纪念碑文即2号石板碑文保存完好。
10	尼格利瓦刻字石柱	巴斯蒂区以北、尼泊尔塔莱尼格利瓦村附近、尼格利瓦－萨加尔的西岸，9号石柱西北方约十三英里处，已搬离原有位置。石柱已破裂。	碑文不完整，形式上与9号碑文相似，两碑文的颁布时间明显是同一年。

第 4 章　摩崖法敕：阿育王推行的国策

第 1 部分　小摩崖法敕

《第一小摩崖法敕》
皈依的硕果 ①

据坎纳达王公与高官所言，应按以下方式致辞：

尊贵仁慈的陛下这样讲道：

我为佛陀居士，已两年有半，但其间未尽力弘扬正法。一年前——实则一年多前，我皈信僧伽，从此竭力奉行正法。

这期间，印度民众从未与神祇相连。弘扬正法可以使民众与神祇相连，这就是弘扬正法的成果。并非只有尊贵显赫之人才能获此成果，寻常百姓，无论身份如何卑微，只要潜心修行正法，终会获得极乐。

为此，发此公告：

无论贫富贵贱，皆当尽力奉行正法。

邻人也应知晓此训令，望此训长存！

---

① 这部分法敕是根据婆罗马吉里碑文进行解读的。其中，赖斯的摹本质量最佳；小摹本见《碑文中的迈索尔与库格》，康斯特布尔，1909 年。——原注

此愿将与日俱增——愿民众能更虔诚地践行正法，至少加倍而为之。

此公告由传播佛教的组织宣读。256。

《第二小摩崖法敕》
正法与职责概述①

尊贵仁慈的陛下这样讲道：

要孝顺父母；爱护尊重一切生灵；言必真实。

这些是虔诚之法的精髓，应全力践行。依理推之，学生应尊重师长，师长宜爱护学生。

此乃万物之本——藉此可福寿绵绵，须依此行事。

抄写员帕达

《第一小摩崖法敕》②

尊贵仁慈的陛下这样讲道：

我为佛陀居士，已两年有半，但其间未尽力弘扬正法。一年多前，我皈信僧伽，从此竭力奉行正法。

这期间，印度民众从未与神祇相连，弘扬正法可以使民众与神祇相连。

这就是弘扬正法的成果。并非只有尊贵显赫之人才能获此成果，寻常百姓，无论身份如何卑微，只要潜心修行正法，终会获得极乐。

---

① 婆罗马吉里碑文；与《第一小摩崖法敕》上下相连刻在了一起，是《第一小摩崖法敕》的一个补充法敕，从原碑文第八行中间开始。——原注
② 罗钵那碑文。最佳摹本见《印度古文物研究》，第22卷第298页，1892年。——原注

第4章 摩崖法敕：阿育王推行的国策

为此，发此公告：

无论贫富贵贱，皆当尽力奉行正法。

邻人也应知晓此训令，望此训长存！

此愿将与日俱增——愿民众能更虔诚地践行正法，至少加倍为之。

一有机缘，就应将此公告刻于岩壁之上，并采取措施将公告刻于帝国境内任何有石柱的地方。

各官员应据此公告，在管辖范围内，弘扬此公告精神。

此公告由传播佛教的组织宣读；即，256人是弘法者

评 注

《第一摩崖法敕》可能是阿育王碑文中最难理解的一个。人们已经对碑文的意义讨论了多年。虽然学者还未达成共识，但大多数困惑已得到解决。人们已接受"两年有半"和"一年多"的表述。我将产生轻微变体的"samghe upayite"译为"皈信僧伽"，因为阿育王已经做了一段时间僧侣。一些学者仍不太确定该词的意义。由于没有分清"amisa"和"misa"两词的词源，在上一版中，我误译了神祇与百姓那段话。我认为，现在大家都接受了西尔万·莱维[①]的观点，即两个词的意思分别是"未融合"或"没有联系"和"融合的"或"相连的"，似乎是指真正的法训能让人升至神祇层级"你也将成为神祇"。段落中"deva"一词的意思是"神祇"而非"国王"或"婆罗门"。我认为意为"宣告"或"戒律"的"iyamsavane"一词指的仅仅是"无论贫富贵贱，皆当尽力奉行正法"这句话，而非整个法敕。

罗钵那碑文、萨萨拉姆碑文、婆罗马吉里碑文和杰廷嘉－茹阿梅索尔碑文都有结束语。这些结束语完整程度不同，内容也有所不同。人们对这些结束语的争议已延续多年。贝鲁碑文、西德达普尔碑文和马斯基碑文都缺失了一些文字与数字。

---

① 西尔万·莱维（1863—1935），法国人，印度学专家与东方学研究者。——译者注

本书第二版参照的是托马斯博士的译文，但在这一版中，我认同德瓦达多·罗摩克里希纳·班达伽先生①的考证②，因此，本书这一版中的译文同德瓦达多·罗摩克里希纳·班达伽和塞纳尔的阐释是一致的。

似乎有必要对萨萨拉姆碑文、罗钵那碑文和婆罗马吉里碑文这三个清晰的碑文做个统一的解释：

萨萨拉姆碑文③：

Iyam cha savane vivuthena　　luve Sapamna Iati④

vivutka ti 256

罗钵那碑文：

Vyiithend savane kate　　256 satavivasa t[i].

婆罗马吉里碑文：

Iyam cha savane sav[a]p[i].te

Vyuthena256

很明显，第一句意为："宣读"或"制作"了"宣告"或"戒律"。第二句里，有一个单独使用的婆罗马吉里数字。该数字的意思一定与萨

---

① 德瓦达多·罗摩克里希纳·班达伽（1875—1950），印度著名的考古学家与碑铭研究家。——译者注
② 《印度古文物研究》，第41卷第171页，1912年。——原注
③ 《印度古文物研究》，第22卷第298页。——原注
④ 可读作"s-ati"，另一个"sata"不小心漏掉了。——原注

第 4 章 摩崖法敕：阿育王推行的国策

萨拉姆和罗钵那碑文中数字的意思相同。在萨萨拉姆碑文中，数字256出现在一个完整的句子中，而罗钵那碑文中的语句并不太完整。我同德瓦达多·罗摩克里希纳·班达伽的观点一样，认为"Iati"是一个书写错误，这里漏掉一个意为"数百"的词"sata"。第二个同"vivasa"相连的"sata"一定是梵语"sattva"，意为"人"。这样我们就得到了以下译本：

萨萨拉姆碑文：

　　此公告由传播佛教的组织宣读；即，二百五十六，256个弘法者

罗钵那碑文：

　　此公告由传播佛教的组织宣读；即，256人是弘法者

婆罗马吉里碑文：

　　此公告由传播佛教的组织宣读；即256人。

第一个小句里的"vyutha"一词是一个集合名词。罗钵那碑文中第二句的意思十分清晰，并由此决定了对其他碑文的解读。在这里无法对该问题做进一步讨论。塞纳尔的译文做出了同样的解读，塞纳尔很久以前就将"vyutha"译成了"弘法者"[①]。

《第二小摩崖法敕》容易理解，我前一版书里的译文就是准确的。该法敕风格迥异于其他所有碑文，似乎明显由驻坎纳达的南方总督秘书处撰写。金山镇很可能就在尼扎姆领地的金矿附近。

1915年在尼扎姆领地赖久尔地区发现的《马斯基第一摩崖法敕》的

[①] 《阿育王法敕》，第1卷第188页。——原注

新版本。与尼扎姆领地的金矿很近。这个严重残损的碑文之所以重要，主要是因为碑文的开头语：

天宠慈颜阿育王。

其他碑文里都没有阿育王的名字。该法敕内容同罗钵那碑文和萨萨拉姆碑文几乎完全一样，但受损严重，已无法完整翻译[①]。

迈索尔碑文结尾处抄写员的签名令人很好奇。值得注意的是抄写员用西北边境的佉卢文写下了最后一个词"lipikarena"，意为"抄写员"。抄写员似乎是北方人。伊希莉娅城一定在西德达普尔之内或附近。毫无疑问，碑文中提到的王公是阿育王的一个儿子，也是德干总督。

256是一个非常重要的数字。该数字是16的平方，也是印度人特别喜欢的一个数字。这个数字也可以看成64×4或者32×8，这些都是印度人最喜欢的数字。将数字看成日期的观点肯定是错误的。将数字视为日期的学者会错误地得出毫无根据的推测，该做法已废弃，无需进一步说明。

第2部分 《布哈布鲁摩崖法敕》或《第二贝鲁摩崖法敕》

阿育王最喜爱的段落与戒律[②]

尊贵的摩揭陀陛下向僧伽致以问候并祝僧伽成员富足、安康。
诸位贤士皆知我对佛陀、佛法和僧伽的恭敬。
诸位贤士，佛陀所言皆为至理名言。
可是，诸位贤士，对我而言，我要指出[③]，并引荐以下箴言：

---

① 见石板碑文，《海德拉巴考古系列》，第1期，1915年，加尔各答。——原注
② 解读该法敕使用的是1887年的摹本；参见1891年《印度古文物研究》第20卷第165页塞纳尔的译文，但塞纳尔的译文有待修正。——原注
③ 此处应省略了"一特别主题"——译者注

第4章 摩崖法敕：阿育王推行的国策

故真法将永存于世。

诸位贤士，以下为引荐箴言：

一、笃信戒律①；

二、崇圣向贤②；

三、释惧戒恐③；

四、隐士之歌④；

五、隐士论道⑤；

六、优婆帝沙问经⑥；

七、致罗睺罗⑦，由虚佞为始⑧。

此乃佛陀圣言——诸位贤士，愿众僧侣与僧尼能经常习听、思忖；愿在家男女信士亦能悉知、思之。

诸位贤士，为此，我撰写该公告，以昭示我的良愿。

罗睺罗

评 注

《布哈布鲁摩崖法敕》，或亚历山大·卡宁厄姆所称的《第二贝鲁摩崖法敕》，刻在一个小圆石上，现存于加尔各答印度博物馆。圆石原在贝

---

① 出自《毘奈耶最胜法说》。——原注
② 出自《圣种经》。——原注
③ 出自《怖畏当来经》。——原注
④ 出自《牟尼偈》。——原注
⑤ 出自《寂默行经》。——原注
⑥ 出自《优婆帝沙门经》。——原注
⑦ 罗睺罗（前563或前480—前483或前400），乔达摩·释迦牟尼唯一的儿子，据传生于乔达摩·释迦牟尼宣布放弃王权的那一天，因此起名罗睺罗，意为"觉悟之羁绊"。后来在释迦牟尼的教化下开悟。——译者注
⑧ 出自《说罗睺罗经》。——原注

鲁碑文山[①]低处的一个平台上,距布哈布鲁十二英里。该地是距布哈布鲁最近的营地。发现这块圆石的人是陆军上校伯特。伯特似乎曾在布哈布鲁扎营,圆石也就被带到了布哈布鲁。因此,圆石就以营地名命名。布哈布鲁的正确拼法是"Bhabru",不是"Bhabra"。而《小摩崖法敕》上的贝鲁法敕副本,则似乎位于那个刻有布哈布鲁碑文的寺院的附近。阿育王在统治早期可能曾在一个雨季留宿该寺院。我认为这两个贝鲁碑文是同一年制成的,最有可能是阿育王十三年,这一年起阿育王开始发布碑文。

《布哈布鲁法敕》非常独特。该法敕在措辞与主题上迥异于其他法敕,法敕内容明显属于佛教思想。碑文保存完好,因此,长久以来对该碑文阐释方面的争议,都不是碑文内容欠缺引起的。以前讨论过的大多数困难,现已解决。因此,尽管人们对阿育王推荐的七个段落的理解仍有不同观点,但本书第二版中的翻译仍然有效。

阿育王自称"仁慈的摩揭陀国王"。该短句中所用的词形应是"Magadhe",不是布洛赫所认为的"Mdgadham"。"Priyadasi"与其他三词都保留了"r"[②]。我将这种对帝王的尊称译为"仁慈的摩揭陀国王"。

碑文所宣明的对佛陀、圣法[③]和僧伽的信念可用锡兰至今仍在僧侣剃度时使用的三皈或三宝来阐明,其文如下:

> 我笃信佛陀;
> 我笃信佛法;
> 我笃信僧职;
> 我还是笃信佛陀;
> 我还是笃信佛法;
> 我还是笃信僧职。
> 我依然笃信佛陀;

---

① 今印度贝鲁,拉贾斯坦邦斋蒲尔县的一个城镇。——译者注
② 见 1911 年《皇家亚洲学会杂志》第 1113 页胡尔契发表的文章。——原注
③ 即正法。——原注

第4章 摩崖法敕：阿育王推行的国策

我依然笃信佛法；

我依然笃信僧职。①

"佛陀所言皆为至理名言"这句话实际上引自《增支部》第四卷第一百六十三页。普珊也曾引用这句话②。

在《巴利语佛典》《翻译名义大集》与《增支部》中，都出现过"故真法将永存于世"这句话。

该法敕的主要目的是从佛典中列举阿育王认为可充当行为准则的七个最重要的段落，并推荐僧伽、僧侣、僧尼或在家男女信士悉心研读。在辨别段落意义时，有一定困难。埃德蒙兹先生认出第一段是著名的贝拿勒斯第一训诫。我认为埃德蒙兹先生的判断是对的，因为该训诫是最古老的佛典之一，因而阿育王是不可能忽略这一条的。此外，该法敕所阐述的四个箴言在《自说经》第三卷里也有描述，就像"Samukathsikadhammadesand"一词会让我们想起阿育王为法敕所定的标题一样③。

第二段至第七段是由里斯·戴维斯起草、由达尔马难陀·高善必教授和兰曼教授修订而成。其文如下：

二、《圣种经》；

三、《怖畏当来经》；

四、《牟尼偈》；

五、《寂默行经》；

六、《优婆帝沙门经》；

七、《说罗睺罗经》。

参考文献源自巴利碑文协会。

无需解释这些只有大致日期的戒律对《佛经》历史的重要性。

---

① 《佛教翻译》，第396页，沃伦著，1900年。——原注
② 《通往涅槃》，第106页，1917年，剑桥。——原注
③ 《皇家亚洲学会杂志》，第387页，1913年。——原注

阿育王：一部孔雀王国史

读者一定能体会到阿育王的顾虑。阿育王希望佛教戒律所阐述的道德法能得到最广泛的宣传。他对男、女信士都十分挂念。

七个含有碑文与翻译的引用段落十分重要，因为这些段落是对阿育王的"正法"的最权威概述。整个碑文都用于阐述、歌颂和传播"正法"。该套戒律可看成对整个法敕系列的注释。有一套三号碑文已译成英语，并发表于1896年的《巴利语协会期刊》。塞纳尔出版了七号碑文的内容，西尔万·莱维将该碑文译成了中文。比尔翻译的英译本在1902年发表于伦敦的《佛经碑文，即常说的法句经》第三十一部分中。里斯·戴维斯在《佛教》[①]，第一百三十五页至第一百三十九页中谈到了佛教第一戒律的实质，他认为弘法者的每句话都得到了传播。

达尔马难陀·高善必
（1907—1966）

---

① 《美国演讲》，第一系列，1896年。——原注

第 4 章 摩崖法敕：阿育王推行的国策

第 3 部分　十四个摩崖法敕[①]

第一摩崖法敕
生命的圣洁[②]

此正法文稿乃遵照尊贵仁慈的陛下的命令写成：

不得为祭祀屠杀生灵，不得举行欢宴活动。虽然一些欢宴极佳，但尊贵仁慈的陛下曾亲见其中屡有滋事。昔日为给御宴制作咖喱，每日宰杀牲畜达几十万。现撰写此正法法敕，每日只可为制作咖喱宰杀三只动物，即两只孔雀和一只羚羊——也可将羚羊换成其他动物。日后当取缔所有宰杀生灵之事。

评　注

哈利特·克里希纳·德布先生将"正法文稿"这一术语运用到整套十四摩崖法敕中。我认为该做法是正确的。在理解这些词时，我们应从整体出发。在《第六摩崖法敕》和结束语中，该术语再次出现。在六个石柱法敕和独特的《第七石柱法敕》中，也使用了该术语。上述法敕都是专门命名的法敕[③]。曼塞赫拉与夏巴加里希碑文中的"-nipi"以前被误读为"-dipi"。同样，《第四摩崖法敕》中相应的词应读作"nipista"而不是"dipista"[④]。这些词是伊朗语。通过参阅现代波斯语，"navishta"的意思是"写成"。"文稿"似乎是最好的译文。"敕令"一词不准确。阿育王的指令不是"敕令"或国王决议。不同译本对帝王尊称所用的词语略有不同。在本书中，我用习语翻译了该词。

---

① 以下出现的字母缩写分别代表以下地区：D 代表陶利；G 代表基尔那尔；J 代表杰格达；K 代表伽尔尸；M 代表曼塞赫拉；Sh 代表夏巴加里希。——原注
② 解读本法敕时所使用的碑文是夏巴加里希碑文，参见布勒的抄本，本文略有修正。——原注
③ 详见《阿育王法敕》，加尔各答，寺院出版社，1919 年。——原注
④ 详见胡尔契在 1913 年《皇家亚洲学会杂志》第 653 页中的论述。——原注

基尔那尔碑文中的"这里"一词有些含糊不清，可理解为《第十三摩崖法敕》中的"在我的疆域内""人世间"或"在这一世"[①]，也可以理解为第五摩崖法敕中的"在首都"。以不同拼写方式出现的"samaja"一词的最佳译文应该是"欢宴"。德瓦达多·罗摩克里希纳·班达伽和纳尼·戈帕尔·马宗达已详细阐明该词语[②]。一般而言，该词在婆罗门和佛教文学中意为"欢宴"或"庆祝活动"，某些情况下，意为"半宗教性的戏剧表演"。该词也用来表示表演的地方、建筑或舞台。可将该词与英语中的"剧院"一词进行比较。"samaja"有两种形式。最受欢迎的一种伴有动物打斗，大量饮酒和宴会，席间要消耗大量的肉，这些自然都是受到阿育王谴责的，因为这种"samaja"同阿育王信守的原则不符。另一种形式的"samaja"是半宗教性质的戏剧表演，有时在萨拉斯瓦蒂[③]神庙表演。这种形式更受人们推崇。在引用的权威性文章中，可以了解到更多内容。在1914年的《皇家亚洲期刊》第三百九十三页，托马斯也详述了这一点。

"dosham"或"dosath"一词意为"触犯"。布勒译成"邪恶"。

"satasahasrani"意为"成千上万"。伽尔尸碑文上仅为"数千"。德瓦达多·罗摩克里希纳·班达伽给出了令人满意的解释。他曾引用文章说明，为给臣民提供肉食，兰迪德瓦国王的御厨曾每日宰杀两千头公牛和两千头母牛，这样的慷慨行为为国王赢得了盖世美名。很明显，阿育王在皈依佛教前也做过同样的事情。阿育王先是限制了御用肉食的数量，然后将宰杀牲畜的行为一并废除。

无法确定阿育王禁杀动物的具体日期，因为该法敕没有清楚标明日期。

"羚羊"对应的是梵语"mriga"一词，词可译为"鹿"或"羚羊"。如果这里指的是印度羚[④]——似乎是该意思的可能性更大，那译为"羚羊"

---

① 塞纳尔译。——原注
② 详见1913年《印度古文物研究》第42卷第253页到第258页以及1918年《印度古文物研究》第47卷第221页到223页。——原注
③ 知识和雄辩女神。——译者注
④ 羚羊或羚羊属。——原注

第4章 摩崖法敕：阿育王推行的国策

就更加准确。"鹿"是常用词语，可以包括很多动物，但没有一种动物可以像印度羚一样分布广泛并成为人们常吃的食物。

上述内容已经清晰地阐述了该法敕的意思。

《第二摩崖法敕》
人和动物的安逸法则

> 在尊贵仁慈的国王陛下的疆域内和周遭地区，包括朱罗、潘地亚、萨提亚普特拉、凯特拉普特拉以及塔姆巴帕尼、安条克二世的塞琉古王国和他的邻国，皆有尊贵仁慈的国王陛下安排的两类医疗措施。一类医人，另一类医畜。同时，国王陛下还引进并栽培了医治人畜的短缺的草药，引进各种国内缺少的树苗与花苗。同时，国王陛下还在路旁掘井、植树，以供人畜享用。

评 注

在所有碑文中，保存最完整的碑文——基尔那尔碑文，现在已经有了译文。同第十三号法敕一样，《第二摩崖法敕》对研究政治历史非常重要。基尔那尔碑文中的"prachamteshu"意为"周遭地区"，相当于梵语的"praty-anteshu"。在碑文中，"朱罗（Choca）"一词是"朱达（Choda）"。碑文中确有字母"d"。字母"d"和"c"可以互换，很多情况下，"c"被误读成"d"[①]。潘地亚（Pandya）一词在碑文中是"Pada"。在夏巴加里希碑文中，该词为"Pamdiya"。朱罗王国在科罗曼德尔半岛的东南方或马德拉斯方向，当时该国的首都是垂钦诺波利附近的欧赖宇尔。潘地亚王国大致在今马都拉和弗利区。潘地亚早期的首都曾是位于特拉帕尼河入海口的科尔卡伊，后来的首都是马都拉。阿育王时期该国的首都位置尚未确定。目前尚未了解萨提亚普特拉人、王国或国家。萨提亚普特拉很可

---

① 详见吕德斯在1911年《皇家亚洲学会杂志》第1037页中的论述。——原注

阿育王：一部孔雀王国史

能就在西高止山脉一带，位于与迈索尔、马拉巴尔、哥印拜陀以及库格接壤的今瑟蒂耶门格勒姆或者哥印拜陀地区的某个辖区。与萨提亚普特拉同名的小镇管辖着从迈索尔到戈加尔哈蒂要塞的地区，因此该地曾有着非常重要的战略意义。此地曾出产绿柱石和金子，现在仍出产一些金刚砂。哥印拜陀地区有大量巨石和史前遗迹。这个古国当时的疆域可能比现在占地面积为一千一百七十七平方公里的瑟蒂耶门格勒姆地区还要大。瑟蒂耶门格勒姆曾经在大迁移开拓区的范围内。在旃陀罗笈多·孔雀统治时期，僧统婆陀罗可能曾管辖过该地[1]。凯拉拉普特拉王国就是现在的哲罗，位于马拉巴尔海岸，部分受孟买管辖，部分受马德拉斯管辖。在基尔那尔碑文中，可以清楚地读出"凯拉拉"一词。"凯拉拉"是"哲罗"的语音变体。这种语音上的变化十分奇怪。哲罗最古老的首都是梵基，在柯钦东北方向约二十八英里处[2]。周遭地区的名单反映了孔雀王国的疆域。这里的塔姆巴帕尼似乎指的是弗利区的一条河流。入海口处的港口[3]曾有过古老的可盈利的珍珠、宝石和海螺壳买卖。只有基尔那尔碑文上写着"a Tambapamni"，意为"远至塔姆巴帕尼"，该词说明了塔姆巴帕尼河不是锡兰。我在第八法敕中的阐释与此处相同。因为《政事论》[4]中提到了塔姆巴帕尼的珍珠，所以塔姆巴帕尼肯定是一条河。该地产的珍珠与锡兰考勒亚产的珍珠有很大区别[5]。"Yonaraja"中的"Yona"可译为"希腊"。"安条克"指安条克二世，即塞琉古国王[6]。安条克二世是塞琉古一世的孙子，而塞琉古一世与阿育王的祖父月护王旃陀罗笈多·孔雀同一时代。"邻国"的指代不太确定。这里的"邻国"可能与《第十三摩崖法敕》中提到的

---

[1] 详见以下文献：《重要地名词典》第2版，1908年；《印度古文物研究》第41卷第231页，1912年；《印度古文物研究》第45卷第200页，1916年；《印度古文物研究》第46卷第22页到第67页，1917年。——原注
[2] 参见《一千八百年前的泰米尔》第15页，马德拉斯，1904年。——原注
[3] 即科尔卡伊，后来的卡亚勒。——原注
[4] 梵语写成的治国安邦方面的古印度著作，一般认为该书作者是考底利耶。——译者注
[5] 详见文森特·亚瑟·史密斯在1918年《印度古文物研究》第47卷第48页中的论述及1908年出版的《重要地名词典》第2版。——原注
[6] 前261—前246年在位。——原注

那些国王所统辖的地区不是一回事。基尔那尔碑文中的"Samipam"一词意为"附近",是个中性集合名词,相当于伽尔尸碑文中的"samamta"一词。

"Chikichha"是一个概括性词语,不是布勒译的"医院",但该词词义包含"医院"。"医疗措施""草药""水果""树木"及"水井"等的用语在不同碑文中有所不同。基尔那尔碑文和伽尔尸碑文的记录最详实。《第八石柱法敕》的第五部分就对此进行了详述。阿育王时期的国家医疗体系是建立在前任君主的国家医疗体系基础之上的。《政事论》第二卷第四章提到,要塞城镇都备有医院。"chikitsika"指医生。整体而言,法敕译文已确定。

《第三摩崖法敕》
五年一次的官员调任

尊贵仁慈的国王陛下这样讲道:
此法令于我加冕第十二年公布:

为弘扬正法,也为其他原因,疆域内的下属官员、管理者、地区官员须每五年进行一次调任①。孝顺父母乃至善之事;善待友人、熟人、亲人、婆罗门教徒和苦行者,皆乃至善之事;戒杀生灵乃极佳之事;勤俭节约乃至善之事。

内阁也会教诲财务部官员谨遵文书与旨意。

评 注

大流士的碑文里也有"这样讲道"的字眼。《政事论》第二卷第九章对王室的各种通信与命令形式有详细阐述。法敕中提到法令的发布时间是阿育王加冕第十二年。

---

① 基尔那尔碑文。——原注

托马斯第一个识别出"yukta"的意义。"yukta"的词义已确定，是代表小官员或中间级别官员的最常用词语。"Rajuka"管理着成千上万的人，也可译作"管理者"。"Pradesika"是"负责执行税收和维持治安的官员"①。该职位应该和地区官员或地方法官以及现代印度的收税员差不多，相当于莫卧儿王朝的阿米尔。

在解读法敕中，最难的部分是对词语"anusamyuna"的诠释。该词只出现在法敕中，未在其他地方看到。该词曾被认为是"集会"的意思，但这种可能性不大，而"巡回"这个译文也不合适。贾斯瓦尔指出：上至管理者下至办事员的管理人员不可能每五年进行一次调任。这种说法是正确的。贾斯瓦尔参考"Sukraniti"一词对"anusamyuna"做了解释：一套为防止官员长处一地滥用职权而采取的将官员从一个工作地调任至另一个工作地的有规律的调任体系②。该解释同这个术语词源的意义是一致的，也与城邦法敕结尾部分的表述是一致的。这种表述也在其他地方反复出现，语言略有不同，譬如《第四摩崖法敕》。其他难点在于"parishad"一词，"parishad"的常用意义是"会议"或"集会"。在佛经中，该词一般指由三到十个精通佛法的婆罗门组成的一个劝诫组织。这里我还是同意贾斯瓦尔的观点，认为"parishad"指的是"Mantri-parishad"或《政事论》第一卷第十五章中提及的内阁。

"Ganana"一词一定就是德瓦达多·罗摩克里希纳·班达伽所认为的财务部。这样总会计或主管人就能确保官员调任制度得以执行，而只有服从命令的官员才能领取薪水。但我们必须承认，该碑文的最后一句与其他碑文连到了一起，因此这部分的意思仍不甚明朗，希望在以后的译文中能有改进。以前的译文明显有误，这里无须讨论。毫无疑问，"hetuto cha vyanjanato cha"指的是王室命令的规定与措辞。该词应该译为"文书与旨意"。在《罗钵那小摩崖法敕》中，"vyanjana"一词曾出现过，意思是"文本"。

不足之处是该法敕的意义尚未彻底弄清楚。

---

① 托马斯在1914年《皇家亚洲学会杂志》第385页发表的论述。——原注
② 《比哈尔与奥里萨邦研究协会期刊》，第4卷第37页。——原注

第 4 章 摩崖法敕：阿育王推行的国策

《第四摩崖法敕》
践行正法

　　长久以来，甚至几百年以来，宰杀生灵祭祀、屠杀生灵、怠慢亲人、侮蔑婆罗门教徒与苦行者等错误的行为不断增加。

　　而今，因尊贵仁慈的国王陛下践行正法，战鼓的回响转化成正法的回响。尊贵仁慈的国王陛下所营造的是神祇居所之场景、象之场景、篝火之场景以及其他神灵所幻化之场景。

　　今日这番光景已数百年未出现。这一切皆因尊贵仁慈的国王陛下弘扬正法、弃绝宰杀生灵祭祀、禁止屠杀生灵、倡导尊敬亲人、尊敬婆罗门教徒与苦行者、孝顺父母、敬爱师长之功绩。

　　因为尊贵仁慈的国王陛下将不断践行正法①，所以践行正法之行为在不断增加，

　　尊贵仁慈的国王陛下的子孙也将继续践行正法，直至世界毁灭②。他们将矢志不移地弘扬正法，因为弘扬正法就是至善——即使只是谆谆教诲而已。凡人要践行正法。不断修行正法实乃至善之事。

　　为此，撰写此公告，望后世践行正法之人，只增不减。

　　此碑文撰写于尊贵仁慈的国王陛下加冕第十二年。

评 注

　　托马斯认为"Arambho"一词尤指祭祀宰杀。"Dhammacharana"指践行正法。"佛鼓"是佛教文学里常见的表达。佛陀说："我要去瓦拉纳西击响佛鼓……去转动佛法之轮。"③ "aho"的译文是"转化成"，但将该词译为感叹词"哦""瞧"或连词"或者"更可取。"Vimana"象征

---

① 基尔那尔碑文。——原注
② 其他碑文中未出现"毁灭"一词。——原注
③ 参见《释迦牟尼传》第 21 卷第 6 章第 91 页，柔克义著。——原注

列队行进的车或神灵栖居的地方。"大象"一词可能与"白象"一词一样,象征佛陀,也可能象征天空中的四只大象——世界守护者①的坐骑。在陶利碑文中,出现的是其复数形式"hathini"。"Agikhandani"②的意思很明显是"篝火"或"烟火",很可能是指一种特别的篝火,譬如,在南印度因陀罗,人们会在一个大家喜爱的节日里将扇叶树头榈的树干点燃③。尤金·布尔奴夫将该词译为"篝火"。夏巴加里希碑文中,"jotikamdhana"一词与"篝火"意义相近,意思是"启迪"。阿育王喜欢用具有教化意义的、与神圣之事有关的场景来引起人们的关注,而非依靠武力。场景④应该指的是人间场景,而非天上的场景。其基本意思已明了。法显笔下的华氏城佛教大游行虽然发生在阿育王几个世纪后,但也能起到注解碑文的作用。

尤金·布尔奴夫
(1801—1852)

---

① 该词是梵语,意思是"世界守护者"。——译者注
② 出自基尔那尔碑文。——原注
③ 详见 1915 年《印度古文物研究》第 203 页。——原注
④ 这里指法敕中的种种场景,也是法敕里出现的"场景"一词。——译者注

第4章 摩崖法敕：阿育王推行的国策

法显说："每年第二个月的第八天，当地人会举办圣象游行活动。当地人制成一辆四轮车，四轮车上竖着一个用竹子搭成、有五层楼高的架子……并用金、银和庞大的天青石混合物做成提婆①的样子。提婆身上披着罩蓬和柔软的飘带。提婆四周是壁龛，每个壁龛中都有一尊佛陀，佛陀身边还立着一个菩萨。这样的车可能有二十辆，每一辆都雄伟壮观，且每一辆都与众不同。到了庆典日，国境内的僧侣和信士都汇聚于此。歌手与乐师也前来助阵。观者以送上鲜花和焚香的方式致敬。婆罗门教徒也一起前来请佛陀入城。一切都有序开展，并持续两晚。在这期间，灯火彻夜长明，众人畅享美乐并敬献贡品。其他王国在这一天也会有同样的仪式。"②

还可以引用其他具有佛教教化意义的场景。细节因时因地而异。

梵语"samvarta-kalpa"指"世界毁灭"③。"在第一千由迦④结束时，会出现七个灼热的太阳，这些太阳会将江河湖泊里的水烤干。之后会有一场大火，即毁灭之火，其间还伴有狂风，等等。"《第五摩崖法敕》中也出现了该词语。阿育王正法中所弘扬的道德有别于一般的道德。布勒将"目睹"或"看"译成"允许"。塞纳尔译为"他们没有看到或我们没有看到（qu'ils n'en voient point）"。

目前，该法敕已阐释清楚。

《第五摩崖法敕》
正法监察官⑤

尊贵仁慈的国王陛下这样讲道：

---

① 在印度教中，提婆是一种具有神的特质、比人更加快乐的存在，但人们对提婆的崇拜程度比不上对佛陀的崇拜程度。——译者注
② 详见《法显游记》第27章，莱格译。——原注
③ 参见弗利特在1911年《皇家亚洲学会杂志》第485页的注释。——原注
④ 指造物主让黑夜消失的一天。——原注
⑤ 曼塞赫拉碑文最完整；其他碑文存有很大差异。——原注

善行不易。行善者所做之事不易。我所做善事不计其数。

望子孙后代能始终博施济众直至世界尽头①;在此事上疏忽职守即是作恶,因为罪孽很容易滋生②。

长久以来,从未有正法之监察官员,我在继位第十三年时设立此职。

这些官员肩负重任,他们要在所有的非佛教教派中建立正法、弘扬正法,并帮助执行正法的下属部门、耶婆那人、柬埔寨人、犍陀罗人、拉什特里卡斯人、皮西迪亚人和西部边境内的其他国家谋得福祉。

这些官员还要用正法帮助主与仆、婆罗门教徒与富有之人、无助之人与年迈之人摆脱世俗纷扰③,并使这些人践行正法。

这些官员也可根据犯人的犯法动机、生子、受人教唆或年事已高等原因更改犯人的监禁或死刑处罚,予以减刑或释放。

这些官员监管之地包括:华氏城、所有城邦城镇、我所有亲属的女士居所。这些正法监察官员分布于国内各地,与正法下属官员共同建立正法、弘扬正法并施恩布德。

为此,撰写此文稿,望正法长存,愿臣民人人践行正法。

评 注

《第十二摩崖法敕》和《第七石柱法敕》都进一步谈及正法监察官的事宜。他们被称为高级官员或正法大臣,这样就可以将他们与承担普通行政管理事务的同级别高官区分开了。可能是因为监察官掌握生杀大权,而严苛的管理容易滋生暴政,也可能在他们的执法过程中确实发生过这样的事情,因此,阿育王只考量他们在执法时仁慈、怜悯的一面,连王室女眷的居所也在这些官员的管辖范围之内。据载,印度很多王朝都曾在不同时

---

① 基尔那尔碑文中用的是"世界毁灭"。——原注
② 基尔那尔碑文中用的是"易事"。——原注
③ 基尔那尔碑文中用的是"贪婪"。——原注

间、不同地点派类似的官员行使类似的职权。据悉，一些官员会为了执行正法而实施酷刑，甚至包括死刑。

德瓦达多·罗摩克里希纳·班达伽教授指出，在耶稣基督纪年前后，在安度罗或百乘王朝时期的德干，各碑文中最高等级的官员被称为"Maha-rathis""Maha-bhojas"或"Maha-senapatis"。这三个词语似乎都有"封地首领"的意思。"Maha-bhojas"似乎曾统领过塔纳和克拉巴地区。这两个地区现属孟买辖区，而"Maha-rathis"曾统领浦那及浦那附近地区。

在分开敬语前缀"maha-"或"伟大"后，可以很容易看出"Rathi"和"Bhoja"是阿育王《第五摩崖法敕》和《第十二摩崖法敕》中分别提及的拉什特里卡斯和波荷加。德瓦达多·罗摩克里希纳·班达伽教授建议，为了与评注阐释的那一段①一致，不应将"pitenika"一词视为单独的名称，而应看成一个形容词，意为"世袭的"。该词用来限定《第五摩崖法敕》中的"拉什特里卡斯"和《第十三摩崖法敕》中的"波荷加"两个词。因此，这两个词的译文分别是"世袭地拉什特里卡斯"和"世袭地波荷加"②。虽然该建议还缺乏说服力，但值得考虑。

"宗派"一词在这里尤指一个非佛教教派，即异端教派③。《第七石柱法敕》专门提及了婆罗门教徒、耆那教徒和邪命外道教徒。在包容法敕即《第十二摩崖法敕》中也有此内容。

在人们接受"yukta"的意思是"下属官员"前，"正法的下属官员"似乎是其正确的译文，而不是塞纳尔所译的"真教的忠实信徒"。高级官员和监察官的职责是让下属有序开展工作。可能整体而言，监察官监管的五个部落或国家既不信奉佛教也不太愿意遵循孔雀王国说教者所制定的规则。耶婆那是指孔雀王国西北边境上的希腊人或受希腊文化影响的人。柬埔寨应该是指喜马拉雅山西部讲伊朗语的人。犍陀罗肯定是指犍陀罗的居

---

① 《古文物研究》，第3卷第70页到第300页。——译者注
② 《印度古文物研究》，第48卷第80页，1919年。——原注
③ 见《第七石柱法敕》。——原注

民。犍陀罗相当于旁遮普西北地区及其邻近地区。拉什特里卡斯可能指马哈拉施特拉邦人。皮西迪亚的具体位置尚未确定。该地区与戈达瓦里河的派坦的关系也尚未证实。伽尔尸碑文中省略了最后的两个名字。

"仆与主"对应的是"bhatatmayeshu"一词。"Bhata"对应的是梵语"bhrita",该词在这里的意思应和在《政事论》中的一样,意为"雇佣的仆人"。"Ayeshu"一词就是"Aryeshu",即"主人"。还有一些其他不太有说服力的解释。"Bhata"一词有时也指"士兵"。

"Ibhyeshu"指"富有"。"Anatheshu"一词就是"anathesu",意为"无助",可参考"Anathapindika"一词。"Anathapindika"意为"给穷人食物的人",该词几乎与印度斯坦语中的"gharib-parwar"一词相同。

下一句是本法敕最难的地方。贾斯瓦尔对此句做了合理的解释。贾斯瓦尔认为,这些词语指的是监察官依据法律规定的特殊理由调整刑罚的权力。"Badha"似乎指"处以折磨"。《政事论》称"当场处决"为"suddha vadhah"。"Ambandha"肯定指犯罪"动机"或"意愿"[①]。"Paja"很明显指"生子"。"Apalibodhaye"在这里可译为"减轻处罚"。"Aparigodhaya"一词在上文中具有"免受俗世烦恼"的意义,而在基尔那尔碑文中,该词译为"不再贪婪"——该译文可能更接近原文。托马斯在1915年《皇家亚洲学会杂志》第九十九页至第一百零六页中详细讨论了这两个词形。我认为,贾斯瓦尔将"Kartabhikara"解释为"受人教唆"是非常正确的。在本法敕之前,"Abhikdra"一词就出现过,意为"作者"。将"orodhaneshu"一词译为"女士居所"要比布勒译为"女眷内室"好。《政事论》第二卷第二十三章谈到了古印度女性的隐居,但很明显那时并没有相关规定。《第十二摩崖法敕》提及特殊的"mahamatras"或女性监察官,但无人能知这些女性官员的具体职责。该段中的"这里"一词很明显指基尔加尔碑文中的"首都"。但在其他法敕中,该词意义不同。法敕中提及的阿育王"兄弟姐妹"证明了那些

---

① 详见《摩奴法典》第8卷第126页。可将该条文与《摩奴法典》第7卷第16页的条文进行对比。——原注

指控阿育王杀戮兄弟的传说是毫无根据的。"在我的疆域内"一词在陶利碑文中为"整个地球上"。

尽管整体而言我们对碑文中艰深的内容已清楚明了,但一些细节上的阐释仍让人心存疑虑。

《第六摩崖法敕》
雷厉风行处理事务

尊贵仁慈的国王陛下这样讲道:

光阴荏苒,其间很多事务我未能及时处理,或人们未能向我及时反馈一些信息。因此,我做如下安排:无论我身处何地、所做何事,进食时、女士居所中、私人处所中、马厩旁、乘坐运输工具时或在游乐场地,都会接待每一位访客。

无论在哪里,我都会处理民众事务。如果我偶尔口授一条捐赠或禁令;或有什么紧急事情要委托高级官员,而内阁意见不合或正休会,不管我当时身处何地,都要毫不迟疑地将事情禀告给我。这就是我的命令。

我深感自己付出不足、处理的事务也太少。我必须为所有人谋幸福;我要用更多精力处理更多事务;什么都比不上百姓的福祉重要。无论我付出多少,都是为了偿还欠万物之债,以使一些人开心,并得到来世的极乐。为此,特撰写此公告,使正法永存。愿我的儿子们、孙子们、重孙们也为百姓谋取福祉。然而,要达此目的,诚然不易,需我们全力以赴。

评 注

上一版中对该法敕的阐释有很多错误。《政事论》清楚阐释了该法敕的真正意图,贾斯瓦尔先生就是在此基础上解读法敕的。阿育王声称无论何时何地,即使在非常不方便时,也要处理涉及百姓福祉的事情,这一点同治国安邦方面书籍里的戒律是一致的。阿育王让相关官员第一时间通知自己子民的所有事宜，并专门下令，如果发生内阁意见不一的紧急事件或正逢休会时，要第一时间通知自己。之后，阿育王解释了自己的行事原则。

《政事论》中《国王的职责》一文就是该法敕最好的注解。以下段落与该法敕尤为相关：

国王在宫廷时，从不会让请愿者在门外等候，因为如果国王不及时接见百姓，而将工作交给其他官员的话，就会导致事务混乱、公众不满，成为众矢之的。

因此，国王要亲自侍奉神灵，并关怀异教徒、熟谙《吠陀经》的婆罗门教徒、公牛、圣地、未成年人、年迈之人、苦痛之人、无助之人以及女性……

国王要立即接见所有访客，不得拖延；如有推迟，百姓就会产生畏难情绪……对国王来说，要遵守誓约；按要求履行国王职责就是一种献祭行为；公平对待一切就是国王加冕的酬劳与灌顶。

臣民的幸福中孕育着国王的幸福；臣民的福祉中潜藏着国王的福祉；让国王得到快乐不是善行，让臣民得到快乐才是善行。

因此国王将积极履行职责；积极的行动是富足的根源，反之则招致邪恶。

没有行动，现在与未来所得都会消失；通过行动，可获得理想的结果与无尽的财富。

很明显，阿育王简练的格言并非原创，而是从治国安邦方面的书籍上搬来的。《政事论》有很多前身。这里需对一些要点加以简要阐释。贾斯瓦尔将"pativedaka"译为"礼仪官"，如英国宫廷的礼仪官，但译文差强人意。

各碑文在表达"吃"时共用了三个不同的动词。"私人住所"可以确切地表达出"garbhagara"一词的含义。这个词语有时指一个寺庙的避难所。通过《政事论》第一卷第六章我们得知，避难所可能是用秘密楼梯和过道来确保安全的地下住所。

对于"vachamhi"①一词，我能想到的最佳译文是"马厩"。贾斯瓦尔将"vracha"视为梵语方言"vraja"。这种做法是正确的。该法敕中，"vrachayam"一词又发生了同样的语音变化。夏巴加里希碑文中是"vrajeyam"。基尔那尔碑文中是"gachheyam Vraja"②。这个词的词义是"一群牛"，包括"奶牛、水牛、山羊、绵羊、毛驴、骆驼、马和骡子"。国王肯定要视察牲畜，因此我将该词译为"马厩"。

"vinita"的意思仍不确定。将该词译成"运输工具"的可能性非常大。该词尤指"轿子"③。贾斯瓦尔翻译的"播种机"是经不起推敲的。

"一些人开心"中的"一些"一词只见于基尔那尔碑文。

在"正法文稿"中，夏巴加里希碑文省略了"文稿"一词。

在"儿子们"等中，夏巴加里希碑文与曼塞赫拉碑文省略了"重孙们"一词。伽尔尸的碑文上写的是"儿子与媳妇们"。

除了让人质疑的"vinita"一词，整个法敕已清晰明了。本书中的译文可视为正确译文。

《第七摩崖法敕》
正法的履行情况

尊贵仁慈的国王陛下希望各教派信徒可以随意选择居住地点，因为每个教派都希望能控制自己的感官与心智的纯洁。然而每个人所追求与热爱的不尽相同。人们会履行部分或全部戒

---

① 夏巴加里希碑文中作"vrachaspi"。——原注
② 《政事论》，第 2 卷第 6 章。——原注
③ 详见塞纳尔《阿育王诏书》第 2 卷第 280 页的注释。——原注

律。即使某人做不到慷慨大方，但控制自己的感官、保持心智纯洁，心中充满感恩并潜心向善是整体而言不可或缺的。

评注

第一句的意思明显是：不限制信奉任何宗派的信徒的居住地。阿育王的理由是所有宗派的意愿都是良好的。《政事论》第一卷第三十六章中提到了限制条件，即按规定"救济部门的管理人员应向相关人员报道任何异教徒和来此游历并居住的游客的消息。管理者只有在了解苦行者和那些熟谙《吠陀经》的教徒性格可靠后，才能允许他们居住"。

如本书上一版所示，"热爱"一词比"喜爱"更能传递"raga"的意思。另外，塞纳尔翻译的"依恋"也可行。

翻译难点是"niche badham"一词，埃米勒·路易·布尔奴夫将该词译为"总是很好"。塞纳尔则译为"总是很棒"。贾斯瓦尔译为"总是称心如意"。这些译文都假设"niche"一词代表梵文副词"nityam"，即"总是"。托马斯也认为该词表示"总是"，但他认为该词是一个意为"永远的"或"不可或缺的"的形容词，因而他将该词译为"整体而言不可或缺的"。迈克逊指出了语音上的难度，但没能给出一个可以代替的词。其他解释没有说服力。整体而言，我认为托马斯的译文最好。

文中所提的部分"戒律"指人们应慷慨大方，不过人们对该戒律的服从情况却可以漠然置之。

《第八摩崖法敕》
虔诚之旅[①]

昔日尊贵的陛下曾外出进行所谓的"享乐之旅"。途中举行狩猎和其他类似的娱乐活动。

[①] 夏巴加里希碑文。——原注

第4章 摩崖法敕：阿育王推行的国策

如今，尊贵仁慈的国王陛下在继位十年后，亲往菩提迦耶。从此开始"虔诚的游历"。其中，亲自所做之事如下：拜访苦行者与婆罗门教徒，并慷慨济施；探访长者，给予他们大量金银；看访国民，教诲国民正法并与他们讨论。

因此，尊贵仁慈的国王陛下从此有了与以往不同的享乐方式。

评 注

在基尔那尔与陶利的碑文中，"国王"一词代替了"尊贵的陛下"。该段落完全证实了"devanum priya"是一种阿育王之前的几任国王都使用过的固定的王室称呼。基尔那尔碑文省略了"所谓的"一词。对我来说，"这里"的意思似乎为"这些游历"[1]。后面以"其中"开始的句子中，"其中"是"atra"一词，"so"的意思是"当今陛下"。弗利特将该词译为"同一位国王"。

翻译难点是"nikrami[2]sambodhim"。大多数学者认为这几个词指的是阿育王进入一种拥有"正确观点，合适情感"等境界的正八道[3]。该境界通向"sambodhi"或对佛教的至高学识。在正八道开始修行的人被称为"sambodhi-partlyamo"，意为"专注于sambodhi"[4]。该解释应是正确的。但德瓦达多·罗摩克里希纳·班达伽教授说应从身体的意义来理解动词，因此，德瓦达多·罗摩克里希纳·班达伽认为"sambodhi"就相当于菩提，意为"菩提"树，或相当于"Mahdbodhi"，意为"菩提迦耶寺庙"[5]。德瓦达多·罗摩克里希纳·班达伽教授的解释似乎有道理，但我更倾向于接受普遍的看法。

---

[1] 该碑文原文是"atra"一词；基尔那尔碑文中用的是"eta"；曼塞赫拉碑文中用的是"iha"；伽尔尸碑文用的是"hida"。——原注
[2] "ayaya"，基尔那尔碑文。——原注
[3] 指佛教中摆脱痛苦轮回的八种途径。——译者注
[4] 《对话》，第一丛书第190页，里斯·戴维斯著；《佛教》，第108页，1899年。——原注
[5] 《印度古文物研究》，第42卷第159页，1913年。——原注

阿育王在进行"虔诚的游历"时，也同往常一样遵循既定规则。《政事论》在第一卷第二十一章中指明：国王应在"最值得信赖的侍卫的卫护下接见圣人和苦行者。"《第六摩崖法敕》的评注中也曾引用过《政事论》的一个段落，可将这两段话进行对比。道德家认为狩猎是由欲望引起的四大恶行之一。四大恶行即狩猎、赌博、贪恋女色、酗酒。一些作家认为狩猎比赌博更糟糕，但《政事论》第八卷第三章里指出，狩猎有好的一面。"长者"可能指佛教僧伽中受人尊敬的资历较长的成员。结尾处的"bhage"和"amne"与"rati"是并列主格。尽管塞纳尔和布勒的译文将其大致含义表达了出来，但严格意义上来说，将该词译为"作为交换"是不准确的。阿育王似乎要说明，同那些肤浅的祖先曾享受过的乐趣相比，自己的德行让自己拥有了一种与众不同且更值得拥有的乐趣。

除了对"sambodhi"一词的理解仍有疑虑，该法敕译文已基本确定。

《第九摩崖法敕》
真正的仪式 ①

尊贵仁慈的国王陛下这样讲道：

　　人们举行不同的仪式。患病时、儿子婚礼时、女儿婚礼时、孩子诞生时、启程出发时——这些场合与其他类似场合中，人们要举行众多的仪式。不仅如此，女性要经历众多繁琐的仪式。

　　尽管这些仪式收效甚微，却仍须施行。同时，这种礼节——虔诚的礼节，能结出硕果。这些虔诚的礼节包括善待奴隶和仆人、尊敬师长、对苦行者和婆罗门教徒慷慨接济。这些礼节与其他同类礼节称为虔诚的礼节。"

　　因此，父、子、兄、主、友、伙伴甚至邻居应说："此乃至善，这是我们应不断施行的礼节，直到到达彼岸。

---

① 伽尔尸碑文，几近完整，同夏巴加里希和曼塞赫拉碑文基本一致。基尔那尔、陶利和杰格达碑文是一个不同的碑文组合。——原注

第4章 摩崖法敕：阿育王推行的国策

> 我将施行这样的礼节，是因为怀疑尘世礼节的效用；尘世礼节也许能实现某个心愿，也许不能，却只在此生受用。虔诚的礼节的功效，却不仅受用于现世；因为，即使未达成某个心愿，也会为来世积攒无尽功德。如果在此生达成了某个心愿，则此生来世都会结硕果，来世无尽的功德乃此生虔诚的礼节所致。

基尔那尔、陶利和杰格达的碑文上写的不是"我将施行这样的礼节直到结束"而是：

> 国王说"慷慨乃至善之事"。但任何慷慨捐助都比不上虔诚之法的慷慨和帮助。因此，朋友、爱人、亲属或伙伴应互相劝诫："应这样做，此乃至善，只有这样才能得到极乐。"还有什么比得到极乐更值得做的呢？

评 注

在内容与语言上，各个碑文间的差异比以往要大得多。布勒翻译的是夏巴加里希碑文，但布勒的译文和理解有待矫正。

"Mamgalam"包括为祈求好运和规避灾难所施行的所有仪式和礼节。有时这些仪式包括阿育王所厌恶的动物祭祀。《曼格拉－本生经》阐述了佛陀对所有占卜或其他迷信做法的谴责。我译为"女性"的"Abakajani"一词在其他碑文中的用语与这里相差不大。曼塞赫拉碑文中是"balika janika"。基尔那尔碑文中是"mahidaya"。夏巴加里希碑文中"Abakajani"是"striyaka"。最后两个词语肯定指"女性"。伽尔尸碑文中的此短语可译为"母亲和妻子"。"看护"是这个词的基本含义。我同塞纳尔一样，将"Abadha"译为"生病"，布勒则译为"不幸"，而托马斯译为"麻烦"。托马斯的译文也许更加精准。与孔雀王国奴隶和雇佣仆人有关的法律见《政事论》第三卷第十三章。"guru"即"师长"，但该词也可译为"长者"，这样就同其他相似的段落一致了。在口头表述中，这两种译文都是正确的。

"我将施行这样的礼节",这句话的正确理解要归功于胡尔契于1913年《皇家亚洲学会杂志》第六百五十四页发表的文章。夏巴加里希碑文中插入了"即使已经获得"这几个词,曼塞赫拉碑文也是如此。对于这几个词,布勒的译文和以前其他的理解与译文均有误。短语"某个心愿"在《政事论》和其他地方都出现过。

碑文解释与译文现已确定,但"abakajamyo"的确切含义仍存疑。该法敕的意旨非常明了。

《第十摩崖法敕》
真正的荣誉

尊贵仁慈的国王陛下认为声誉与名望并不会带来什么好处,除非吾民忠顺地热爱正法并遵循该训诫。这才是尊贵仁慈的国王陛下想要的声誉与名望。

尊贵仁慈的国王陛下所做之事都是为了来世,这样每个人就都可以远离危险——邪恶的危险。

要实现这样的自由,诚非易事。吾民无论贫富贵贱,皆当尽力奉行正法,放弃其他目标。然而,对贵人们而言,这不是容易的事情。

评 注

该法敕和下一个法敕是摩崖法敕中最简单易懂的。本书第二版中的第十法敕的译文未做变更。"me jans"指"吾民"。其他碑文中的"me"指王室教诲。"apa-parisrave"意为"远离危险",更直接的译文是"尽可能少的危险"。《第十三摩崖法敕》重复了该法敕的一些思想。弥尔顿的段落[①]与该法敕有惊人的相似之处:

---

① 弥尔顿《复乐园》。——译者注

他们误以为四处征服、蹂躏大国,

在大战中取胜,

攻击了大城,

就是荣誉;

但美好的荣誉,

获取方式完全不同。

没有野心,没有战争,也没有暴力,

靠的是和平的行为,杰出的智慧,

靠的是坚忍不拔与克己自制。①

《第十一摩崖法敕》
真正的施与

尊贵仁慈的国王陛下这样讲道:

任何施与都不及来自正法、虔诚之友谊、虔诚之慷慨以及虔诚之亲属的施与。

正法的施与包括:善待奴隶与仆人、孝顺父母,以及对朋友、伙伴、亲人、苦行僧和婆罗门教徒慷慨相助,并弃绝因祭祀宰杀生灵。

父、子、兄、主②、朋、伙伴甚至是邻居应说:"此乃至善,理应为之。"

通过正法的施与,可为此生与来世积攒无尽功德。

评 注

该法敕也易懂。我以前的译文不需要大量修正。该主题几乎是对基尔那尔碑文中《第九摩崖法敕》结尾的口头复述。

---

① 出自《复乐园》,第3卷第71页到第92页。——原注
② 基尔那尔碑文中省略了该词。——原注

"正法的施与"指的是自由传播良训并传授"正法"精神。

我认为"sambandho"的最好译文是"亲属关系"而非托马斯先生推崇的"关系"。基尔那尔碑文结尾的表述有所不同,但意义相同。

锡兰国王尼桑卡马拉①的碑文可以用来阐释该法敕。在尼桑卡马拉的碑文里有这样的记录:"虔诚的国王享受着施与的无限幸福,当国王陶醉在博施济众所带来的幸福中时,听到许多'sadhu'之类的欢呼,因此,虔诚的赠予是最高贵的赠予。"②尼桑卡马拉和阿育王一样,将恩惠施与所有宗派和各阶层的人,包括婆罗门教徒和佛教徒以及本国和外国居民。

另一个阐释的出处让人深感意外。在奥利弗·克伦威尔③现存的第一封信④中,有以下主张:"医院应为停放尸体做好准备;修建大量的寺庙可视为虔诚之事,但那些获得精神力量、那些鼓舞人心灵的人才是真正乐善好施之人和真正虔诚之人"。

《第十二摩崖法敕》
包 容

尊贵仁慈的国王陛下尊重各宗派信徒,无论是苦行者还是有虔诚信仰的一屋之主,都赐予礼物并予以相应尊重。

然而,同这些赐予和外在的尊敬相比,尊贵仁慈的国王陛下更看重各宗派在本质上的成长。这种本质上的成长有各种表现,但最根本的是慎言,即不可妄自尊大、只推崇自己的教派,或毫无理由地毁谤其他宗派。不可毫无理由地蔑视其他宗派,其他宗派之人也有其值得尊敬的理由。

这样做不仅颂扬了自己的宗派,也对其他宗派大有裨益。

---

① 1187年到1196年在位。——原注
② 详见1902年《锡兰考古调查报告》第11页。——原注
③ 克伦威尔(1599—1658),英国军事及政治领导人。——译者注
④ 据卡莱尔所说,该信于1635年1月11日在圣艾夫斯写成。——原注

奥利弗·克伦威尔
(1599—1658)

反之则会伤及自己的宗派，也会伤及其他宗派之人。因为那些妄自尊大、只推崇自己的教派而诋毁其他宗派的人也完全背离了自己的宗派，原想提高自己宗派的荣耀，但反而给自己的宗派带来最大的伤害。因此，和谐才是最大的功绩。即像他人一样诚心诚意接受正法。这就是尊贵仁慈的国王陛下的意愿，即各宗派都能学渊识广并拥有纯正的教义。

因此，无论是哪个宗派的信徒，无论这些信徒是谁，都应知晓，同这些赐予和外在的尊敬相比，尊贵仁慈的国王陛下更看重各宗派在本质上的成长和对其他宗派的尊重。

为此，设立正法监察官员、女性监察官员、草场监管人和其他机构。这就是成果——一方面个人的宗派得以发展，另一方面虔诚之法的光辉得到加强。

评 注

该法敕中反复出现的"宗派"一词比《第七摩崖法敕》、《第十三摩崖法敕》中更喜用的"教派"一词使用起来更方便①。"paja"的意思是"尊敬"。"理由"一词取的是"特殊理由"或"正当理由"之意。塞纳尔译为"合法的理由"。

"和谐"比夏巴加里希碑文中的"samayo"，即"自制"更合乎碑文意思。

"本质上的成长并尊重各派。"我按照塞纳尔的译文，将"bahuka"看成一个意为"尊重"的实词，同前面段落里出现的"lahuka"，即"蔑视"一词形成对照。布勒将"Bahuka"处理成形容词，意为"大的"。

在《第五摩崖法敕》的评注中，我详尽地讨论了正法的监察官或高级官员。任命类似的官员专门去监督女性道德是后来建立的制度，因为在颁布第五摩崖法敕时，监管王室家庭女士居所的职责是由全面执行"正法"的官员负责的。

---

① 原文中"宗派"对应"sect"一词，"教派"对应"denomination"一词，"dsec"比"tenomination"一词要短，因而在反复出现该意义时，"宗派"一词使用起来更方便。——译者注

第4章 摩崖法敕：阿育王推行的国策

"Vachabhumika"的准确意义尚无人能知。该词相当于《第六摩崖法敕》中的"vraja"。其中暗指的官员可能是草场监管人，《政事论》第二卷第三十四章阐述了草场监管人的职责。该工作涉及对于草场土地的规定的众多条款。如我们所见，"vraja"指的是一群豢养动物。我们可将"vraja-bhumi"看成一个专有名词，即马图拉附近的布拉杰地区的一块土地。但这里提及"vojrabhumikas"的原因不详。"Nikaya"是一个等级、机构或团体的概括性词语。这里很明显指的是政府团体或部门。尽管该法敕语言非常抽象，但除了刚才谈到的晦涩艰深的词语外，还是完全可以理解的。

在信仰或宗教形式方面，印度所有的宗派都有许多相似之处。大多数古印度国王都能包容各宗派差异。也有偶尔发生宗教迫害的例外，我们在前文中已经提及。

可用阿克巴的一个"幸福向导"来阐释该法敕的主题，即"每个宗派都喜欢向忠于戒律之人问好，事实上这样的人值得称颂[①]"。《政事论》第十三卷第五章中进一步建议：兼并外国领土的国王应该在"国家、宗教和集会庆典活动或娱乐活动的信仰……"方面顺应其新臣民，"应该始终对宗教生活保持极大的尊敬"。读过马基雅弗利的书的读者会想起，在《君主论》中也有类似的建议。

该法敕刻于夏巴加里希一个单独的圆石上。这说明该法敕对当地居民来说，一定特别重要。

《第十三摩崖法敕》
真正的征服[②]

尊贵仁慈的国王陛下在继位第八年征服了羯陵伽国。其间，十五万人被俘，十万人被杀、还有更多人因战争而丧命。

---

① 《安河》，第3卷第391页，贾勒特译。——原注
② 夏巴加里希碑文，几近完整；伽尔尸碑文有些不同；其他碑文有缺损。——原注

羯陵伽之战后,尊贵的陛下就开始积极维护、热爱并弘扬正法。羯陵伽之战伴有的杀戮、死亡与俘虏,使尊贵的陛下备感懊悔。尊贵的陛下心中无限悔恨。

令尊贵的国王陛下懊悔的还有一个原因,因为这些暴力、杀戮或与心爱之人分离的苦痛也发生在了居住在羯陵伽的婆罗门教徒和苦行者以及其他宗派的人身上,那些居于羯陵伽践行正法的人也遭受了这样的痛苦。这些人包括:尊敬长者、孝顺父母、尊敬师长之人,以及善待朋友、熟人、伙伴、亲属、奴隶及仆人之人。这些人都是坚信正法的信士。或者说这些伤害也殃及那些受保护人的朋友、熟人、伙伴和亲属,而幸免之人对伤者的爱却不会衰减。因此,对那些幸免之人来说,这也是一种伤害。这些人所承受的一切令尊贵的陛下懊悔不已,因为国王从来都没有忽视过其他宗派信仰的存在。

因此,即使只有百分之一或千分之一的人罹难,在羯陵伽之战中遭掳、被杀或丧生,也令尊贵的陛下悔恨不已。而且,如果有人蒙受了冤屈,陛下就要尽可能地去承担此责任。即使是身居国内原始森林地区的百姓,尊贵的陛下也会仁慈对待。陛下希望他们可以持有正确的思想,否则陛下会因此而懊悔不已。他们应改过自新,这样就可以免受惩处。因为尊贵的陛下希望所有生灵都能得到安全、懂得克己、内心祥和并充满快乐。

在尊贵的陛下看来,正法的征服是最重要的征服。尊贵的陛下在这里和邻近地区以及六百个盟国所实现的正法的征服才是真正的征服。这些地区和人包括:塞琉古国王的统辖地、以及塞琉古王国以北由托勒密、安蒂哥鲁斯、马加斯和亚历山大四位国王分别统辖的地区,还包括南面特拉帕尼河地区的朱罗国和潘地亚,以及这里——国王疆域内的希腊人、柬埔寨人、那布哈卡的那布哈帕姆提斯人,还有疆域内的波荷加人、皮西

第 4 章 摩崖法敕：阿育王推行的国策

迪亚人、安度罗人和普林陀人。这些人在国王疆域内各地奉行尊贵的陛下的正法。

即使是尊贵的陛下的使者不能深入的地方，该地方居民在听到尊贵的陛下根据正法制定的法令以及正法教导时，也要践行正法。

所以，像这样在各地进行的征服才是令人欣喜的征服。正法的征服给人带来了喜悦。然而这种喜悦是微不足道的。尊贵的陛下只看重能为来世修得硕果之事。

为此，撰写此正法文稿，以期我的儿子们和孙子们能明白他们真正的职责并非征服他国。

如果有一场征服能带给他们欢愉，那应该是用耐心与仁慈赢得的征服，他们应该只将用正法获得的征服视为征服。因为用正法获得的征服能让他们今生来世都受益。希望他们通过正法获得欢愉。正法可让他们今生来世都受益无穷。

在基尔那尔碑文中，该法敕补充了一句话："……白象能带给世界真正的幸福。"[①] 这句话只在基尔那尔碑文中出现过。

评 注

1881 年，塞纳尔翻译该冗长、重要并引人关注的法敕时，对碑文的理解还很有限。但现在，除了一些细节外，我们已经可以完全理解该碑文。对保存完好的夏巴加里希碑文的解读帮助我们消除了大部分困惑。

"羯陵伽""羯陵伽诸国"或"三个羯陵伽国"是默哈讷迪河和戈达瓦里河之间的孟加拉湾海岸城邦，几乎相当于奥里萨邦。迦罗卫罗碑文[②]论述了该国早期不同时期的历史。阿育王在执政第九年征服了该国。日期大约为公元前 261 年。

"因为这些……也发生在了……婆罗门教徒和苦行者……身上……"

[①] 参见塞纳尔的《阿育王诏书》第 1 卷第 323 页。——原注
[②] 《比哈尔与奥里萨邦研究协会期刊》，第 3 卷、第 4 卷。——原注

胡尔契 1913 年在《皇家亚洲学会杂志》第六百五十五页中纠正了人们对这句话的理解和翻译。

"如果有人蒙受了冤屈"这句充满感情的著名话语在羯陵伽边境居民法敕中再次出现。《第十三摩崖法敕》未在羯陵伽公布。"真正的征服"这一思想在《第十摩崖法敕》的评注中可以看到。

《第二摩崖法敕》已提到安条克,即安条克二世。

"四个国王"一词在碑文里是数字。托勒密即埃及托勒密二世;安蒂哥鲁斯即马其顿哥纳塔斯;印度西部昔兰尼的马加斯是托勒密二世的同父异母兄弟。公元前 285 年,马加斯宣布埃及独立,公元前 258 年驾崩。亚历山大一般被视为伊庇鲁斯的一位国王,亚历山大曾同安蒂哥鲁斯·哥纳塔斯有交战,但布洛赫①更愿意将亚历山大看作科林斯的亚历山大。

"Niche"意为"南面"②。关于朱罗国和潘地亚的内容在《第二摩崖法敕》的评注中可以看到。该法敕没有提及凯拉拉普特拉和萨提亚普特拉。这里的特拉帕尼同《第二摩崖法敕》中一样,指的是弗利地区的河流而非锡兰的河流。同《第二摩崖法敕》一样,耶婆那人指的是印度西北边界的希腊人或希腊化的人。我们在《第五摩崖法敕》中已提到柬埔寨人和皮西迪亚人。波荷加人在贝拉尔或维达巴的依恰尔普尔地区③。

"Nabhake Nabhitina"④的意思尚未辨明。《政事论》第一卷第六章提到了古印度一位叫纳巴哈加的国王。安度罗人非常有名。安度罗是普林尼提到过的非常有影响力的民族。阿育王死后,安度罗人建立了一个横跨印度的国家。该国持续了四个世纪,其间领土面积有所变化⑤。普林陀这一词语概指荒野山地部落。这里可能指的是宾陀山和萨特普拉山类似于比尔人的人。

---

① 原文为"Bloch",作者这里应该是笔误,误写成"Beloch"。——译者注
② 引自塞纳尔译文。——原注
③ 柯林斯,《拉古瓦姆萨地理数据》,第 37 页,1907 年,莱比锡。——原注
④ 伽尔尸碑文中是"Nabhake Nabhapamtishu"。——原注
⑤ 见《早期印度史》最新一版。——原注

第4章 摩崖法敕：阿育王推行的国策

下一句说明了阿育王的使者或弘法者"duta"在刚才谈及的这群人中弘扬正法。

同其他段落一样，"dhramanipi"或"dhammalipi"指"正法碑文"。胡尔契认为这里的碑文应读作"nipi"而非"dipi"。

"如果有令他们感到快乐的征服。"这是胡尔契的译文，但意思并不确定。塞纳尔和布勒将"sara"译为"用弓箭"或"靠武力"。这一牵强附会的译文可能不太正确。"kshanti"的最佳译文应该是"耐心"，但"仁慈"和"克制"也是不错的选择。同其他法敕一样，阿育王声称他的教诲会带来"欣喜""欢乐"或"愉悦"，并坚称来世更美好。

只在基尔那尔碑文中出现过的那句话。似乎指的是一只丢失的大象，比如伽尔尸的岩石上标有"gajottama"的那只大象，意为"最优异的大象"。在陶利的碑文中，一只刻在浮雕上的大象俯视着下面的碑文[1]。大象是大家熟悉的一个佛教象征物。

《第十四摩崖法敕》
结束语[2]

　　该正法之文稿乃遵照尊贵仁慈的陛下的命令写成，有时加以压缩，有时长度适中，有时加以扩展；各文稿未置于一处。因为疆域辽阔，已撰写文稿甚多，待撰写文稿也太多。

　　一些短语反复使用，是因为相关主题十分美好，或希望臣民能奉行不悖。一些段落不太完整，可能是执笔者删节、误解或笔误所致。

---

[1] 见《早期印度史》卷首插画。——原注
[2] 基尔那尔碑文，比夏巴加里希碑文稍显完整；三个碑文都保存完好，伽尔尸是第三个碑文。——原注

评 注

该结束语是对正法的十四个摩崖法敕的官方评注。细心的读者会发现法敕中引用了阿育王的话。动词重复之多，令人厌倦。文稿中有很多或简要或冗长或篇幅适中的阐述。这些阐述可能都是引用阿育王的话。梵语"ghatitam"的意思是"置于一处"。在夏巴加里希碑文和伽尔尸碑文中，该词分别是"ghatiti"和"ghatite"。塞纳尔译为"汇合"，即"完整而无遗漏"。

我之前采纳的是布勒的译文"合适的"，但不知道布勒是如何得出这一译文的。

"撰写文稿甚多"很明显指《小摩崖法敕》《十四摩崖法敕》和《羯陵伽法敕》。需撰写的文稿似乎是指《石柱法敕》和《小石柱法敕》。"删节"这几个词相当于梵语的"desam samkhyaya"，有好几种理解。"Desam"可能指一个"部分"、一个"命令"或一个"空间"。我是按照塞纳尔的译文"或者有一段时间"来翻译的。

事实上，法敕现存复本中的错误很少。早期译者的多数明显错误都是因为当时的摹本不够清晰。但错误还是会有，比如说，在夏巴加里希碑文中，一个段落就不小心重复了至少两遍。

一般来说，石匠所用的复本都是非常准确的，多数情况下，刻字都非常精美。

第 4 部分 羯陵伽法敕①

《羯陵伽第一法敕》
《羯陵伽边境居民法敕》②
官员对边境部落的职责

---

① 早期单独或独立的法敕。——原注
② 解读该法敕时用的是杰格达碑文的摹本与抄本。——原注

第4章 摩崖法敕：阿育王推行的国策

尊贵仁慈的国王陛下对萨姆帕的高级官员所说如下：

无论我的见解如何，都希望能加以践行，并按某种方式得以施行。在我看来，欲达此目的，需遵循我的指示。

"所有人都是我的孩子"，就像我希望自己的孩子享有此生和来世的富足、安康一样，我也希望所有人都能如此。

"对于没有征服的边境，国王有何旨令？"

国王希望"他们不惧怕于我，信任于我，并从我这里得到幸福而非忧伤。"此外，他们应该了解这样的事实，即"国王将宽容对待我们"及"为了我，他们应该奉行虔诚之法以获得此生和来世的幸福"。

为此目的，向你们传达我的旨令。向你们传达我的旨令，让你们周知我的意愿与坚定的决心与承诺。借此，可摆脱欠我的债务。

现在，你们应照此执行，履行自己的职责，务必让这些人信任我并了解事实，即"国王就像我们的父亲一样；他爱我们就像爱自己一样；我们对国王来说就像他的孩子"。

在向诸位传达并宣告我的意愿与坚定决心和承诺之后，我将派当地官员肩负此任，因为你们能够让当地百姓信任我，并能确保他们此生和来世的富足，从而也为你们获得极乐，并偿还欠我的债务。

为此目的，撰写此正法文稿，这样高级官员就会竭力获得边境居民的信任并使他们践行正法。

每个季节开始的蒂西亚日须诵读该文稿。蒂西亚日之间也可诵读。有时可以单独给一人诵读。

你们要这样竭力完成我的旨令。

评 注

该法敕现已完全理解。我之前的译文没有太大变化。该法敕与另一个一起颁布的法敕都意义非凡，因为里面记录的是阿育王公开宣布的话。几个世纪以来，阿育王就这样用自己的语言同我们讲话。引用国王话语时，涉及第一人称到第三人称的不断转换，因此两个羯陵伽法敕不好翻译。这两个法敕只涉及被征服的羯陵伽城邦和一直住在边境的荒野部落。这两个法敕代替了未在羯陵伽发布的《第十一摩崖法敕》《第十二摩崖法敕》和第《十三摩崖法敕》。我称为边境居民法敕的碑文，是在刻有《第十四摩崖法敕》的岩石上发现的，就刻在《第十四摩崖法敕》之后。马德拉斯甘贾母区的杰格达碑文保存十分完好。奥里萨邦普里区的陶利碑文破损严重。除了写给托萨利王公和高级官员的陶利碑文，这些碑文几乎如出一辙。托萨利是新兼并城邦的首府，而杰格达碑文是写给萨姆帕的高级官员的。据穆罕默德·哈拉帕尔斯巴德·萨斯特里研究，陶利与托萨利是同音词。杰格达碑文旁的古代废墟明显与萨姆帕的一样。托萨利王公可能是阿育王的一个嫡子。

羯陵伽法敕完全是为了给高级官员的治理提供指导。这些官员受托去管理一个不久前还充满敌意的领土。这块领土还不断受到周边野蛮、半开化部落的骚扰，因此需要坚定却宽容的慈父般的管理体制。这里所宣扬的原则是令人钦佩的，但令人好奇的是，1848年，一个不太可能熟悉羯陵伽法敕的英国官员复述了该法敕的主要提议。卡斯特先生在旁遮普的霍希亚布尔的宣言包括以下段落："你所受的伤，也是我所受的伤；你所得的一切，也是我所得的一切……让那些参加叛乱的人重归我身边吧，因为犯错的孩子终是要回到父亲那里的，他们的错误会得到谅解"。①

需要对几个细节作简短的评注。

"见解"直译为"我所领会的"。

---

① 详见《印度统治者系列》中《约翰·劳伦斯》一书第46页，艾奇逊著。——原注

第4章 摩崖法敕：阿育王推行的国策

"所有人都是我的孩子"是效仿佛陀"所有生灵都是我的孩子"[①]。

"还清欠我的债务"在《第四摩崖法敕》中也出现过。

"desu nyutike hosdmi"意为"我将派遣当地官员"，字面意思是"我将在当地任命官员"。这是一个奇怪的短语。"ayuktas"的意思是下属行政机构。

据说蒂西亚日是因月亮与星座相连而命名。在印度，至今仍有一些地方将一年分成三个季节。在《政事论》中，一年有六个季节。布勒指出阿育王的做法同古代婆罗门经典中的做法一致。阿育王对已有管理体制的创新都是为了弘扬正法，这可从他的佛教立场中看出。

《羯陵伽第二法敕》
《城邦法敕》[②]
官员对城邦的责任

尊贵仁慈的国王陛下这样讲道：
以下是尊贵仁慈的国王陛下对管理城镇的高级官员所说的话：

无论我的见解如何，都希望能加以践行，并按某种方式得以施行。在我看来，欲达此目的，需遵循我的指示，因为你们管理着成千上万的人，你们会得到这些善者的爱。

"所有人都是我的孩子"。就像我希望自己的孩子享有此生和来世的富足、安康一样，我也希望所有人都能如此。

然而，你们没有完全领会法敕的精神。一些人，可能只注意到了一部分，而不是全部。所以务必要让百姓知晓政府的治理原则。

同样，一些人招致监禁或拷问，若他们承受的是没有理由

[①] 详见以下文献：《信仰之莲》第89页，埃米勒·路易·布尔奴夫著；《印度教指南》第61页，克恩著，斯特拉斯堡，1896年。——原注

[②] 陶利碑文。——原注

的拷问①，就会有很多人为此感到悲痛。这种情况下，你们就要做出公正的审判。

然而，某些秉性会左右你们的判断，即嫉妒、缺乏毅力、无情、急躁和急惰。你们必须远离这些不良秉性。整件事的根源在于持之以恒并充满耐心地贯彻管理原则。懒惰的人会举步不前，然而一个人必须前进、进步并持之以恒。

同样，你们务必要知晓自身职责并牢记：此戒律乃尊贵陛下的旨意。践行此戒律终得硕果，反之则招来灾难。天国与王室都无法拯救那些执迷不悟之人。执迷不语之人将永远得不到我的尊重，反之，若按我的旨意行事，你们将获得极乐并偿还欠我之债务。

每个蒂西亚星宿日都须诵读此法，蒂西亚星宿日之间也可诵读。有时也可以单独给一人诵读。你们要竭力完成我的旨令。

为此，我创作此文稿。这样一来，城镇管理者就会尽快努力避免无缘无故的监禁及拷问现象。

为此目的，为与正法相一致，我将派一些性情温和、尊重生灵的圣洁的官员进行治理，并每五年进行轮换。这些人知晓我的意愿，也会奉行我的旨意。

乌贾因王公将派一个相似的官员机构来完成此任务，任职不超过三年。

塔克希拉也是如此。

上述高级官员……一直轮换任职，如果届时没有渎职，则可以继续处理此事，从而执行国王的命令。

---

① 原文有笔误，根据后面的注释，这里是"拷问"，而非原文的"监禁"。——译者注

第4章 摩崖法敕：阿育王推行的国策

评 注

杰格达碑文是讲给萨姆帕的相应官员的。其他碑文里没有提到王公，很明显是因为王公地位高贵，不需提及。该碑文和羯陵伽法敕——即边境居民法敕相同的地方见羯陵伽法敕评注。

"viyohdlika"指"管理"。

"niti"指"管理原则"。布勒将该词译为"政府的原则"，塞纳尔则译为"责任道德"。在我看来，阿育王指的是"Niti-sastras"，或政府治理方面的论述。该论述与《政事论》一类的作品有密切关系或完全一致。现有论述都取自"Niti"，尽管这些著作比阿育王时期晚得多，却一定同考底利耶的《政事论》一样，基于一些已丢失的古籍。

同梵语"parikleka"相对应的"拷问"一词，应译为"拷问"而不是"误用"，见我之前的译本。很久前，塞纳尔就将该词正确译为"拷问"。考底利耶《政事论》的发现揭露了孔雀王国司法拷问方面的律法有多么可怕。很久之前就已经有这样的律法了。考底利耶在"《论典》"[①]中证实了这一点。该书第四卷的第八章、第九章、第十一章详细探讨了这一主题。第十章谈及肉刑和其他等效的处罚。第八章主要涉及"逼人招供的审讯与拷问"，前提是"有罪之人就应当受到拷问"。书中列举了十八种可怕的拷问方法。受害者可能得忍受其中一种或所有刑罚。当阿育王提及"没有正当理由的拷问"时，他似乎指的是不顾及律法的任意拷问。第九章专门谈到了官员对该种受阿育王谴责的违法乱纪行为的处理办法。办法如下：让犯人遭受不公正拷问的监狱负责人要罚款四十八 panas。panas 可能与先令或法郎大致相等。如果该负责人殴打犯人致死，则罚以一千 panas。执法过程总是伴有蓄意的非法拷问。第十一章详细阐述了这一点。很明显，阿育王保留了《政事论》中记述的其祖父时期的残忍刑法。阿育王只是力图通过忏悔和监督来矫正滥用职权，但没有人知道这样做的成效如何。

"Anusamgana"的意思参见《第三摩崖法敕》。

[①] 从广义上讲，"Sastra"一词的意思包含"戒律""规则""论述"等意义。——译者注

"尊重生命的神圣性"。布勒指出该句是奇怪的梵语复合词"slakshnarambhah",意为"克制祭祀杀戮"。

塔克希拉和乌贾因都是由王公担任总督的首府。一般来说,这些王公是王后生的皇子。在文学传说中,阿育王曾在继位前在这两个城邦为他的父王效力。我们也无法确定处于边关的城邦每三年调换一次官员的原因。"相似的机构"一词对应的是梵语"varga"。

可以说,该法敕已完全得到解读,而该译文可视为正确的译文。

第5章 石柱法敕和各碑文：
阿育王的宗教理想

第1部分 七个石柱法敕

《第一石柱法敕》
治国原则[①]

尊贵仁慈的国王陛下这样讲道：

我加冕第二十六年时，命人撰写此正法文稿。

如果不热爱正法，不具备极强的自省、极大的恭顺、极强的敬畏感和极大的努力，很难获得此生和来世的幸福。然而，由于我的旨令，人们对正法的向往、对正法的热爱每日俱增。

我的代理人，无论地位职位高、低、还是居中，都要遵循我的教诲并带领他人走上正确的道路——引导浮躁之人走正道——边界地区的监察人也是一样。这就是规定："受正法保护，用正法制定规则，通过正法得到幸福，并用正法来捍卫幸福。"

评 注

据石柱法敕记载，阿育王统治晚期仍在坚持、发展并反省自己在执政第十三年发布的旨令。阿育王的戒律并没有发生什么变化，只是重复了很

[①] 解读该法敕时，使用的是布勒编辑的法敕摹本。该法敕的各碑文大都保存完好，并且与其他六个石柱法敕的内容基本相同。目前只发现《第七石柱法敕》的一个碑文。——原注

多以前说过的话。《第一石柱法敕》可视为整套石柱法敕的前言或序言。塞纳尔认为该法敕是专门讲给孔雀王国的官员的，但我认为该法敕似乎有更广的应用范围，既针对官员也针对非官员。除了一些词语的细微差别意义有些争议之外，对碑文的理解与翻译没有什么难度。"Pariksha"一词的意思是"自省"。布勒将《第三石柱法敕》的"pativekhe"译为"慎重"。同布勒一样，塞纳尔认为该法敕是针对官员的，所以将该词译为"严厉的监视"。

"pulisa"一词的字面意思是"人"，这里译为"代理人"。该词是第一次出现。这个词可能指的是所有高级官员，或更可能指的是像查理曼大帝的特派管理者一样的专职监督官员。该词语在《第四石柱法敕》和《第七石柱法敕》中再次出现。如果德瓦达多·罗摩克里希纳·班达伽的校正是正确的，后面的段落似乎能说明"pulisa"与《第一小摩崖法敕》中的"256 vyuthas"是不同的。

"amta-mahamata"指"边界地区的监察人"或"边境地区的高级官员"。虽然阿育王在羯陵伽法敕中规定了一些指导边境官员的原则，但并没提到该职位。

对照查理曼大帝的《马克伽芬》[①]，"chapalam"指"浮躁之人"，也可以指"举止不当之人"或"罪人"。"palana"即"保护"；"goti"即"捍卫"。这些词语都允许有细微的译文变化。

《第二石柱法敕》
王室的示范

尊贵仁慈的国王陛下这样讲道：

"正法乃至善"。但哪些事情中包括正法？在以下事中：即，没有不虔诚、大量善行、怜悯之心、心胸宽广、坦诚、纯洁。

---

① 《神圣罗马帝国》，第68页，布莱斯著。——原注

第 5 章 石柱法敕和各碑文：阿育王的宗教理想

我通过很多方式赐予生灵精神层面的礼物。无论是两足还是四足生物，天上飞的还是水里游的，我都予以各种各样的帮助，甚至是生命的恩惠。我还做了很多其他善事。

为此，我命人撰写正法文稿，这样人们就可以按正法行事，这样正法就可以永世长存。遵循此教诲之人将幸福安康。

评 注

该法敕没有太大难度。"Asinave"是一个词语，就像耆那教的"anhaya"，最佳译文是"不虔诚"①。该词同"dhamma"正好相反。"kayanani"指"善行"，对应的是梵语"kalyanani"一词。在图案是忒勒福斯的硬币上，印有"kalana-kramasa"一词。我们可将这两个词进行比较。一个虔诚的佛教徒不会将自己视为"无用的仆人"，而是会坦诚地夸耀自己做的好事。"没有什么比想到一生做过的哪怕只有一次的好事更让人气定神闲了"。② 可参阅《第五摩崖法敕》和《第七石柱法敕》。布勒认为"chakhu-dane"的真正意义是"精神层面的礼物"，并指出对印度教徒和佛教徒来说，"chakhu"的比喻用法十分常见。可将该词与《第十一摩崖法敕》中的"dhathma-dane"一词进行比较。

《第三石柱法敕》
自省

尊贵仁慈的国王陛下这样讲道：

一个人只能看到自己做的好事且说"这件好事是我做的"，却决看不见自己做的坏事或罪孽并说"这件坏事是我做的，这种行为称为不虔诚"。

的确，很难做到这样的自省。

---

① 见下一条法敕。——原注
② 《一个民族的灵魂》，第296页，菲尔丁·霍尔著。——原注

然而，一个人应该明白：野蛮、粗鲁、愤怒、傲慢和嫉妒会导致不虔诚。他应该说"就是因为这些我才不会堕落"。

这就是要注意的——"这对此生来世都有裨益"。

评 注

该法敕容易理解。"dsinave"指"不虔诚"。该词同前面的法敕紧密相关。

"野蛮"是里斯·戴维斯翻译的"chamdiye"一词的译文。

"自省"（pativekhe）似乎同《第二石柱法敕》中"pariksha"的意思相当。"也"是迈克逊翻译"mana"的译文。

《第四石柱法敕》
管理者的权力与职责

尊贵仁慈的国王陛下这样讲道：

我继位第二十六年时，命人撰写此正法文稿。

我任命我的管理者去管理成千上万的民众，并授予他们自主奖罚的权力。这样一来，管理者就可以自由而无畏地履行职责，为那里的人们施以福利、赐以幸福并提供帮助。

他们将查明幸与不幸之根由，通过正法下属官员来劝诫当地民众，使当地民众得到此生和来世的福祉。

我的管理者渴望为我效力；我的代理人也认可我的意愿并为我效劳。他们将适时劝谏，这样管理者就会更加忠心耿耿。

这就像一个人将自己的孩子交到了娴熟的照料者手中，充满自信且自言自语，"这个娴熟的照料者将会热心关照我孩子的幸福"。正是如此，才有了我的管理者。他们就是为国家幸福和福利而生，怀着无畏、自信而平和之心来履行职责。为此，我授予我的管理者自主奖惩的权力。

为执行统一的司法程序与惩罚，现推出我的规定：

第5章 石柱法敕和各碑文：阿育王的宗教理想

"经我批准，狱中已判死刑的罪犯可有三天的缓期执行。"

在此期间一些犯人家属会谋划重审以救犯人性命，或为了得到重审而为来世布施，或进行斋戒。

即使一切不可挽回，我还是希望他们可以得到来世的幸福，与此同时人们虔诚的行为会日益增加，这些虔诚的行为也包括克己慎行与慷慨大方。

评 注

这个人们已讨论并误解了很多年的法敕意思十分晦涩。令我满意的是，现已澄清大部分要点。该法敕涉及两点，一是授予管理者的自由裁量权即"Rajukas"，二是授予死刑罪犯三天缓期执行。

我认为"Rajukas"一词和"raja"在语源上有关。布勒认为该词和"rajju"，即一种测量绳有关。这种观点是错误的。鉴于这些官员对成千上万臣民的权力范围，以及他们所拥有的毫无束缚的自由裁量权，译文"管理者"比"政府特派员"更可取。我认为"Rajuka"这一等级已存在很久，而阿育王的创新之处在于授予他们无需国王批准就可采取行动的巨大权力。《政事论》中没有提及"Rajuka"这一头衔。

不能充分理解的"代理人"（pulisa）一词再次出现。我们现在无法确定这些官员的具体职位。

我认为迈克逊的译文"自由而平和地"是正确的。

正如塞纳尔所理解的，"samata"的意思是"统一"，而不是布勒理解的"公正"。根据上下文，"viyohala"的正确译文是"司法程序"。布勒更喜用一个更具概括性的词"官方业务"。这个意义可以在《羯陵伽城邦法敕》中得到证实。在《羯陵伽城邦法敕》中，"viyohalika"的意思似乎是"管理"而非"判断"，但这里也不能排除后者的意义。

在阐释最后两段时，我借鉴了托马斯的评注[①]。我认为我的译文才是

[①] 详见1916年《皇家亚洲学会杂志》第120页到第123页。——原注

正确的。如果可以重审的话，罪犯就可以得救了；如果不能重审，罪犯和亲属至少可以获得精神上的安慰。我认为"Rajukas"有权、也必须在执行死刑前为死刑犯批准三天的缓期执行。这样解释就将该法敕的两个主题联系起来了。

《第五石柱法敕》
限制杀戮和戕害动物的规定：大赦

尊贵仁慈的国王陛下这样讲道：

我加冕第二十六年时，授令禁杀以下生灵：鹦鹉、燕八哥、大秃鹳、赤麻鸭、鹅、nandimukhas、geldtas、蝙蝠、蚁后、雌龟、vedaveyakas、gangapuputakas、河龟、豪猪、松鼠、牡鹿、婆罗门牛、猴子、犀牛、灰鸽、村里的鸽子以及所有其他未使用和食用的四足动物。

禁杀怀胎或哺乳的动物，如母山羊、母羊、母猪，也禁杀不到六个月的幼崽。

禁止阉割公鸡。

谷糠里有活物时不能以火焚烧。

不能肆意焚烧森林，也不能为了杀生而焚烧森林。

不能以活物喂养活物。

逢三个季节中为期三天的满月日和十二月到一月的蒂西亚满月日时，也就是说，在每个季节前两周的第十四天、第十五天和第三周的第一天，以及全年的斋戒日里，不得杀鱼，也不得售鱼。

以上日子里，也不得在大象保护区和鱼塘伤及任何其他动物。

每两周的第八、第十四和第十五天以及蒂西亚日和不奈婆修日①、三个季节的满月日以及各种节日里,禁止阉割公牛,也不能阉割公山羊、公羊、公猪以及所有可能被阉割的动物。

在蒂西亚日、不奈婆修日、季节满月日以及季节满月日的两周里,禁止给马、牛烙印。

我加冕二十六年间,共大赦天下二十五次。

评 注

除了需极少的修正,我之前的译文仍可信赖。一些动物名称仍没有确定,也没有译出来。

虽然该法规基于古婆罗门教的做法,但体现了阿育王的个人选择倾向。该法规适用于整个孔雀王国。《第一摩崖法敕》只是涉及以前为御宴和在欢宴时分配肉而宰杀的动物。立法者并不打算整体禁杀动物或禁食肉、鱼。阿育王只是喜欢用极具压迫性的严厉规定来束缚和限制这些做法。这样令人愤怒的法规很可能与阿育王死后孔雀王国的分裂有关。

布勒详尽地阐述了这里提及的各种动物。在专题论文《亲切的陛下碑文中的动物》中,曼莫汉·查克拉瓦蒂也谈到了这些动物。我译文里的动物名称也不是很确定。"Duli"指"雌龟"。"okapimde"一词译成猴子最适合。据说猴子曾偷盗僧侣的粮食。从性格上来讲,非猴子莫属。"setakapote"即"灰鸽子",是印度一些地方很常见的白灰色鸽子。"Columba intermedia",意为"村里的鸽子",即常见的"蓝头矶鸫",经常出现于井口和清真寺等地方。

"使用"一词指使用动物皮毛等。

"阉割"行为只是为了提高牲畜肉的味道,因为并非是必须行为而被禁止。

"谷糠"一词可理解为打谷场的谷糠,有时会加以焚烧以去除寄生虫。

"在此过程中,即河水第一次涨潮时,一些猎人会到这样一个有许多鹿的

---

① 古印度占星学中的二十七星宿之一,是双子星座中最明亮的两颗星星。——译者注

小岛去，然后点燃草地，将鹿从隐蔽处驱赶出来并射击"①。

"不能以活物喂活物"指的是：譬如，用活鸽子的鲜血喂老鹰。据说这是一种至今仍风行的做法。类似的例子还有很多。

"大象保护区"在《政事论》第二卷第二章和第三十一章中均可查到。毫无疑问，阿育王和前任国王一样都有一个"大象监管人"。"kevatabhoge"指"鱼塘"，是指专为船夫或渔民保留的一块水域。每年的禁渔期达五十六天。

"阉割"是一种必要却不圣洁的手术。义净声称"佛陀禁止阉割行为"。"据说在被穆罕默德征服前，孟加拉的印度人从不阉割公牛。事实上，我发现涉及这一主题的任何问题都会让人非常不悦。地主及其佃户虽然容忍着穆罕默德和不纯净部落的这种做法，却认为这样做非常不合法也非常可耻，且不适合提及②"。给牛"烙印"的事情在《政事论》第二卷第二十九章中有记载。古锡兰也有这样的做法③。

蒂西亚日和季节满月日在《羯陵伽边境居民法敕》中有提及。"不奈婆修"是星宿或星座中的第七个星宿。布勒详尽阐述了该主题。

在《政事论》第一卷第二十六章中，有一篇文章题为《屠宰场的监管人》。该文列举了受保护的动物。这些受保护的动物名单同阿育王所豁免的动物名单是一致的，都将"赤麻鸭""鹦鹉""燕八哥"和"鹅"视为保护动物。

同一章里还规定"不许宰杀小牛、公牛和乳牛一类的牛"，但可以宰杀并食用其他牛。第二卷第二十九章明确谈及"牛只适合取肉"。读者不难发现，有角的牛和奶牛不在阿育王的保护动物名单之列。众所周知，大量证据显示古印度大量使用此种兽类的肉。公元前326年，塔克希拉国王送给亚历山大大帝"三千头用来食用的膘肥体壮的牛"。参阅克鲁克一篇

---

① 《一个民族的灵魂》，第299页，菲尔丁·霍尔著。——原注
② 参见《东印度》第2卷第891页，布坎南著，1838年。——原注
③ 《锡兰国家评论》，第334页，1907年。——原注

极有价值的论文——《印度对牛的尊敬》①。孔雀王国的记载十分重要，因为这标志着印度对牛崇拜的新时期的到来。

法敕最后一段显示阿育王有每年释放一次犯人的习惯，可能是在阿育王生日那一天。《政事论》中列举了合理释放囚徒的九个机缘或理由。第一个机缘就是国王诞辰。

除了一些无法辨明的动物名称，该法敕已完全理解，译文准确可靠。

《第六石柱法敕》
持有一个坚定信条的必要性

尊贵仁慈的国王陛下这样讲道：

我加冕第十二年时命人撰写此正法文稿，以给大众谋得福利与幸福，望大众摒弃旧念，不断增加正法之修行。

因此，为了大众的福利与幸福，我重视我的亲属、身边之人以及遥远之人，也许能引导部分人获得幸福，特此安排。

我同样重视所有的团体，因为我予以所有宗派尊重。然而，我最看重的是个人坚守自己的信条。

加冕后第二十六年时，我命人撰写此正法文稿。

评 注

这个简短的法敕重申了《第四摩崖法敕》和《第十二摩崖法敕》的内容，理解起来有些难度。我之前的译文没有太多改变。"tarn apahata"一词是省略语。该译文同布勒的观点一致。塞纳尔译为"删减一些教诲"。布勒的译文不小心漏掉了"安排"。"Nikaya"一词的意义仍不确定，最好译为相当于宗派的"团体"，而不是布勒所译的"公司"，或塞纳尔所译的"我的整个官员机构"，参见《第十三摩崖法敕》。巴利语"Kosa"

---

① 见贝克鲁克，《民间传说》，1912年9月第275页到第306页。——原注

将"nikaya"一词界定在"同一教派的人组成的团体"这个意义中,而"kula"指出生或种姓相关的人组成的团体。"个人坚守"是按照塞纳尔的解释翻译的。该译文比布勒的译文更可取。布勒译为某宗派"通过个人自由意志"。

虽然有不同观点,但该法敕已完全理解。我的译文还是令人满意的。

《第七石柱法敕》
阿育王在孔雀王国内弘扬正法措施的回顾

(一)尊贵仁慈的国王陛下这样讲道:

以前的首领们希望人们随着正法的践行而不断成长。然而,践行正法之人没有按我希望的那样成长。

(二)鉴于此,尊贵仁慈的国王陛下这样讲道:

我想到,以前的首领们希望人们随着正法的践行而不断成长。然而,践行正法之人没有按我希望的那样成长。

怎样可以引导人们遵循正法?怎样可以让人们更多地践行正法?怎样可通过践行正法至少让一部分人提升?

(三)鉴于此,尊贵仁慈的国王陛下这样讲道:

我想到,"我将公布正法公告,并下达正法之教诲。这样一来,听到正法的人必将遵循正法,提升自我,并竭力随正法一起成长"。

为此,我公布正法公告。各种正法教诲已广泛传播。我的弘法者会同我的管理着众多百姓的代理人一样,替我阐释并弘扬我的教诲。

成千上万民众的管理者也受此教诲——"这样就可以将我的教诲讲述给正法的附属官员"。

(四)尊贵仁慈的陛下这样讲道:

鉴于同样的目的,我修建了传播正法的石柱,任命了正法监察官员,并公布了正法。

（五）尊贵仁慈的国王陛下这样讲道：

我命人在路旁种植了菩提树为人畜遮阴，种植了芒果树林，每隔半科斯挖一口井，也建立了休养所，还提供了大量的供水区供人畜享用。

纯粹的享受只是小事而已。

臣民受到前任国王的种种护佑，也得到了我的护佑。我的护佑主要是希望人们可以遵循正法并像我希望的一样践行正法。

（六）尊贵仁慈的陛下这样讲道：

我任用正法监察员打理许多事务，既包括苦行者和普通户主之事务，也包括各个宗派之事务。正法监察员也负责僧伽、婆罗门和耆那教徒之事务；同样，还负责耆那教和各宗派事务。

各高级官员应分别监管各自负责的事务，而正法的高级官员既要对自己的职责负责，也要负责其他宗派的事务。

（七）尊贵仁慈的国王陛下这样讲道：

这些官员与各部门长官要将我与王后的施舍物分发出去。他们要在这里与其他城邦的女士居所，以及在民众需要的各个地方用各种方法布施。

这些官员还要将我的儿子们和其他王公们的施舍物分发出去以促进人们遵守并践行正法。

通过提高同情、慷慨、真诚、纯洁，温柔以及圣洁等道德来遵循并践行正法。

（八）尊贵仁慈的国王陛下这样讲道：

我所做的一切值得称赞之事都是为了让大众遵循并效仿。这样大众会更加孝顺父母、尊敬师长、敬爱老人，善待婆罗门教徒和苦行者，也能善待穷人与不幸之人，甚至是善待奴隶与仆人。

（九）尊贵仁慈的国王陛下这样讲道：

当人们随着正法成长时，那一定是凭借两种方法实现的。即，践行并反思正法。当然，两者中，正法法则只占一小部分，反思正法更加重要。

　　虽然如此，我还是制定了禁杀各种物种的正法规则，更不用说我制定的其他正法规则了。

　　然而，反思正法的优越性体现在民众更多地践行正法，以及愈加戒绝杀戮生命和为祭祀而杀生的行为。

　　为此目的，特记录此法敕，这样我的后代们就会遵循此法，从而通过践行正法获得此生和来世的福祉。

　　在加冕第二十七年，我命人撰写此正法碑文。

　　（十）鉴于此，尊贵的陛下讲道：

　　只要有机会，就应将正法碑文刻于有石柱或石板的地方，以令法敕永存。

评 注

　　整体而言，该法敕是整部法敕中最长、最重要的一部分，仅存于德里-托普拉纪念碑上。法敕的一部分刻于柱身周围，曾被误认为是一个单独的第八法敕。令人欣喜的是，该碑文几乎无损，而阐释它的难度也很低。之前的碑文已详尽阐述过该碑文的很多观点与话语。该文稿主要是对阿育王统治二十八年以来的宗教投入进行了一个综合回顾。之后，在辞世前的九到十年间，阿育王一定又发布了一些小碑文，但这些碑文上都没有记录时间。

　　阿育王用自己的语言将回顾分成十个部分。每一部分前都以"尊贵仁慈的国王陛下这样讲道"开始，有些略有省略。无论是官员还是寻常百姓，所有正法涉及的人员都在该法敕中提到了。在上一版里，我对该法敕没有提及国外弘法者感到惊讶，但我现在发现了国王不提国外弘法者的原因。国王这番话只是讲给自己的臣民的，只谈及自己在疆域内为弘扬正法采取的措施。很明显，阿育王希望把自己为臣民做过的事记录下来，并不想谈

第 5 章 石柱法敕和各碑文：阿育王的宗教理想

及国外事务。第三部分是弘扬正法的总论述。该部分可视为包括国外弘法者的相关事宜。

第一部分列举了先王在弘扬和执行正法方面的不足之处；第二部分明确表明了阿育王想做得更好的意愿；第三部分列举了阿育王为传达正法所做的安排；第四部分回顾了他任命专门的高级官员弘扬和执行正法、竖立石柱以及正式宣告阿育王教诲的事宜。

第五部分里，至高无上的国王总结了自己为改善游历者境遇所做的事宜，并补充道，纯粹的享受只是小事而已。第七部分涉及王室施舍赈济部门。阿育王在《第二石柱法敕》第八部分阐述了王室示范的功效。第九部分在承认详尽的规则——如《第五石柱法敕》中规则的用途时，声称对正法的反思胜过为执行正法而颁布的正式规定。第十部分和结尾部分指出要采取有效措施确保正法的公布和不朽，方法就是抓住一切机会将正法刻于石柱或石板上。在《第七石柱法敕》颁布时，第一至第六法敕一定已刻于现存各个石柱，其他法敕也是如此。但不知为何，目前没有发现第七法敕的其他副本。当然，可能一些副本未能留存下来，也可能会在其他地方找到该法敕副本。我认为还有更多阿育王法敕有待发现。

尽管该法敕充斥着令人厌倦的重复，却充满了尊严。法敕中一些细节有待阐明。

第一部分。阿育王的前任国王仅被称为首领。复数形式说明阿育王指的是两个以上的前任国王。

第三部分。将"savanani"译成"公告"要比译成"训诫"和"戒律"要强得多。

"我的弘法者"一词同德瓦达多·罗摩克里希纳·班达伽的绝妙推测一致。德瓦达多·罗摩克里希纳·班达伽用"vyutha"一词弥补了这一空白。布勒用的"yatha"不合适，也说不通。该校订与摹本并不冲突①，《第一小摩崖法敕》中出现的"vyutha"一词也可以证实这点。我认为该校订基

---

① 详见 1884 年《印度古文物研究》第 8 卷第 310 页。在我看来，摹本中出现的似乎是字母"v"，而不是字母"y"。——原注

本正确，并加以采纳①。毫无疑问，正如塞纳尔指出的，《第七石柱法敕》与《第一摩崖法敕》因这一段落而紧密相连。

代理人应该是指阿育王派出的专门监管人员，相当于查理曼大帝说的特派管理者。

第四部分。用单数提及的"公告"可能是《第一小摩崖法敕》中提到的"无论贫富贵贱，皆当尽力奉行正法"这一准则。

第五部分。"adhakosikyani"指"半科斯"。与其他评注者不同，弗利特认为这里的"adha"应该是"ashta"，即"八"，而不是"adha"，即"一半"。我咨询了迈克逊博士，他的回答是："adha"也有可能是"八"的意思，就像我们发现"libi"是"lipi"一样，但这个词肯定不是伽尔尸碑文中出现的"atha"一词。我还是认为"adha"意为"一半"。我们现在可以比较一下《新马斯基法敕》中的"diyadhiya"的字形，该词意为"一又二分之一"，相当于印度语的"derh"一词。进一步来说，《蓝毗尼石柱法敕》中的"atha"无疑代表的是"ashta"，即"八"。不管阿育王时期的科斯具体有多长，阿育王肯定是在每半科斯间隔处挖的井。很多情况下，这些都仅仅是没有石质建筑的土井，或是只贴了些陶片的井。

第六部分。强调了与其他高级官员不同的监察官的专门职责。

第七部分。"mukha"的正确译文似乎是"各部门长官"②。"民众需要的各个地方"这个有些晦涩的短语应该指的是"可以博施济众的机缘"，但我对该译文不甚满意。

可能同后来的缅甸国王一样，阿育王有四个王后。阿育王睿智地将王后之子与其他女人为他生的儿子区分了开来。王后法敕中提到了一个叫蒂瓦拉的王子。

第九部分。托马斯将"nijhati"一词译为"反思"。这个译文是最好的译文③，意指"反思正法"和"笃信正法"。

---

① 《印度古文物研究》，第41卷第172页，1912年。——原注
② 《皇家亚洲学会杂志》，第97页，1915年。——原注
③ 《皇家亚洲学会杂志》，第122页，1916年。——原注

第 5 章 石柱法敕和各碑文：阿育王的宗教理想

"太阳与月亮永存"是以后的土地授予仪式中常说的一句话，在洞穴碑文中再次出现。

除了上述一小部分例外，整个法敕清楚易懂，译文也可信赖。本书在前一版本基础上做了修改，但大多数修改都是为了使译文更加精确。

第 2 部分 四个小石柱法敕

《鹿野苑小石柱法敕》
分裂佛教罪的惩处方式

尊贵……的陛下……：

（一）尊贵仁慈的国王陛下吩咐高级官员：华……其他城邦，任何人都不得分裂僧伽……无论何人误导僧伽，不管是僧侣还是僧尼，都要身披白袍发往他处。因此应让该法令广为知晓，僧侣与僧尼聚会中务必宣读该法敕。

（二）尊贵的陛下这样讲道：

你们所能看到的法令副本张贴在 samsarara 上。你们务必将另一副本张贴在居士能看到的地方。这些居士，也须在每个斋戒日熟悉该法令。高级官员必须在全年的每一个斋戒日参加斋戒活动以熟知该法令。在你们的管辖范围内，你们必须按此法令行事，将分裂分子驱逐到他处。同样，在所有的要塞城镇与地区，你们务必确保按法令要求进行驱逐。

评 注

1904 年至 1905 年的寒冬发现的《鹿野苑小石柱法敕》前三行不幸毁损。要阅读该法敕，须借助与该主题一样但损毁更严重的《桑吉碑文》和《憍赏弥法碑文》。《第一小摩崖法敕》中也部分谈及了该法敕的意义。

《憍赏弥法碑文》显示，该法敕可能主要是讲给高级官员的，很可能是"Dhamma-Mahamata"或监察官。这些官员的职责就是制止分裂佛教团体或僧伽的行为。分裂罪是佛教中的致命罪之一。"a kappathikam kibbisam"指"一个亘古之罪或永劫之罪"。其他致命之罪还包括弑母罪、弑父罪、谋杀圣人和损毁佛像罪。在古印度极其繁盛的国内行会和团体中，搅起不和的挑拨离间者会遭到驱逐。《布里哈斯帕提法典》规定："歹毒邪恶之人、挑拨离间之人，为非作歹之人、敌对组织或国王之人，应立即被逐出城镇或该团体。"

为铲除分裂行为，并在僧侣和僧尼中维护团体的统一，阿育王自封为僧伽首领。无法看出该法敕的明确日期，但该法敕肯定比石柱法敕晚。憍赏弥的副本可证实这一点。我倾向于将这一问题与传说中的华氏城结集联系在一起。《第七石柱法敕》对虔诚之行的回顾中并没有提及此事。因此，我认为，为纠正分裂活动的邪恶行为而召开的集会发生在阿育王生命的最后九到十年间。碑文前三行保留下来的音节"Pata-"指的肯定是华氏城，并说明了该法敕一定首先是讲给孔雀王国的高级官员的。

我们发现该法敕由两个部分或两个不同的法敕组成，每个法敕的开头都是我们熟知的"这样讲道"等词。

第一部分规定了分裂罪的惩处方式。分裂佛教者要被剥去僧人的黄袍，从而"解除僧职"，并穿上和信士一样的服饰。分裂者被逐出神圣的组织后，还要被逐出僧侣区，并住在"其他住处"。我将该词译为"他处"。"Bhokhati"意为"误导"。该译文是现在公认的正确译文。字根是"bhuj"，有"变通"的意思。

就现存法敕而言，第一部分的意思还算明晰并已经确定了它的意义。

第二部分涉及孔雀王国法令的公布与执行。对这一部分的理解尚有分歧，碑文阐释尚未达成共识。

"Samsarana"肯定指的是某个地方或某种建筑，不过无人知晓应将该词译为"办公室"还是"修道院"，或是其他译文。"Amitikam"可译为"能看到的地方"或"能看到"。

每月四次斋戒日。

"visvamsayitave"意为"熟谙",词根为"svas"。

"Ahale"的意思是"管理",该意义已确定。之前的译文"食物"令整个法敕不知所云。

一些学者将表因果关系的"vivasayatha"和表双重因果关系的"vivasapayatha"译为"发出""传播"或"发布"。在本书上一版中,我采纳了该观点。但我现在更认同托马斯先生1915年发表在《皇家亚洲学会杂志》第一百一十二页的文章中的观点。他认为该词指"驱逐"。根据"防御城镇"和"地区"这两个词,我们发现双重因果关系是必要的,因为每个这样的管理区都是由当地首领自主管理的。该首领可能是首领也可能是官员,但前者可能性更大。"要塞"一词参见《政事论》第二卷第三章、第四章。

虽然一些细节仍待落实,但该法敕第二部分的要旨已经清楚了。

《憍赏弥小石柱法敕》

第一行清晰地写着:

> 尊贵的陛下,命令憍赏弥的高级官员。

第二行含有僧伽一词。
第三行和第四行颁布:

> 无论何人,不管是僧侣还是僧尼,误导了僧伽,都要身披白袍并发往他处。

评 注

这个简短、不完整并残损严重的碑文记录现在留存在阿拉哈巴德的阿育王石柱上,和后面的法敕混在了一起,几乎面目全非。亚历山大·卡宁厄姆是第一个注意到该碑文的人。该法敕刻在《第一石柱法敕》至《第四石柱法敕》的下面，后面还刻着《王后法敕》。很明显，两个短小的碑文都是在六个石柱法敕刻好后才加上去的，但无法确定日期。作为鹿野苑法敕第一部分的副本，可看出该碑文在时间上晚于阿育王执政第二十八年。当时，主要的石柱法敕都已经颁布。

该石柱最初伫立于憍赏弥，后来挪到了阿拉哈巴德，可能是苏丹国王菲罗兹·莎阿在 14 世纪所为。耆那教小镇憍赏弥就是今阿拉哈巴德地区的桑村。佛教的憍赏弥可能是帕尼尼的耶婆那地区的憍赏弥[①]。石柱的搬迁是一场为期七天的遥远的旅程，从普拉亚格或阿哈拉巴德开始、横跨了"辽阔的不毛之地"。该石柱一定曾伫立于巴尔胡特附近[②]。阿哈拉巴德石柱很可能就来自该地，而不是桑村。

《桑吉小石柱法敕》

我借用了胡尔契教授的正确理解与译文[③]。胡尔契教授的译文为：

……此规定针对僧侣和僧尼。

只要我的儿子们和重孙们统治，只要太阳与月亮闪烁光芒，分裂僧伽的僧侣与僧尼就要身披白袍并被驱逐他处。为何我要这样？为了僧伽可以统一，可以长存。

评 注

在蒲林塞普时代，人们就知道桑吉的一根断裂石柱上刻有残缺不全的记录。现在见到的尽管不是鹿野苑法敕的确切副本，但也是该碑文的一部

---

① 详见弗利特在 1907 年《皇家亚洲学会杂志》第 511 页的注释。——原注
② 文森特·亚瑟·史密斯在 1898 年《皇家亚洲学会杂志》第 507 页到 519 页的论述。——原注
③ 详见 1911 年《皇家亚洲学会杂志》第 167 页到第 169 页。——原注

分。但我没有像胡尔契教授一样，将"bhokhati"译为"导致分裂"。该法敕可能是讲给桑吉或桑吉附近的高级官员的。

《王后小石柱法敕》
第二个王后的赏赐[①]

据尊贵的陛下所言，各地的高级官员听命：
无论第二个王后在这里所赐何物——无论是一个芒果园、一方小树林、一所救济院，还是其他事物——都应视为王后所为。
第二个王后卡鲁瓦基，蒂瓦拉的母后这样要求。

评 注
简洁而几乎完整的阿拉哈巴德碑文在鹿野苑碑文的副本之后。正如布勒所指出的，该碑文字体奇特，由各种草书体写成。我认为该碑文是阿育王统治末期写成的。在我看来，这似乎是现存最新的碑文记录。该法敕的目的是让第二个王后，即蒂瓦拉王公的母亲对自己乐善好施的功德放心。空白处是胡尔契填上去的词[he]vam [vi]nati。蒂瓦拉王公似乎在阿育王之前辞世。按照习俗，王后的称呼取决于种姓或家族，而非个人姓名。第二句引用阿育王的话"vachanena"发布旨令。在配偶的要求下，阿育王发布诏令，并昭告整个王国的官员。"这里"的意思很可能是"王国"。

第 3 部分　塔莱石柱上的纪念碑文

蓝毗尼石柱碑文
阿育王礼拜佛陀出生地

---

① 解读该法敕时用的是优质摹本与抄本。《印度古文物研究》第 19 卷第 125 页。——原注

拓 本

音 译

（1）Devanapiyena piyadasina　lajina visativasabhisitena

（2）atana agacha　mahiyite　hida budhe jate s akyamuniti

（3）sila vigadabhicha kalapita　silathabhecha usapapite

（4）hida bhagavam jateti　lumminigame ubalikekate

（5）athabhagiyecha

阿育王的蓝毗尼碑文[①]

　　尊贵仁慈的陛下加冕二十年后，亲临此处拜谒——因"这里是圣人释迦牟尼佛陀的诞生地"——特立一根石柱与马形柱头。

　　因"这里是圣人的诞生地"，罗美尼村免缴宗教税，只需缴纳八分之一的土地税。

评 注

　　1896年发现的令人好奇、保存完好的该记录一直是人们讨论的话题。一些重要的词未在其他地方出现过。碑文的目的是记录阿育王去乔达摩佛

---

① 弗哈勒博士的影印本。——原注

陀出生地拜谒，并表示了对蓝毗尼村的偏爱。在修订译文中，为了保留碑文结构，我不得已牺牲了碑文的优雅。按照夏庞蒂埃博士的做法，我将"mahiyite"看成一个特殊的语法结构，译为"尊敬所做之事"；并认为让人困惑的"vigadabhicha"一词应该是"马形"或类似的意思。该石柱上方曾有一个马的雕像。在印度北部，人们视马为西方的守护者；在锡兰，人们又视马为南方的守护者。同样，那只狮子看守着两个国家的北方；大象看守着印度北部的南方和锡兰的东方；公牛是印度北部的东方守护者，锡兰的西方守护者。这四个动物都出现在了阿育王的石柱上[①]。

《政事论》中出现的"Bali"意思比较特殊，指一种宗教税，但这个词还有其他意义。"Bhaga"一词用现代的官方语言来讲就是"土地税"。"mal"在波斯语中指国王对产品的份额。因此，在《政事论》第二卷第十二章中，"shadbhaga"的意思是"用作土地税的六分之一农产品"。因此，"ashtabhaga"的意思是"用作土地税的八分之一农产品"。很明显，罗美尼村只需缴付八分之一农产品作土地税。如果阿育王习惯收四分之一的农产品税的话，这就相当于减了一半的税。政府税收份额因地因时而异。常规税率是六分之一，但四分之一比较寻常。阿克巴收三分之一的税，克什米尔国收二分之一的税。也许阿育王通常收四分之一的税，在罗美尼却赦免了一半的税。《政事论》可以确定我们对"athabhagiye"一词的解读。

据悉，碑文并没有声称该法敕是按王室命令镌刻的。可能是当地官员为了纪念阿育王来此拜谒并给予当地恩惠而起草并镌刻的。

罗美尼就是现在的蓝毗尼，也称罗美德，是一个以蓝毗尼罗美尼女神命名的小村落。这个成为今日圣地的小地方[②]似乎确实是传说中的佛陀诞生地。阿育王法敕就离这里几码之遥。我曾去过该地两次。该地在尼泊尔境内四英里处，离提拉尔河，即玄奘所说的"油河"很近，位置大约在东经85°11'，北纬25°58'处，在"油河"的西面。巴达利亚是该地附近的一

---

① 可参见1914年《印度古文物研究》第43卷第17页到第20页卡彭特博士的观点。——原注
② 《早期印度史》，第3版，碑文在第168页正对面。——原注

个村庄。此地址已确凿无疑。石柱因雷击而破裂。马柱头的下落至今不明。摩揭陀方言中的罗美尼就是蓝毗尼。

"这里是圣人释迦牟尼佛陀的诞生地"与"这里是圣人的诞生地"都是引语。据传,后面这句话出自阿育王礼佛之行或"虔诚之旅"的向导优波掘多之口。本书第七章以及《第八摩崖法敕》皆记述有该内容。

"Bhagavam"的最佳译文应该是"圣人"[①]。碑文镌刻日期大约为公元前249年。

尼格利瓦石柱碑文
阿育王礼拜拘那伽牟尼佛塔[②]

尊贵的国王陛下在加冕十四年后第二次扩建拘那伽牟尼佛塔。陛下加冕二十年后亲临礼拜,并竖立石柱。

评 注

很明显,这个不完整的碑文与蓝毗尼碑文是同一年发布的。该碑文也一定标志着阿育王虔诚之行的另一阶段。法敕的起草人似乎同蓝毗尼碑文的起草人是同一人。法敕刻于蓝毗尼西北方向十三英里处、一个人造湖岸边的石柱上。石柱现已破裂并躺倒在地。我曾经去过此地。该石柱曾立于拘那伽牟尼佛塔旁,后来从原址挪动了几英里,具体情况不详。弗哈勒博士伪造了石柱的地址,并发表了很多关于该法敕所在地的谎话。石柱和过去佛佛塔,即拘那伽牟尼佛塔的所在地见我在巴布·普尔纳·钱德拉·穆克吉《尼泊尔塔莱古文明遗迹报告》序言中的论述[③]。

该法敕简明扼要,尽管有缺损,却对佛教历史有重要意义。该法敕证实了早期印度人们对过去佛的狂热崇拜,及阿育王对过去佛和乔达摩佛坚

---

① 施拉德在1911年《皇家亚洲学会杂志》第194页发表的论述。——原注
② 解读该法敕时用的是摹本与抄本。——原注
③ 该书于1901年在加尔各答出版,详见该书第16页。——原注

持不懈的崇拜。可能就是因为这种对过去佛的崇拜，佛教才在释迦牟尼创建佛教前的几百年前，从现称为尼泊尔塔莱的喜马拉雅地区开始发展。这一主题值得研究。

第4部分 阿育王巴拉巴尔山洞穴石刻，阿育王之孙达萨拉塔在比哈尔纳加尔遒尼石刻[①]

阿育王洞穴石刻

一、菩提树或苏达玛洞穴石刻

仁慈的陛下加冕十二年后授意为邪命外道教徒修建该菩提树洞穴。

二、克哈拉蒂卡或维斯瓦－基赫普里洞穴石刻

亲切的陛下在加冕十二年后授意在克哈拉蒂卡山为邪命外道教徒修建洞穴。

三、苏皮亚或卡尔纳－克拉乌普尔洞穴石刻

亲切的陛下在加冕十九年后，授意在克哈拉蒂卡山修建苏皮亚洞穴，希望能与日月一样长久。

评 注

洞穴与邪命外道教苦行者短评见前文所述。

第二个碑文几乎完整；第一个碑文有破损；第三个碑文勉强可读。字体有些潦草。

两个近当代碑文是由杰克逊先生分别在1913年和1914年发现的。杰克逊先生给这座山取名"格拉特哈吉里"。"克哈拉蒂卡"这一名字在《释量论到帕尼尼》第一卷第二页和第五十二页中可以看到。在阿育王洞穴附

[①] 解读该法敕时用的是1891年《印度古文物研究》第20卷第361页的摹本。——原注

近的岩石上，刻着"格拉特哈吉里"一词。该词被刻了两遍。最后的元音不太确定[1]。

达萨拉塔洞穴石刻

一、瓦希亚卡洞穴石刻

瓦希亚卡洞穴是达萨拉塔在仁慈的陛下为他举行加冕仪式后，立即为尊敬的邪命外道教徒修建的，希望能与日月一样长久。

二、格皮卡洞穴石刻

除了洞穴名字，该碑文和其译文与一号碑文一致。

三、瓦达特希卡洞穴

除了洞穴名字，该碑文和其译文与一号碑文一致。

评 注

约公元前232年，阿育王的孙子达萨拉塔在东部城邦继承了祖父的王位。那时孔雀王国似已分裂，阿育王另一个叫三钵罗底的孙子获得了西部城邦的统治权。弗利特指出"Devanampiyena"这一职衔很少放在专有名词之后使用。他建议使用一个合乎语法的译文，即"达萨拉塔，在仁慈的陛下为他举行加冕仪式之后"。这就意味着达萨拉塔是在祖父阿育王在世时继位的。在马斯基碑文中，我们看到了"Devdnampiyasa Asokasa"这几个词。该碑文刻字比阿育王的大多数碑文潦草。一号碑文摹本的复制品见《牛津印度史》第一百一十七页。该碑文文字几乎完整，其他碑文则多少有些模糊，但都可识别。

---

[1] 详见1915年《比哈尔与奥里萨邦研究协会期刊》第1卷第159页到第171页。——原注

第 6 章 锡兰流传的阿育王传说

本章与第七章内容仅为传说，并无任何可供评价、讨论的史学价值①。

阿育王的皈依

摩揭陀国王伽罗阿育王有十个儿子。伽罗阿育王驾崩后，他的儿子们又相继沿袭王位，统治了难陀王朝二十二年②。

伽罗阿育王的十个儿子中最后一个继承王位的是达纳·难陀，他是难陀王朝最后一位国王。有一个婆罗门，他叫考底利耶，此人一直对达纳·难陀深恶痛绝，于是就杀死了达纳·难陀。之后，在考底利耶的拥立下，孔雀家族的旃陀罗笈多·孔雀登上王位，开始了他对印度长达二十四年的辉煌统治③。之后，旃陀罗笈多·孔雀的儿子宾头娑罗·阿米特拉加答继承王位，又统治了孔雀王国二十八年。

---

① 本章讲述的传说是《岛史》与《大史》中的故事掺杂在一起而成的，而《岛史》与《大史》中的故事又源于大寺留存的文献资料。本章参考了维杰斯哈的《大史》修订版，图纳尔译，科伦坡，政府记录办公室，1889 年；也参考了盖格尔 1912 年的《大史》修订版。维杰斯哈与盖格尔纠正了图纳尔译文中的很多错误。本章所参考的《岛史》是奥登堡教授的译本。在图纳尔的《大史》索引与奥登堡教授的《岛史》索引以及斯蒂尔的《大史索引》（科伦坡，1907 年）的帮助下，笔者得以顺利核实一些内容。本章还参考了哈迪的《东方寺庙制度》一书。——原注

② 图纳尔省略了"难陀王朝"一词。《岛史》用苏苏那卡代替了伽罗阿育王，让阿育王成了 Susunaga 的儿子，并未提及难陀王朝的九个兄弟和他们为期二十二年的统治（《岛史》，第 5 卷 25 页、第 97 页到 99 页）。这些矛盾之处说明了编年史是不可靠的。——原注

③ 不是图纳尔和维杰斯哈所说的"三十四年"。数字 34 是一个抄写错误，见图纳尔的评注，第 52 页（《古锡兰货币与度量衡》，第 41 页注释，里斯·戴维斯著）。——原注

宾头娑罗·阿米特拉加答有十六个嫔妃。这些嫔妃为他生了一百零一个儿子。其中，最年长的叫须摩那，最小的叫蒂西亚。阿育王是宾头娑罗·阿米特拉加答的第三个儿子，也是蒂西亚的同胞兄弟。在宾头娑罗·阿米特拉加答的任命下，阿育王曾担任印度西部总督。当得知宾头娑罗·阿米特拉加答身染致命疾病后，阿育王离开自己的辖地乌贾因，匆忙赶往孔雀王国首都华氏城。一到首都，阿育王就杀了长兄须摩那和其他的九十八个兄弟，只留下了最小的兄弟蒂西亚的性命。获得王权后，阿育王就成了印度的统治者，但由于他杀害兄弟的暴行，人们称他为"恶阿育王"。

巧的是，须摩那王公死时，他的王妃已怀有身孕。在这场杀戮中，她侥幸逃生，在华氏城东门外一个由逐出种姓的人组成的村子里藏了下来。村长同情须摩那王妃的悲惨遭遇，就毕恭毕敬地侍奉了她七年。须摩那王妃从宫中逃出来的当天诞下一个男孩儿，取名尼瞿陀。这个孩子一出生就显得格外圣洁。七岁时，他已经是一名受戒比丘了。

一天，这个不为人知的男孩碰巧路过王宫，引起了阿育王的注意，阿育王被他凝重可敬的神态深深吸引了。于是，阿育王就愉快地召见这个男孩。只见男孩举止端庄、泰然自若地走到阿育王身边。阿育王说："孩子，坐在你认为合适的位置上吧。"尼瞿陀发现只有自己一个僧侣在场，就朝自认为最合适的王位走去。于是，阿育王明白了，这个僧侣必定会成为宫殿的统治者，就让出了王位，让男孩坐在上面，并用自己御用的酒水和肉食款待尼瞿陀。

在表达了敬意后，阿育王向尼瞿陀询问佛教教义。男孩就给他阐述了诚挚之教义。大意是"诚挚可通往不朽，漠视则通向死亡"。这个教义对阿育王的触动很大，因此阿育王立刻接受了佛教，并给僧侣赏赐了一些礼物。第二天，尼瞿陀带着三十二个僧侣重返王宫。通过宣讲佛教教义，尼瞿陀在国王和百姓心中树立起了虔诚的信仰和行为的观念。就这样，阿育王放弃了他的父亲曾信仰过的婆罗门教，接受了佛教，并像一名在家信士一样开始笃信神圣的佛法。

此事发生在阿育王继位第四年。同年，阿育王举行了庄严的加冕仪式，并任命弟弟蒂西亚为他的代理人或代理统治者。

三年来,同前任国王在位时一样,六万婆罗门教徒一直享受着阿育王的恩惠。但阿育王笃信佛教后,就将这些婆罗门教徒都疏散了,取而代之的是相同数量的佛教徒。这些佛教僧侣经常受到宫廷款待,待遇非常高,每日花费达十万卢比。一天,国王在宫廷款待完僧侣后,问到佛法的章节数量,在得知佛法有八万四千条教义时,当下决定为每一条教义建一座庙宇。因此,国王下令,印度各地长官在当地修建寺庙,要修够八万四千座,阿育王亲自在首都修建了无忧园寺。这些寺庙只用了三年就都全部完工。完工当天,消息就传到了宫廷。阿育王借助天赐法力,看到了孔雀王国所修建的所有庙宇。

从阿育王加冕开始,也就是佛灭二百一十八年后[①]起,阿育王就拥有了王室的神奇法力:靠功德获取的荣耀可率天上地下之才。

天上的居民也是阿育王的仆人,每日从圣湖为阿育王取来圣水,并毫不吝啬地贡献大量甘美香甜的水果与珍宝。

阿育王曾经遗憾自己出生太晚,未能亲睹佛陀真身,于是,在蛇王的帮助下,他看到了佛陀最绚烂光辉的形象,佛陀的样子完美无瑕,身边环绕着荣耀的光环,头顶是柔和明亮的圣洁火焰。为了纪念此事,阿育王举行了为期七天的盛大的庆祝活动。

摩醯陀与僧伽蜜多的传说;锡兰皈依的传说

阿育王的父亲在时,阿育王曾在乌贾因的阿万蒂驻守,并担任总督。阿育王娶了一个名叫德维的女子。该女子家住卑地写[②],即今比尔萨附近的维迪斯哈,她的种姓是塞斯。德维随阿育王到了乌贾因,并在乌贾因为阿育王生下了一个叫摩醯陀的儿子,这一年适逢佛灭二百零四年[③]。两年后,德维又生下一个叫僧伽蜜多的女孩。阿育王登上王位后,德维仍住在

---

① 或佛历218年。——译者注
② 图纳尔的文本里是"Chetiyagiri"一词。——原注
③ 此日期出自《岛史》第20卷、第21卷。——原注

卑地写，但两个孩子随父亲去了首都，之后，僧伽蜜多嫁给了国王的外甥阿格尼·婆罗门，生了一个叫须摩那的男孩。

四年后，阿育王举行了加冕仪式，同时，他的弟弟蒂西亚，也就是阿育王的代理统治人和阿育王的外甥阿格尼·婆罗门以及阿育王的外孙须摩那也都完成了受戒。听到八万四千个庙宇全部竣工的消息后，阿育王就将数百万的僧侣与僧尼召集起来，庄重地在这些僧侣面前举行了继位仪式。这时，阿育王的虔诚已经洗刷了他杀害兄弟的污点。之前人们称他称为"恶阿育王"，而今称他为"善阿育王"。

阿育王的弟弟蒂西亚皈依佛门后，阿育王提出让摩醯陀王公代替蒂西亚，成为他的代理统治人，但在其精神向导，即目犍连子帝须的恳请下，阿育王同意让摩醯陀与僧伽蜜多进行受戒。那时年轻的王公已达到受戒年龄要求，年满二十岁，因此马上受戒为僧。公主也穿上了黄袍，却不得不将受戒日期推迟到两年以后，直到她达到受戒的年龄要求。摩醯陀受戒时适逢阿育王加冕第六年。

阿育王加冕第八年，圣人苏米德拉和蒂西亚分别圆寂。圣人圆寂时，都伴有一定征兆：整个孔雀王国都极大地投入到信仰佛教中来，人们对僧侣也愈加慷慨。佛教因此收获不小，但同时也吸引来一帮乌合之众。这些乌合之众将自己的教义当作佛教教义，行径不合礼法，甚至按照婆罗门教徒的方式进行着似乎可以让他们受益的祭祀。这一切造成了僧伽教义和礼节的混乱。

这场混乱愈演愈烈，甚至异教徒的数量都超过了真正的佛教徒。寺院的礼仪长达七年悬而未决。无奈之下，国王的精神向导目犍连子帝须将信徒托付给摩醯陀王公，自己则到恒河发源地的山里隐居起来。

几经劝说，目犍连子帝须结束了归隐。之后，他驱逐了异教徒并撰写了专著《论事》，还在华氏城的无忧园寺举行了第三次僧伽结集。这一切都发生在佛灭236年，即阿育王加冕第十七年半时。

同年，锡兰天爱帝须王继位，此人虽从未与阿育王谋面，却是阿育王坚定的盟友。天爱帝须王为表示自己的深情厚意，派外甥摩柯·阿利咤率

锡兰天爱帝须王

众使者前往印度。这些使者用了七天的时间到了丹摩栗底港，即今孟加拉塔姆鲁克。之后，又用了七天的时间抵达华氏城的宫廷。阿育王热情地款待了锡兰使者，并亲切、愉快地接受了盟国送来的奇珍异宝，同时也送给盟国等价的宝物。使者在华氏城待了五个月后，按原路返回了锡兰岛，并将阿育王的口信禀告锡兰国王："我已寻求佛陀庇护，皈依佛门并遵循佛法教义；我已宣誓自己是笃信释迦之子教义的在家信士。请虔诚铭记我所谈的这三点，并笃信耆那教最神圣的宗教，同时寻求佛陀庇护。"

在持续了九个月的第三次结集散会后，目犍连子帝须决定将佛教传播到境外去，遂派弘法者前往以下地方传教：克什米尔、犍陀罗、马里萨曼德拉①、瓦纳瓦西②、多迦③、马哈拉施特拉、耶婆那国④、喜马拉雅山区、金地⑤以及锡兰。

去锡兰的弘法者由摩醯陀王公和五个扈从组成，其中包括摩醯陀王公的外甥须摩那。

经国王同意，摩醯陀决定去锡兰前，先顺道探望他的母亲和亲属。为此，他用了六个月的时间。

摩醯陀在卑地写见到了他的母亲，母亲见到摩醯陀十分惊喜，让儿子住在了自己修建的金碧辉煌的寺院里⑥。在摩醯陀的劝诫下，摩醯陀母亲的甥孙布哈度也皈依了佛教。之后，摩醯陀又待了一个月，然后和他的扈从一起升至天空，"像天鹅王一样飞行"至锡兰，落在了弥撒山上。

摩醯陀金口一开，锡兰国王与四万随从就皈依了佛门。阿努拉公主与她的五百仆人也想皈依佛门，却得知男弘法者无权为女性传戒，但僧伽蜜多可以为公主传戒。

---

① 即迈索尔。——原注
② 卡纳拉北部。——原注
③ 孟买北岸。——原注
④ 今印度西北边境地区。——原注
⑤ 即勃固。——原注
⑥ 这里提及的寺院似乎指的是维迪斯哈西南五英里处桑吉的辉煌建筑。——原注

第6章 锡兰流传的阿育王传说

深思熟虑后,锡兰国王再次派外甥出使印度,命其请回僧伽蜜多公主并取回一枝菩提圣树的树枝。阿育王虽不忍心爱的女儿离开,却还是忍痛派女儿前往锡兰,他还举行了隆重的折圣枝仪式。

折圣枝仪式圆满完成,其间还发生了许多奇观。在使者的陪同下,僧伽蜜多公主由一支国王钦点的军队护送至丹摩栗底港。

"装有菩提树枝的容器飞快地穿过水面。圣器在大海中穿越时,所过之处,波浪都静止不动。树枝周围盛开了五种不同颜色的花朵,不同旋律的音乐响彻天空"。就这样,圣枝奇迹般地飘到了锡兰岸边,在受到应有的礼待后,植入了国王用以修行佛法的马哈梅格花园。之后,菩提树枝生出了八根强健的枝芽。这些枝芽后来被分别种到了八个不同的地方。

那时,锡兰国王还给摩醯陀修建了岛上第一个寺院——大寺,之后不久又修建了支提耶山寺,即密亨塔勒寺院。

在僧伽蜜多的主持下,阿努拉公主携宫廷五百处子和五百妇女受戒成为比丘尼,并直接升至阿罗汉果位。此后,在锡兰国王专门修建的尼姑庵里,僧伽蜜多过着宁静的生活,直到受戒五十九年时圆寂①。摩醯陀比僧伽蜜多早一年圆寂,适逢他受戒第六十年。

当阿育王还在庆祝菩提树枝发往别国时,阿育王的外孙须摩那带领的另一批使者也来到了印度。这些使者是锡兰国王派来请求阿育王赐予佛塔舍利的。锡兰国王希望将这些舍利珍藏在锡兰的大佛塔中。阿育王满足了第二批使者的要求,将少许圣物分给了同盟国。之后,帝释天,也就是天帝,又在圣物上摆放了从朱腊马尼佛塔取出

帝释天

---
① 即锡兰国王郁提耶统治第九年。——原注

的佛陀右锁骨。受到至高礼待之后，该舍利在郑重的仪式中被置于塔院寺佛塔。安放舍利时，当地发生了一场极强的地震。目睹这一奇迹的人群立即皈信了佛教，锡兰国王的弟弟也立即皈依了佛门。那段时间，皈依人数达到了三万。

第三次宗教结集的传说[1]

如前文所述，异教徒数量的陡然增加造成了僧伽的混乱，因而在七年里，忏悔和其他庄严礼法都被搁置了。为平息这场混乱、让僧侣恢复以前的职责，阿育王就派了一名大臣去无忧园寺。这位大臣一到无忧园寺就召集僧侣宣读圣旨，但圣人们说，只要异教徒在，他们就无法履行僧职。因此，这位大臣就僭越职权，亲手处决了了几个正在召开会议的顽固僧侣。在国王弟弟蒂西亚的干预下，这场暴力事件才未进一步发展。

阿育王对大臣的鲁莽行为感到极其惶恐，希望为自己赎罪。在高僧的建议下，阿育王从遥远的归隐地召回年长的目犍连子帝须。目犍连子帝须乘舟沿恒河而下到达首都，得到了极高的礼遇和尊崇。

阿育王想验证一下圣人的法力，就请目犍连子帝须施法，尤其希望目犍连子帝须在一个区域里制造一场地震。圣人在一个方形区域四边的分界线上分别放置了一辆马车、一匹马、一个人和一个盛满水的容器。当他制造地震时，方形边界线以内的人或物会发生震动，而边界线以外的另一半人或物却安然无恙。阿育王对此十分满意，就询问圣人，那位大臣杀害僧侣的亵渎神明的行为是否是国王的罪过。圣人说无恶念就不属罪孽，因而赦免了阿育王。圣人所言俱实。

国王将印度所有僧侣召集起来，让他的精神向导目犍连子帝须挨个审核坐在自己身旁的僧侣的信仰。圣人最后判定 Vaibadyavadin[2] 教派的教

---

[1] 详见《岛史》第 1 卷第 25 页；第 5 卷第 55 页；第 7 卷第 37 页、第 41 页、第 56 页到第 59 页。第三次佛典结集的时间似乎尚未统一，但一般认为第三次结集是在佛灭二百三十六年，第二次结集是在佛灭一百一十八年，这样一来，两次结集间隔了一百一十八年。——原注
[2] 梵文原文，原意已不可考。——译者注

义才是佛陀真正的初始教义，遂驱逐了所有持异议的教徒。被逐者达六万人①。随后，圣人召开了一次佛教结集。参加结集的是精选出的一千名品格高洁的正统僧侣。之后，为驱散人们在信仰方面的疑虑，目犍连子帝须为这些僧侣诵读了《论事》②。此次结集与第一次王舍城结集和第二次毗舍离结集的过程一样，一方面诵读所有经文，另一面也核实了所有经文。这次结集共为期九个月，然后解散。结集解散时发生了一场地震，仿佛在说"做得好"，这似乎是神明对这次宗教重建的赞许。那时目犍连子帝须已经七十二岁高龄了。

代理统治者蒂西亚的故事

一日，阿育王的弟弟蒂西亚，也就是帝国的代理统治者，碰巧在森林里看到了一群嬉戏的麋鹿。蒂西亚就想，麋鹿在森林里吃草时也在嬉戏，因此，那些衣食无忧的僧侣也应该有一些消遣方式。回到宫廷，这位代理统治者将自己的想法告诉了阿育王，阿育王为了让弟弟明白其中的道理，就授予他七天的君主权，并说："蒂西亚，你有七天的时间可以统治这个国家，但之后我会将你处死。"七日后，国王问蒂西亚："为何你要浪费这几日的光阴呢？"蒂西亚答道："因为惧怕死亡。"阿育王反驳他："孩子，你之所以不去消遣取乐是因为你知道七天后就要受死。这些僧侣不断思索死亡之事，哪有时间去从事无聊的消遣呢？"③

蒂西亚立刻参悟了其中的道理并皈依了佛门。之后，蒂西亚在一次狩猎远行中见到了一位圣人。这个虔诚至极且没有任何罪孽束缚的圣人正坐

---

① 《大史》第5章。佛教门派众多。义净（第23卷，第7章）说所有的锡兰人都属于上座部佛教，这一教派有三个分支。中国藏传（187页之后，柔克义著）佛教主要有两个派别：一为上座部，一为大众部。有部（Sarvastivadin）是上座部的一个分支，分别说系（Vaibadyavadin）是有部的一个分支。分别说系又分成四个部分，即化地部、法藏部、赤铜鍱部和饮光部。这就是法显能根据化地部从锡兰得到佛教戒律的原因所在（第48章）。门户之见可能对这些传说有一定影响。——原注
② 维杰斯哈纠正了图尔纳的译文。——原注
③ 参考本书第七章的摩醯陀传说。——原注

在一棵树下，旁边有一只大象用树枝为圣人扇风。蒂西亚看到这一幕，渴望自己也可以像这位圣人一样在森林里宁静地生活。圣人为了让蒂西亚更加虔诚，就升到空中，落在了无忧园的水面上。当这位圣人沐浴时，袍子仍在空中直立着。蒂西亚备感欣喜，于是立刻决定成为一名僧侣，并恳请阿育王准许他受戒。

阿育王不想阻挠这份虔诚，就亲自带蒂西亚去寺院，让圣人为他传戒。同时受戒的还有其他十万僧侣，受蒂西亚影响而成为僧侣的人不计其数。

阿育王最后的时日

如前文所述，"善阿育王"在统治第十八年，举行郑重的仪式将菩提圣枝发往锡兰，之后，圣枝被植于锡兰马哈梅格花园①。

十二年后，和阿育王一样投身佛教、深受阿育王宠爱的王后阿萨德西米特拉薨逝。在阿萨德西米特拉薨逝四年后，受欲望驱使，阿育王晋封迪斯亚拉克斯塔为王后。迪斯亚拉克斯塔是一个年轻自负、自恃美丽的王后。国王对菩提树的热爱令她备感受到怠慢。晋封后第四年，受嫉妒心驱使，这位王后企图用魔力毁灭圣树，但幸运的是没有成功。之后的第四年，也就是阿育王统治三十七年后，"善阿育王"圆寂②。

---

① 作者这里应该是笔误，上一个故事里用的是"Mahamegha"一词，这里却成了"Mahameghavana"——译者注
② 可将这里讲述的阿育王晚年的故事与第七章中"阿育王的耽溺"这一故事进行比较。根据柔克义的看法，阿育王在位四十四年。——原注

第 7 章　印度流传的阿育王传说

阿育王的出身与家族

频毗娑罗国王统治着王舍城。频毗娑罗的儿子是阿阇世王，阿阇世王的儿子是乌达伊布哈德拉，乌达伊布哈德拉的儿子是蒙达，蒙达的儿子是卡卡瓦尔尼，卡卡瓦尔尼的儿子是萨哈林，萨哈林的儿子是图拉库奇，图拉库奇的儿子是马哈曼德拉，马哈曼德拉的儿子是波斯匿王，波斯匿王的儿子是南达，南达的儿子是宾头娑罗[①]。

宾头娑罗统治着华氏城，并育有一个叫"修私摩"的儿子。

占城的一个婆罗门有个可爱的女儿。有预言称，这个女孩会有两个儿子，其中一个会成为帝王，另一个则会成为遁世者。为实现该预言，这个婆罗门千方百计将女儿引入宫中，但王后的妒意使女孩无法成为王室成员。王后差遣婆罗门的女儿做剪发之类的下等琐事。过了一些时日，女孩设法将自己的身世告诉了国王。当国王获知女孩并非理发师，而是一个婆罗门的女儿，并且种姓足以配当自己的配偶时，就立刻喜欢上了这个女孩，并册封她为王后。后来，这位名叫萨布哈德拉吉的婆罗门女儿为国王生下两个儿子，年长的起名阿苏卡[②]，年幼的起名维戈塔苏卡。

[①]　该家谱取自《大譬喻集》的《阿育王史》，(《印度佛教简史》，第 2 版第 319 页之后，埃米勒·路易·布尔奴夫著) 读者会发现这里没有旃陀罗笈多·孔雀，而是用南达代替了阿育王的父亲宾头娑罗·阿米特拉加答。充满韵律的《阿育王史》(《尼泊尔佛教文学》，第 6 页到第 17 页，拉金德拉腊拉·米特拉著) 用阿阇世王代替了马希帕拉，其他地方也有细微差异。——原注

[②]　即后来的阿育王，以下称阿育王。——原注

频毗娑罗国王礼迎佛陀

频毗娑罗国王将他的王国敬献给佛陀

当宾头娑罗国王向苦行者频加拉·瓦特萨基咨询两个儿子的命运时，频加拉·瓦特萨基不敢将真相告诉国王，因为在国王眼中，阿育王外表粗野，招人讨厌。但苦行者坦诚地告诉了萨布哈德拉吉王后，她的儿子阿育王会在日后继承王位。

后来，宾头娑罗国王需要派人围攻发生叛乱的塔克希拉，就命令自己厌恶的儿子阿育王去完成围攻任务，却不给阿育王提供任何马车或军需物资。阿育王在军队装备不齐的情况下服从了国王的命令。正当阿育王准备按照国王的命令执行任务时，突然，大地开裂，为阿育王提供了一切所需物品。当阿育王率领军队抵达塔克希拉时，市民纷纷前来迎接，并称之前的纷争只是为了反抗暴虐的大臣，而非针对国王或王公。塔克希拉和斯瓦萨斯王国都臣服于阿育王的统治。之后，阿育王便顺势返回了华氏城。

一天，从花园走进宫殿时，国王的长子修私摩戏谑地将手套扔到了大臣卡拉塔卡的头上。卡拉塔卡顿时火冒三丈，当天就同五百枢密院官员密谋驱逐修私摩，并希望拥立阿育王登上王位。

塔克希拉再次发生叛乱，宾头娑罗国王派修私摩去镇压暴民，但修私摩未能完成任务。这时，年老体弱的宾头娑罗国王想将阿育王派往塔克希拉，以便召回修私摩继承王位。

然而大臣们千方百计阻挠修私摩继位，并力保阿育王登上王位。宾头娑罗一驾崩，诸神就将王冠置于阿育王头顶。为夺回自己的权力并驱逐篡位者，修私摩率军进攻华氏城，但阿育王和他的大臣戚护得到了裸身巨人的帮助。裸身巨人成功守住了城门，而修私摩则中计掉入一个装满燃油的沟渠里，凄惨离世。

阿育王的暴政与皈依

一天，当阿育王的五百大臣违抗阿育王的旨意时，阿育王勃然大怒，抽出宝剑，亲手砍掉了所有冒犯自己官员的脑袋。

又有一天，宫中一些嫌弃阿育王相貌粗糙的女子摘掉了花园里无忧树上的叶子来嘲笑阿育王。阿育王听闻此事后，将这五百名女子活活烧死。

第 7 章 印度流传的阿育王传说

大臣们对阿育王的残酷惊骇不已,恳请阿育王不要用血腥玷污了自己尊贵的王室之手,可以派一个刽子手去执行处决。

阿育王欣然接受,找来一名叫占达吉里卡的人当主要的刽子手。占达吉里卡是一个凶残无比、喜欢践踏动物并杀了自己父母的卑鄙小人。阿育王为了方便刽子手行刑,命人建了一座外表极其华丽的监狱,诱人入内,然后再让人在狱中饱受地狱般的折磨——因为国王下令,进入这所监狱的任何人都不能活着出来。

一天,一个名为巴拉帕恩蒂塔①的高尚的苦行者不慎踏入这所监狱。狱吏立即将巴拉帕恩蒂塔捕获。巴拉帕恩蒂塔圣人虽然有七天缓期执行,

巴拉帕恩蒂塔

---

① 韵律诗中的萨穆德拉。——原注

却被无情地置于一个污秽不堪、灼热难耐的大锅里。大锅下面烧着熊熊大火。凶残的狱吏看到锅中的圣人坐在一朵莲花之上，一点都没被大火灼伤。这个奇迹传至王宫后，阿育王亲临现场，当他亲眼目睹这一切并听到圣人的教诲后，立即皈依了佛门，接受了真正的信仰，并从此摒绝一切邪恶。

于是，这个牢房被拆除，而狱吏被烧死。

上述传说源自《阿育王史》。玄奘提供的细节更加具体。在玄奘的描述中，地狱设在首都华氏城。

在另一则传说中——玄奘仅仅是提及该事而已，"地狱"在马尔瓦的乌贾因。

据玄奘所言，阿育王是因为拆除"地狱"后遇到了圣人优波掘多才皈依佛门的。在优波掘多的帮助下，阿育王召来了魔仆。他命令这些魔仆在普天之下修建佛塔以供奉佛陀舍利。这些舍利是从最初供奉释迦圣人火化所得舍利的八个佛塔中取出来的。当天空出现日食时，魔仆们遵照国王与圣人优波掘多的命令，同时将舍利放入了不同的佛塔。

据《佛譬喻经》讲，阿育王想将佛陀舍利置于自己亲建的八万四千个佛塔中，就打开了尤恩佛塔。这个佛塔供奉着阿阇世王从原来的七或八个佛塔中收集来的圣人舍利。第八个舍利在拉玛格拉玛佛塔，由一个龙族守护着，任何人都无法打开这个佛塔。于是，从尤恩佛塔取出的舍利就被分到了阿育王在一天内建成的八万四千个佛塔中。放入舍利后，这些佛塔"宛如秋云之绚烂"。"可敬而幸运的孔雀王国为万物的福祉建立了这些佛塔；以前人们称呼国王'恶阿育王'，而今这些善行为国王赢得了'善阿育王'的美名"。[1]

充满韵律的《佛譬喻经》中的辞藻比韵文故事中的还要华丽，并声称三十五亿一千万座佛塔是应塔克希拉居民的要求而建，其中一千万座海边佛塔是由夜叉修建的。

---

[1] 该段证实了《阿育王史》中的主要人物是阿育王。——原注

第 7 章 印度流传的阿育王传说

阿育王的礼佛之行

在建好八万四千座佛塔后,阿育王表示想去自己修建的宗教圣地礼佛。阿育王采纳了大臣的建议,派人请来了香料商古普塔的儿子——圣人优波掘多。正如预言里说的,优波掘多在佛灭一百年之后出生。被国王召唤时,优波掘多正居于马图拉附近纳塔布哈迪塔森林的乌鲁蒙达山。

圣人优波掘多接受了国王的邀请,在一万八千圣人的陪同下,沿亚穆纳河和恒河而下到了华氏城。优波掘多一到就受到了阿育王极高的礼遇和尊敬[①]。

阿育王说:"我想去拜谒尊者佛陀所待过的每一个地方,一表敬意,二为子孙后代在每一处建一座永恒的纪念碑。"优波掘多点头称赞,并担任向导。在庞大军队的护送下,阿育王按顺序拜谒了每一个圣地。

阿育王拜谒的第一个地方是蓝毗尼花园。优波掘多说:"伟大的陛下,这里就是尊者佛陀的诞生之地。"[②] 然后,优波掘多又补充道:"这里有为佛陀而建的第一个纪念碑,有幸观瞻实乃幸事。自从佛陀出生后,隐士们就在这里建起了七层台阶。"

阿育王赐予当地百姓十万金币,并建起一座佛塔。之后,阿育王去了迦毗罗卫。

然后,阿育王去菩提迦耶拜谒了菩提圣树,也赐予当地十万金币,并建了一所寺庙。接着,阿育王用同样的仪式拜谒了贝拿勒斯附近的仙人住地是乔达摩"初转法轮"的地方,然后拜谒了佛陀的涅槃之地拘尸纳揭罗。阿育王还拜谒了乔达摩曾久住说法的舍卫城祇园精舍,也拜谒了乔达摩的门徒舍利弗、目犍连和摩柯迦叶的佛塔。但当拜谒薄拘罗佛塔时,阿育王只捐了一枚铜币,这是因为阿育王在薄拘罗礼佛时遇到一些阻挠,这些阻挠让他的扈行吃了些苦头。王室向乔达摩的常随弟子阿难陀的佛塔馈赠了六百万金币。

---

① 参考《第三次结集的传说》中的目犍连子帝须,上述第 6 章。——原注
② 参考第 5 章的罗美德石柱。——原注

维塔苏卡的故事

阿育王的弟弟维塔苏卡[①]是蒂尔斯亚的信徒。维塔苏卡谴责佛教僧侣贪图享乐、惧怕苦痛。阿育王想让维塔苏卡皈依佛教，维塔苏卡却反驳说阿育王只是僧侣手中的工具。因此，阿育王决定用计谋诱使维塔苏卡皈依佛教。

在阿育王的怂恿下，大臣们骗维塔苏卡扮成阿育王的模样。阿育王听闻该消息后佯装十分生气，扬言要即刻将维塔苏卡处死。最后，在大臣们的劝说下，阿育王准许维塔苏卡在七天后受刑，并允许维塔苏卡行使七天的君主权。这七日里，死亡的恐惧令维塔苏卡备受煎熬，后来，在圣人上座部耶舍[②]的点化下，维塔苏卡皈依了佛教。在上座部耶舍几经劝说下，阿育王同意让弟弟维塔苏卡成为僧侣。为了让新皈依的维塔苏卡慢慢适应托钵僧生活，阿育王在王宫里给维塔苏卡提供了一个隐居之处。后来，维塔苏卡离开了王宫，先去了鸡园寺，后又去了毗提河即提尔胡特，并在那里升为圣人[③]。当维塔苏卡衣衫褴褛地返回王宫时，受到了阿育王的至高礼遇，并在人们的劝诱下展示了自己的法力。之后，维塔苏卡再次离开王宫，前往塞外遥远的地方归隐。当维塔苏卡生病时，阿育王曾派人给他送药后来，维塔苏卡康复了。

那段时间，一个狂热的婆罗门苦行者推翻并摔碎了孟加拉那跋檀大城的一个佛陀雕像。为了惩诫该亵渎神灵的行为，阿育王下令杀死了当地一万八千名居民。又有一次，华氏城的另一个狂热分子用类似的方式推倒了佛像。之后，阿育王下令烧死了肇事者与他的亲友。阿育王让每一个婆罗门苦行者都明白了亵渎佛陀的代价。

当阿育王宣布法令时，身穿乞丐装的维塔苏卡恰巧住在牛棚里。"忠

[①] 维塔苏卡即维加塔苏卡。——原注
[②] 锡兰的《大史》（第4章）中，上座部耶舍是伽罗阿育王或第一阿育王统治期第二次或毗舍离结集的领导人物。很多迹象表明伽罗阿育王可能只是一个虚构的人物，三次结集的任何描述都不可信赖。——原注
[③] 阿罗汉果位。——原注

诚"的女房东看到房客衣衫褴褛、蓬头散发的模样，以为此人就是国王昭示的苦行者之一，于是说服丈夫取维塔苏卡的首级去求赏。看到拎着维塔苏卡头颅的牧牛者时，阿育王惊骇不已。于是，在大臣劝说下，阿育王废除了那则法令。除此之外，他还取缔了死刑，使天下能够和平安稳[①]。

法显转述的传说中没有出现阿育王弟弟的名字。法显说，阿育王的弟弟在王舍城附近的秃鹫山隐居，并在此升为圣人。阿育王想邀请弟弟去王宫，却遭到了回绝。于是，他承诺，如果弟弟回到王宫，就为弟弟在城内建一座山。"然后，国王就设宴以各种酒肉款待众魔仆，并说：'希望大家能接受我明天的邀请，但由于没有坐的地方，我只能请诸位自备座位。'第二天，每一位魔仆来时都携带了一块五六步宽的巨石。宴席过后，国王请魔仆们将各自的座位摞起来，就这样，一座巨石山拔地而起。石山下是五个巨大的方形石建成的岩石屋，长约三十五英尺，宽约二十二英尺，高约七十一英尺"。

玄奘阐述7世纪[②]在华氏城看到的石屋时，也讲到了这个故事。玄奘称这位隐士王公为摩醯陀。摩醯陀在玄奘的故事中是一个传说人物。我们可以将摩醯陀和维塔苏卡的故事进行比较。两则故事有许多相似之处。

摩醯陀的故事与锡兰的皈依

在阿育王统治早期，有一个阿育王的同胞兄弟。这个出身高贵的弟弟生性奢靡浪费，且凶残无情，此外，还喜欢打扮成国王的样子。因此，民怨沸腾。在这种情况下，大臣冒险向阿育王进谏："陛下骄横的弟弟僭越了本分。只有统治不偏不倚，才能让臣民们满意。臣民满意，君权才能安稳。希望陛下能沿袭先王的统治，将欲改弦易辙之人绳之以法。"

[①] 碑文证实阿育王没有废除死刑。——原注
[②] 详见《大唐西域记》第2卷第91页，比尔译。科洛内尔·沃德尔证实了摩醯陀山就是巴特纳的希克纳-帕哈利山，印度官员的府邸就在这座山上。科洛内尔·沃德尔声称附近的监房被称为曼翰兰。但科洛内尔·沃德尔的话令人生疑。——原注

阿育王哭着对摩醯陀说:"我沿袭祖先之职责保护臣民。我的弟弟,你怎能忘记我的爱与和善?我不能在继位伊始就藐视王法。如果我惩罚你,我怕祖先会憎恨于我;如果我无视你的僭越行为,我将受到臣民们的唾弃。"

于是,摩醯陀向阿育王磕头认错,只求七天后再将他处死①。阿育王批准了这个请求,虽然向给自己的弟弟提供丰盛的食物和其他所有奢华享受,但将他关键了一个黑暗的牢房中。第一天结束前,守卫向牢房喊道:"第一天过完了,还剩六天。"第六天结束时,摩醯陀的悔改与应得的惩罚也全部结束。顷刻间,摩醯陀升为圣人,拥有了一种不可思议的力量,升到空中。当阿育王亲临牢房时,却得知摩醯陀已出乎意料地修炼至最高境界。摩醯陀说,自己已对一切尘世享乐丧失兴趣,希望可以独处一隅。阿育王欣然应允,但提出摩醯陀未必非得去山区隐居,可以在首都建一处隐居地供他隐居。于是,如前文所述,阿育王命令魔仆建了一座石屋。

皈依佛教后,摩醯陀前往印度南部,在卡佛里即高韦里河三角洲修了一座寺院。九百年后,该寺院的遗迹依然清晰可见②。

也有故事说,摩醯陀使用法力飞到锡兰传播正法,将佛陀传与他的门徒的教义发扬光大。摩醯陀的到来使曾沉迷于某种腐朽宗教的锡兰人民摒弃了原来错误的信仰,开始虔诚接受真理。据玄奘记载,锡兰在佛陀涅槃一百年后才皈依的佛教③。

鸠那罗的故事

7世纪时,礼佛者见到了塔克希拉的佛塔。据说这里是阿育王挚爱的儿子鸠那罗被挖去双眼的地方。因此,阿育王在这里修建了一座佛塔。鸠那罗的故事大致如下。

---

① 参考上述第6章锡兰《代理统治者蒂西亚的故事》。——原注
② 《大唐西域记》第2卷第231页,比尔译。——原注
③ 《大唐西域记》第2卷246页,比尔译。可将《大史》和《岛史》中的相关传说比较一下。玄奘认为阿育王生活在佛灭一百年后。他的看法与《阿育王史》中的描述是一样的。这一日期也是僧伽罗人传说中的伽罗阿育王生活的日期。——原注

第7章 印度流传的阿育王传说

阿育王忠诚的妻子阿萨德西米特拉薨逝后,晚年的阿育王娶了迪斯亚拉克斯塔——一个放荡的年轻女人作为王后。因为鸠那罗长了一双漂亮的眼睛,迪斯亚拉克斯塔就常常含情脉脉望着她的继子鸠那罗——可敬的前任王后的儿子。正直的鸠那罗惶恐地回绝了继母的求爱。因为"美貌受到蔑视而生出怨恨"[①]的迪斯亚拉克斯塔将炽热的爱变成了深深的仇恨。为了毁掉那个用德行让自己的邪念蒙羞的鸠那罗,迪斯亚拉克斯塔精心策划了一个报复计划。她哄骗阿育王派鸠那罗去管理遥远的塔克希拉。

鸠那罗接受了这一光荣任务。在他离开时,他的父王告诫他要核实接到的命令,真正的命令上会有国王的齿印作为印章[②]。仇恨与日俱增的王后一直在等待时机。几个月后,她往塔克希拉发了一封急件,命塔克希拉的大臣们一接到命令就剜去鸠那罗的眼睛,并将鸠那罗与他的妻子置于山中让他们自生自灭。

王后用王室红蜡密封信件,趁阿育王熟睡时,悄悄在红蜡处印上阿育王的齿印,之后命人全速送往塔克希拉。接到命令的大臣不知该如何是好。注意到大臣们为难之情的鸠那罗让大臣们道出实情。大臣们希望用监禁王公的折中方案来拖延首都传来的命令。但鸠那罗不允许命令有任何拖延,并说:"如果这是父王的命令,就必须服从。封印上的牙印就是证明,不可能有误。"然后,鸠那罗让一个没有种姓的恶棍剜除了自己的眼睛。执行完这条命令后,鸠那罗与自己忠实的妻子在悲戚的黑暗中四处乞食。

---

① 维吉尔。——原注
② 比尔先生引用了一首描述赐予罗顿家族土地的英语韵文平行句,引自伯克的《贵族》,黑斯廷斯:
我,威廉国王,我统治的三分之一,
都给了保林·罗顿、霍普与霍普顿,
……
为了显示这一切都是真实的,
我用牙齿咬了一点蜡。
在梅格、莫德、马杰里面前,
在我第三个儿子亨利面前(《印度古文物研究》,第9卷第86页)。——原注

鸠那罗与妻子一路颠沛流离来到了华氏城。这个盲人喊道:"天呀,我饱受了多少饥寒交迫之苦。曾经的王公,现在的乞丐。我是否应该让世人知晓真相,我是冤枉的,我祈盼沉冤得雪。"于是,鸠那罗设法进入宫殿内部,并和着乐器放声唱了一首悲恸的歌曲。

楼台上的阿育王听到了这哀怨的歌曲,觉得声音很耳熟,接着就听出是自己儿子的声音,于是派人找来这位游吟诗人。看到儿子失明的双眼时,阿育王悲恸万分,询问事情的缘由。鸠那罗恭敬地回答道:"事实上,我是因为不孝才被上天惩罚的。有一天,我突然接到一道饱含深情的命令,我无法为自己开脱,也不敢规避惩处。"

阿育王明白这一切都是迪斯亚拉克斯塔王后犯下的罪行,于是立即将迪斯亚拉克斯塔烧死,并让每一个参与此暴行的人,无论职位高低,都受到相应的惩处。这些涉案官员分别受到了解职、流放和处死的惩罚。而涉案的普通人则全部被杀或经喜马拉雅山脉发往于阗①。

那时,一个叫戈沙尔的圣人住在摩柯菩提圣树旁的寺院里。阿育王将鸠那罗带到圣人面前,祈盼鸠那罗能重获光明。圣人让阿育王第二天举行一场大集会来传播佛法,来者每人需带一器皿以收集眼泪。第二天,人们纷纷会聚在一起。听圣人说法时,他们都感动得流泪。泪水流到了他们带来的器皿中。

圣人将泪水全部收集到一个金花瓶中,说道:"我所诠释的教义是最神秘的佛陀教义;如不属实,如有谬误,就让一切照旧;若所言属实且千真万确,就让此人在这些泪水的冲洗下,重见天日。"

之后,鸠那罗就用泪水清洗双眼,终于重见天日。

---

① 经喜马拉雅山脉发往于阗,需要加注为"可将该传说与柔克义的《释迦牟尼传》以及斯坦因《古于阗》中的相关传说进行比较,详见《释迦牟尼传》第 232 页以后的内容及《古于阗》第 158 页到第 164 页。这些传说都提到了圣人耶舍。鸠那罗的故事只是民间传说。可将鸠那罗的传说与菲德拉、希波吕托斯和阇陀伽的传说进行比较,详见劳斯先生翻译的《大莲花》第 4 卷第 117 页。劳斯先生还引用了一些其他类似的印度传说。——原注

第 7 章 印度流传的阿育王传说

迪斯亚拉克斯塔的故事

阿育王的王后迪斯亚拉克斯塔爱上了继子鸠那罗。当示爱遭到鸠那罗回绝后,她心怀恨意,决定报复鸠那罗。为了达到目的,迪斯亚拉克斯塔利用阿育王病入膏肓的机会,完全控制了阿育王的思想。在一段时间里,她可以任意使用君权。

阿育王认为自己已经无药可救,就下令:"召见鸠那罗,我欲立他为王。生命于我还有什么意义?"听到这番话后,迪斯亚拉克斯塔暗想:"如果鸠那罗登上王位,那我就完了。"于是,她对阿育王说:"我保证能让您恢复健康,但您得禁止一切医师进宫。"阿育王答应了她的要求。于是,迪斯亚拉克斯塔吩咐众人给她带来一个同阿育王病症相同的人,男女皆可。

正巧,一个种姓低贱的男人也患有和阿育王一样的病。他的妻子将病情告诉了医师,医师答应诊断后再给病人开药。然后,牧羊人就去找医师问诊。医师将病人带到了迪斯亚拉克斯塔王后那里。王后命人将病人秘密

阿育王与他的两位王后

杀死。病人的身体被剖开后，胃里出现了一条巨大的蠕虫。正是这只蠕虫导致病人身体失调。王后将胡椒粉与姜粉撒在蠕虫上，却没有起到任何作用。不过，碰到洋葱时，蠕虫就立即丧命，并很快被清出了肠道。于是，王后恳求阿育王为了治病将洋葱吃掉。阿育王说："王后，我乃刹帝利，怎能吃洋葱呢？"王后回答道："我的陛下，为了救命，你就将它当药吞下去吧。"于是，阿育王吃下了洋葱。他体内的蠕虫随即毙命，并被清出肠道[1]。

阿育王的耽溺

阿育王决定用十亿金币来侍佛，当他年事已高时，他侍佛用掉的金币已经达到了九亿六千万。为了在生前完成誓言，阿育王每天往首都鸡园寺派送大量金银。那时，鸠那罗的儿子萨姆帕蒂[2]是王位继承人。大臣向萨姆帕蒂指出：国王正穷奢极欲，自取灭亡；如果再这样下去，恐怕将无法抵制他国的进犯，无力捍卫国土了。

于是，萨姆帕蒂禁止司库官员再满足阿育王的要求。阿育王无法从国库中获取物品，就开始馈赠王室餐桌上的盘子，先是金盘子，然后是银盘子，最后是铁盘子。当阿育王散尽所有金属器皿后，他的大臣给他的餐桌上摆上了瓦器。这时，阿育王责问道："谁是这个国家的国王？"大臣们毕恭毕敬地回答："陛下就是国王。"阿育王顿时泪如泉涌，喊道："为什么你们要睁眼说瞎话呢？我已不再是国王。留下这半个苹果吧，作为一国之君，我已经没有任何可以侍奉佛门的了。"然后，阿育王派人将这半个苹果送到鸡园寺分给众僧，并说道："瞧，这是我最后的恩赐，这是印度富足的国王所赐。我现在有职无权；除了僧伽的支持，我别无所有，没有了健康，也无法享用药品和医师的治疗。吃了这个苹果吧，希望所有的僧侣都能分享我最后的馈赠。"

---

[1] 根据法显的看法，印度恒河地区居住的居民不吃"大蒜或葱，只有被逐出种姓的人才吃这些东西"。这种偏见至今仍存。在种姓级别高的人看来，葱里有麻蝇一类的东西。——原注

[2] 在耆那教的传说中，萨姆帕蒂是耆那教的大护法。无人知晓萨姆帕蒂真正的故事。——原注

第7章 印度流传的阿育王传说

阿育王再次问他的大臣拉德哈古普塔:"谁是这个国家的君主?"大臣毕恭毕敬地回答:"陛下,您就是一国之君。"

阿育王恢复镇定,用诗歌回答道:

> 大地上笼罩着一层宝蓝色,
> 大地上点缀着熠熠发光的珍宝,
> 土地上有走遍千山永恒永存的王位,
> 土地上是母亲创造的平等万物。
> 我将这一切赐予僧伽。

> 我祈求看管好这些馈赠,
> 我并不渴求因陀罗大殿或梵天宫廷,
> 我也不向往君权所具有的光辉,
> 一切都像恒河浪涛一般,流逝,
> 不逗留一分一秒。

> 用不变的信念,不可动摇的信仰,
> 我将无以估量的大地
> 慷慨馈赠于僧伽;
> 我向往自制,也渴望给予他人恩惠,
> 此善行从未改变。①

---

① 据法显记载(第27章),孔雀王国的这一馈赠镌刻于华氏城南部的一根石柱上。石柱地点尚未查明。阿育王的演讲如下:
海洋宝蓝色的外衣环绕着这方土地,琳琅满目的珠宝点缀着这方土地,我将这仿佛携带着万物生灵和马达拉山的土地,交给僧伽。
作为善行的回报,我不愿再居于因陀罗,也不想居于梵天,也不愿在君主身份的快乐中多做逗留,那种快乐比流水流逝得还快,转瞬即逝。
我渴望的回报是圣人尊崇的自制,这种自制不受一切变化的影响。——原注

说完这番话，阿育王将馈赠封印[①]，并当场圆寂。

在阿育王承诺馈赠佛门的十亿金币中，还有四千万尚未兑现。他的大臣将这笔钱用在了赎买土地上，并拥立萨姆帕蒂登上了空置的王位。萨姆帕蒂之后，继承王位者依次是维里哈斯帕蒂、维里萨瑟纳、普萨亚德哈尔玛和普萨普米特拉。

---

① 这里的意思是从此后不再进行馈赠。——译者注

附录1　旃陀罗笈多·孔雀

旃陀罗笈多·孔雀[1]是古印度孔雀王国的开国君主，是印度历史上的一个显赫人物。他的祖先、生卒、家族与早期生活不详。据希腊文献记载，旃陀罗笈多·孔雀出身卑微。但比希腊文献晚几百年的佛教文献声称旃陀罗笈多·孔雀出身高贵。一些佛教文献声称旃陀罗笈多·孔雀是一个刹帝利。而在同样比希腊文献晚几百年的耆那教文献中，旃陀罗笈多·孔雀的父亲是一个饲养孔雀的村庄管理者。一些印度教文献称旃陀罗笈多·孔雀出身于一个世代饲养孔雀的家族。

南丹格尔的阿育王石柱表明，孔雀是孔雀王室的象征，可能也与孔雀王室的血统有关。一些学者认为旃陀罗笈多·孔雀是首陀罗血统，出生后就遭遗弃成了孤儿，后来在一个牧牛者的养育下长大成人，并得到了考底利耶的教诲。佛教文献将旃陀罗笈多·孔雀与释迦牟尼置于同一时代，并称旃陀罗笈多·孔雀虽然出生在摩揭陀国的巴特纳附近，但被考底利耶带到了塔克希拉，接受其教导长达八年。

据佛教文献记载，旃陀罗笈多·孔雀在塔克希拉[2]学成之后就开始招募士兵。当时恰逢亚历山大大帝放弃了进一步攻打印度，撤退到了巴比伦，并将印度次大陆交由希腊官员或印度当地的官员管理。当时旃陀罗笈多·孔雀已经招募了一批武士并与亚历山大大帝委任的印度当地官员结成了联盟，还笼络了一些雇佣军。公元前323年，在考底利耶的辅佐下，旃陀罗

---

[1] 前321—前298年在位。——原注
[2] 今巴基斯坦。——原注

军队恳请亚历山大大帝停
止攻打印度,返回家乡

笈多·孔雀统率的军队挫败了印度西北的一些希腊官员。在一次次胜仗中,旃陀罗笈多·孔雀不断扩大着军队势力与领土范围。很快,旃陀罗笈多·孔雀率领的军队就开始向摩揭陀^①扩张。

据一些佛教文献记载,难陀王朝末期的统治极其腐朽。于是,旃陀罗笈多·孔雀在考底利耶的辅佐下轻松推翻了旧王朝,建立了新的王国。而印度教与耆那教的文献却称难陀王朝末期的军队训练有素,旃陀罗笈多·孔雀在费了一番周折后才推翻了难陀王朝。据载,在经历一系列的挫败后,旃陀罗笈多·孔雀与一些国家结成了联盟,随后率领一支强大的军队在公元前322年推翻了难陀王朝。之后,他运用考底利耶的治国之策兴国安邦

---

① 即恒河平原。——原注

并不断扩张领土。据普林尼估计,在旃陀罗笈多·孔雀统一印度后,孔雀王国的常备军达六十万。

在兼并了印度河以西塞琉古一世曾占领的地区后,旃陀罗笈多·孔雀又向印度次大陆的北部地区大举进攻,并征服了大片土地,将孟加拉湾到阿拉伯海之间的地区都收入囊中。

公元前312年,原本是亚历山大大帝部下将军的塞琉古一世建立了塞琉古王国,将首都设在巴比伦。之后,塞琉古一世开始重新向亚洲扩张,并征服了巴克特里亚和印度河流域。公元前305年,塞琉古一世与旃陀罗笈多·孔雀展开战争。一些印度史学家称,因为在战争中失利,塞琉古一世不得不将印度河以西的大片土地割让给了旃陀罗笈多·孔雀。就这样,孔雀王国又获得了阿拉霍西亚①、格德罗西亚②与犍陀罗地区。斯特拉博称旃陀罗笈多·孔雀后来与塞琉古一世签订了军事合约。无人知晓合约的具体内容,但据说两国之间进行了联姻。旃陀罗笈多·孔雀回赠了塞琉古一世五百头大象。据说这些大象在塞琉古一世的伊普苏斯战争中发挥了至关重要的作用。除了缔结合约,塞琉古一世还派遣了使者麦加斯梯尼前往孔雀王国的首都华氏城③。据希腊文献记载,两个国王后来一直维持友好关系并互赠礼物。

在统一了印度绝大多数地区后,旃陀罗笈多·孔雀与考底利耶进行了一系列的政治与经济改革。他依照考底利耶在治国理政方面的著作《政事论》,在华氏城建立了一个强有力的中央集权管理体制。在他的统治下,国家管理高效,一切井井有条。旃陀罗笈多·孔雀大力发展国家的基础设施建设。譬如,建立灌溉体制,鼓励开采矿藏,修建道路与寺庙等。这些举措使孔雀王国走上了富国强邦之路。随着国内外贸易的兴盛与农业的繁荣发展,孔雀王国建立了一支规模庞大的常备军来护国安邦并开拓疆土。旃陀罗笈多·孔雀与孔雀王国后继者统治时期的印度堪称宗教包容性很高

---

① 今坎大哈。——原注
② 今俾路支斯坦。——原注
③ 今巴特纳。——原注

的国度。这期间各种宗教百花齐放，其中佛教、耆那教、邪命外道教与婆罗门教占主要地位。

在耆那教的传说中，旃陀罗笈多·孔雀晚年放弃了王权并皈依了耆那教。在旃陀罗笈多·孔雀退位后，宾头娑罗·阿米特拉加答继承了王位。据载，旃陀罗笈多·孔雀先是摒弃了王权与财富，之后随耆那教徒到了印度德干地区①，最后斋戒而亡。

---

① 今卡纳塔克邦。——原注

附录 2　宾头娑罗·阿米特拉加答

宾头娑罗·阿米特拉加答[①]是孔雀王国的第二任国王。他是孔雀王国的创立者旃陀罗笈多·孔雀的儿子,也是大名鼎鼎的阿育王的父亲。有关宾头娑罗·阿米特拉加答的记录并不多。他的很多事情都源自传说。

执政后,宾头娑罗·阿米特拉加答继续巩固父亲旃陀罗笈多·孔雀创建的王国。16世纪的西藏佛学家多罗那他认为宾头娑罗·阿米特拉加答执政后向印度南部进行了领土扩张。但一些史学家对此持有不同意见,认为宾头娑罗·阿米特拉加答并没有进行任何的领土扩张,只是继承了旃陀罗笈多·孔雀打下的江山。宾头娑罗·阿米特拉加答在位期间与希腊维持着友好的外交关系。

宾头娑罗·阿米特拉加答的故事多源自耆那教有关旃陀罗笈多·孔雀的文献及佛教重点讲述阿育王的文献。而这些文献是在宾头娑罗·阿米特拉加答过世几百年甚至上千年后写成的,因此没有太大的史学价值。一些史学家认为宾头娑罗·阿米特拉加答曾征服德干地区,但另一些史学家称他只是镇压了当地的叛乱。

据一些佛教文献记载,宾头娑罗·阿米特拉加答信仰婆罗门教。据《大史》记载,宾头娑罗·阿米特拉加答统治了孔雀王国二十八年。还有一些佛教文献称他统治了七十年之久。该说法没有任何历史根据。据载,宾头娑罗·阿米特拉加答驾崩后,孔雀王国发生了一场长达四年的继位之争,最后阿育王登上了王位。

[①] 约前297—前273年在位。——原注

据《大史》记载，阿育王曾被任命为乌贾因的总督，在获悉宾头娑罗·阿米特拉加答身染重疾后火速赶往华氏城，并杀死了九十九个兄弟，只留下了蒂西亚，从而成为孔雀王国的第三任国王。

附录3 阿育王

阿育王是孔雀王朝的一位君王,在公元前268年至公元前232年统治着印度次大陆。他是孔雀王朝的开创者旃陀罗笈多·孔雀的孙子,对佛教的传播起了非常重要的作用。阿育王是印度历史上最伟大的君王之一。他将旃陀罗笈多·孔雀所统辖的疆域从阿富汗的西部地区扩展到了孟加拉的东部地区。疆域范围包括今印度次大陆除泰米尔纳德邦、卡纳塔克邦和喀拉拉邦外的所有地区。阿育王时期孔雀王国的首都是华氏城,即今巴特纳。

阿育王继位后对羯陵伽国[①]发动了一场血腥味十足的战争,并于公元前260年征服了羯陵伽国。在目睹了羯陵伽之战的惨状后,公元前263年,阿育王皈依了佛教。阿育王因阿育王石柱、阿育王法敕而闻名,也因派往斯里兰卡和中亚的弘法者而闻名。除此之外,阿育王还在释迦牟尼佛涅槃前生活、讲道的几个地方树立了纪念碑以示纪念。

除了阿育王法敕,阿育王的相关文献主要是阿育王过世后流传的各种传说。譬如,写于2世纪的《阿育王传》和斯里兰卡文献《大史》。今印度共和国的徽章图案就源自阿育王石柱上的狮子柱头。阿育王的名字在梵语中的意思是"无忧"。在阿育王法敕中,他被尊称为"天宠慈颜",意为"受众神宠爱"与"充满慈爱"。英国作家赫伯特·乔治·威尔斯曾在《世界史纲》中写道:"在名垂千古的千千万万个君王的姓名中,阿育王的姓名最耀眼夺目。"

阿育王是孔雀王朝创始人旃陀罗笈多·孔雀的孙子,宾头娑罗·阿米

---

① 位于今奥里萨邦。——原注

特拉加答的儿子。因为旃陀罗笈多·孔雀曾与塞琉古一世联姻，所以阿育王的祖母很可能具有希腊血统。据载，阿育王有好几个同父异母的兄弟，并从小就受到军事训练。

《大譬喻集》中记载阿育王曾平定一场由图谋不轨的大臣造成的叛乱。然而该事件可能是宾头娑罗·阿米特拉加答统治时期发生的事情。据多罗那他说，宾头娑罗·阿米特拉加答的大臣捣毁了十六个镇的统治势力，并自封为当地统治者。一些历史学家认为该事件说明了宾头娑罗·阿米特拉加答曾征服德干地区，另一些史学家认为宾头娑罗·阿米特拉加答只是平息了当地的叛乱而已。

在这件事件后，阿育王被派往乌贾因驻守，任当地总督。通过中央邦的纪念碑文可以得知，阿育王年轻时曾在乌贾因任职。

公元前272年，宾头娑罗·阿米特拉加答驾崩。他的离世引发了一场继位之争。据《大譬喻集》记载，宾头娑罗·阿米特拉加答希望将王位传给修私摩，但大臣们支持的是阿育王，因为修私摩对大臣们十分不敬。一个叫成护的大臣对阿育王继位起了至关重要的作用。据《阿育王传》记载，在成护的帮助下，阿育王除掉了王位的合法继承人，最终登上了王位，并任命成护为首相。而在《岛史》与《大史》的记载中，阿育王在登上王位前杀死了他的九十九个兄弟，只留下了年纪最小的维塔苏卡——或蒂西亚。该记载并无任何历史根据。公元前269年，即阿育王继位第四年，阿育王举行了加冕仪式。

在佛教的传说中，阿育王性情暴戾、秉性顽虐。他曾建过一所号称"天堂地狱"的监牢。这个监牢外部华美，但里面的刽子手所实施的刑罚却令人瞠目结舌。因此，阿育王被称为"恶阿育王"。有学者称，佛教文献中的传说是为了凸显佛教的教化作用，因此对阿育王皈依前的恶行有所夸张。

登上王位后，阿育王用了八年的时间扩张领土。从现在的阿萨姆邦东部到俾路支斯坦西部，从阿富汗北部的帕米尔高原到南印度半岛，除了现在的泰米尔纳德邦与喀拉拉邦外，都被阿育王收于治下。

附录3 阿育王

据载,阿育王有五位妻子、四个儿子、两个女儿。据《大史》记载,早年在前往乌贾因任总督的路上,阿育王曾在维迪斯哈逗留,并娶了当地女子德维。后来,德维诞下了摩晒陀与僧伽蜜多。在阿育王继承王位后,摩晒陀可能被阿育王派往斯里兰卡弘扬佛法。

阿育王早年嗜杀成性,但在羯陵伽之战后皈依了佛教。当时的羯陵伽国是一个独立的王国。羯陵伽之战发生在阿育王继位后的第八年。从阿育王《第十三摩崖法敕》可以了解到,该场战役死伤惨重。其中,十万士兵丧命,十五万人被驱逐出境。该法敕也记录了阿育王在羯陵伽之战后的无限悔恨之意。

阿育王王后

相传在羯陵伽之战后,阿育王被战后的伤亡与破坏震撼——所见之处皆是烧毁的房舍和横七竖八的尸体。这场死伤惨重的战役让原本睚眦必报的阿育王性情大为改观。从此之后,阿育王开始变得沉稳祥和并最终成为佛教护法王。知名印度学家阿瑟·卢埃林·巴斯汉姆声称,阿育王所大力弘扬的"正法"并非佛教思想。尽管如此,佛教在孔雀王国与其他周边国家的传播却离不开阿育王的大力扶持。阿育王的儿子摩晒陀与女儿僧伽蜜多也因对佛教的传播而声名远播。僧伽蜜多的意思就是"僧伽之友"。正是因为摩晒陀与僧伽蜜多,佛教才传播到了锡兰[①]。

据估计,阿育王统治了三十六年,于公元前232年驾崩。相传阿育王的遗体在火化时整整燃烧了七天七夜。之后孔雀王朝又延续了五十多年。孔雀王国的范围几乎扩展到整个印度次大陆。阿育王拥有众多妻子与孩子,

---

① 今斯里兰卡。——原注

但流传下来姓名的寥寥无几。阿桑德蜜塔是阿育王执政时的一位重要的配偶，但没有给阿育王留下任何子嗣。

阿育王晚年时明显受到了年轻的妻子迪斯亚拉克斯塔的蛊惑。据说迪斯亚拉克斯塔曾用诡计使阿育王的王位继承人鸠那罗失明。之后，鸠那罗在爱妻的陪伴下以唱歌为生，一路颠沛流离来到了华氏城。当阿育王听到鸠那罗的歌声而找到失明的鸠那罗时，意识到鸠那罗所蒙受的不幸正是对自己年轻时所犯罪孽的一种惩罚。阿育王立即处死了迪斯亚拉克斯塔。在《阿育王传》中，鸠那罗因参悟佛道而原谅了迪斯亚拉克斯塔。尽管如此，阿育王却没有原谅迪斯亚拉克斯塔所犯的滔天大罪。鸠那罗之后，他的儿子三钵罗底继承了王位，并统治孔雀王朝五十年之久直至辞世。

公元前180年，孔雀王朝的最后一任君王普里哈多拉达被害。行刺者普西亚米陀·巽加是孔雀王朝的一位掌握军权的大臣。之后，普西亚米陀·巽加建立了巽加王朝，只统治着原孔雀王朝的一小部分地区。孔雀王朝西北地区的大部分地方都分崩离析，成了印度、希腊诸国。

阿育王留下的最持久的遗产就是他在处理佛教与国家的关系问题上树立的典范。在佛教团体中，阿育王是其他佛教领袖的楷模。阿育王不仅对其他佛教领袖加以指导、予以鼓舞，还与支持他的人保持交往。在东南亚信奉小乘佛教的地区，一些君王用阿育王所采用的统治模式代替了以前的那种君权神授的统治理念。在这种佛教与王权结合的统治模式下，国王不再力证自己君权神授，而是大力支持僧伽，并竭力获得僧伽的支持。在阿育王的影响下，很多国王都修建了大量的寺院，并斥资修建佛塔，同时还积极处理僧伽内部出现的问题，这就导致了东南亚一些国家的君权与宗教的紧密联系。譬如在现在的泰国，国王既是国家领导人又是宗教领导人。

据《阿育王传》记载，在皈依佛教后，阿育王并没有完全戒除暴力。一次，一个异教徒因为在一幅画中表现了对释迦牟尼佛的不敬而被阿育王逮捕，之后，阿育王又下令处死所有的邪命外道教徒。一万八千名邪命外道教徒因此事受到牵连而毙命。之后，当有人再现那幅对佛祖不敬的画时，阿育王命人将作画者与家人一齐烧死在他们住的屋舍里。阿育王甚至还悬赏捕捉异教徒。凡缴获异教徒首级者均可获得一枚银币。因此，阿育王的弟弟就被一个牧牛者误认为是异教徒而杀害。但一些学者认为以上故事只是宗教宣传中捏造的谎言。

如果没有阿育王留下的大量摩崖法敕与石柱法敕，阿育王统治时期的一切事宜也会消失在浩瀚的历史中。阿育王碑文使用的是帕拉克里语，并用婆罗米文镌刻而成。就在人们快要遗忘阿育王时，19世纪的蒲林塞普揭示了一些有关阿育王的事实。蒲林塞普解开了阿育王碑文上的婆罗米文之谜，却将碑文上的称呼看成了锡兰的天爱帝须王。1837年，乔治·图尔纳发现了一个非常重要的斯里兰卡手稿。该手稿说明蒲林塞普所解读的碑文是阿育王碑文。之后，其他碑文也证实了这些碑文的确是阿育王碑文。除了蒲林塞普与乔治·图尔纳，英国考古学家约翰·休伯特·马歇尔、亚历山大·卡宁厄姆也对阿育王相关文献的发现做出了重大贡献。

阿育王的生平与统治主要源于一些佛教文献。尤其是梵文《阿育王传》与斯里兰卡的巴利语文献。其他资料主要源自阿育王法敕。阿育王法敕是由刻在石柱、圆石和洞穴里的三十三个碑文组成的。这些碑文刻于阿育王统治期间，分布于今巴基斯坦和印度等地。这些法敕详述了佛教的首次大规模传播活动，也让人了解了阿育王的信仰转变、道德戒律、宗教戒律以及其对百姓与动物的关怀。

早期的学者认为阿育王的主要身份是僧侣，在皈依后积极建立佛教机构。一些学者持不同意见。罗米拉·塔帕写道："阿育王既是在某一特定历史时期中护国安邦的政治家，也是一个竭力通过弘扬社会道德来改变社会的领导者。"阿育王的法敕中明确指出了阿育王对其他宗教的支持态度。阿玛蒂亚·森曾说道："生活在公元前3世纪的印度国王阿育王颁布了很多鼓励宗教包容与个人信仰自由的法敕，这些法敕既是国策，也是人与人之间相处的准则。"

在发现并解读阿育王法敕前，人们对阿育王的了解主要基于传说，而非史实。以下记录了《阿育王传》中的一些传说。

第一则传说：阿育王儿时名叫贾亚。一天，当他正在路边玩耍时，释迦牟尼从他的身边经过。贾亚将一小撮土放到了释迦牟尼的钵中，并说自己长大后要成为一名伟大的国王，还要成为释迦牟尼的追随者。据说释迦牟尼对此报以一笑，说"用它的光芒照亮世界"。之后，释迦牟尼预言贾亚日后会成为一名伟大、公正的国王。

第二则传说为了凸显佛教的光辉，将皈依前的阿育王描述为一个恶棍。在该传说中，阿育王因相貌丑陋而饱受父亲宾头娑罗·阿米特拉加答的嫌恶。后来，阿育王为登上王位不择手段，将王位的合法继承人诱骗到一个熊熊燃烧的煤坑中活活烧死。阿育王因秉性邪恶、脾气暴戾而得名"恶阿育王"。据说，他曾专门考验大臣是否忠心，为此有五百名大臣丧命。还有传说称他曾因一个嫔妃取笑他而将所有的嫔妃烧死。据说阿育王极其享受这种施虐过程带来的快感。直到后来遇到一个虔诚的僧侣后，他才转变为"善阿育王"。

第三则传说谈到了阿育王的晚年生活。据说晚年时的阿育王开始向僧伽赠送金库内的物品，而大臣们唯恐阿育王的这种古怪行为会导致亡国，因此不让阿育王拿到任何金库内的物品。于是，阿育王开始赠送自己的私人物品，直至一无所有，并宁静辞世。

以上传说很明显都有很强的教化意义，旨在为佛教赢得更多的教徒。这些文献告诉人们阿育王是一个理想的佛教君主，值得人们崇敬与效仿。

据佛教文献记载，释迦牟尼圆寂后，他的遗骸被分到了八个国家。阿育王竭尽全力将这些遗骸找回，并放置到八万四千个佛塔中去。该故事在桑吉和巴尔胡特的浮雕中有大量的描述。相传阿育王找回了七个国家的佛祖遗骸，但未能找回置于龙族那里的遗骸。

据印度学者罗米拉·塔帕说，阿育王十分看重父母与儿女间、学生与老师间的和谐关系，并十分看重对师长的尊重。阿育王的宗教信仰中也包含着其他宗教中的一些教义。阿育王倡导对所有宗派信仰的尊重。

作为一个佛国皇帝，阿育王认为佛教对所有的生灵都大有裨益，因此，阿育王在南亚与中亚修建了很多佛塔、伽蓝与寺院。《阿育王传》中提到

附录 3　阿育王

阿育王曾为了安置佛祖遗骸而建了八万四千个佛塔。还派儿子摩晒陀与女儿僧伽蜜多去锡兰传播佛教。

阿育王还邀请佛教人士与非佛教人士参加宗教会议，并在华氏城组织了第三次佛教结集。此次结集由目犍连子帝须主持。

通过一些阿育王碑文，我们可以获悉阿育王统治期间孔雀王国与其他国家间产生的文化交融。在吸纳阿契美尼德王朝的文化时，孔雀王朝也在积极地将自己国家的思想向外传播。

阿育王法敕中谈到了阿育王曾派弘法者前往希腊国家弘扬佛教，但目前的希腊文献中未发现该记录。

阿育王的军事力量十分强大，但在他皈依佛教后，他与哲罗、朱罗、潘地亚及特拉帕尼等国保持着友好关系。通过阿育王法敕可以得知，阿育王不仅为国内的居民与牲畜提供医疗救助，还为邻近国家与地区提供相应的服务。除此之外，阿育王还在路边种树、挖井以造福百姓。

阿育王法敕明确表示了伤害动物的行为是不好的行为，并禁止为祭祀宰杀任何动物，但阿育王未禁止宰杀和食用普通的牛。阿育王禁止宰杀任何"既不能食用，也不能用作其他派场的四足动物"以及一些其他动物。同时还禁止宰杀哺乳期的猪、羊和它们六个月以内的幼崽。并禁止在某些特定日期对动物进行阉割。阿育王的种种规定与禁令足以让人感受到阿育王对动物的保护与爱护。

阿育王被视为开创印度石质建筑的人。孔雀王国的石砌建筑可能效仿的是亚历山大大帝之后的希腊建筑的风格。在阿育王之前，建筑材料可能都是木材、竹子、茅草一类不耐用的材料。阿育王可能在华氏城用石质材料替换了原先的木质结构。该过程可能使用的是外国工匠。将法敕刻于石头上也是阿育王的一项创新举措。

阿育王石柱法敕分布在印度次大陆的北部。虽然目前只有十个石柱留存，但当初阿育王一定竖立了很多这样的石柱。这些石柱平均高四十到五十英尺。所有的石柱材料都是从丘纳尔采挖而来。16 世纪时，托马斯·科里亚特在古城德里的废墟上发现了第一个阿育王石柱。石柱上的法轮象征太阳与佛法；万字符象征着围绕某一点翩然起舞的宇宙，还象征着规避一切邪恶。

　　阿育王狮子柱头是背靠背站立的四只狮子。这个狮子柱头最初在鹿野苑阿育王石柱的顶端。常被称为阿育王石柱的柱身至今仍在原地，而柱头却被置于鹿野苑博物馆。印度国徽的图案就是阿育王狮子柱头，而印度国旗的中央的图案就是阿育王法轮。鹿野苑石柱上刻着这样的法敕："任何人都不得分裂僧伽。"

附录4　三钵罗底及孔雀王国灭亡前的其他国王

三钵罗底

三钵罗底是孔雀王国达沙拉沙·孔雀之后的一位君王。他的在位时间是公元前224年到公元前215年。他是阿育王失明的儿子鸠那罗的儿子。

鸠那罗是阿育王的一个名叫帕特马瓦蒂的嫔妃所诞,因被人谋害而双目失明。于是,达沙拉沙·孔雀就代替鸠那罗继承了王位。鸠那罗那时住在乌贾因,三钵罗底也在乌贾因被抚养长大。多年后,被剥夺了王位的鸠那罗与三钵罗底一起去找阿育王索取王位。阿育王不能将王位传给失明的儿子,就向鸠那罗承诺让三钵罗底做达沙拉沙的王位继承人。在达沙拉沙驾崩后,三钵罗底如愿继承了王位,成为孔雀帝国的统治者。

据耆那教文献记载,三钵罗底在位整整53年,统治着从华氏城到乌贾因的整个地区。在阿育王驾崩后不久,苏拉时特拉、马哈拉施特拉、安德拉及迈索尔地区就独立了,但三钵罗底继位后又重新征服了这些地区。据说三钵罗底将士兵装扮成耆那教僧侣的模样才收复了这些地区。

因在西印度大力扶持并弘扬耆那教,三钵罗底被视为"耆那教的阿育王"。有文献称三钵罗底一出生就是一个耆那教徒,而更多文献声称三钵罗底是在一个耆那教僧侣的教化下才皈依耆那教的。皈依后的三钵罗底在印度各地与周边地区大力传播耆那教。他不仅修建、整修了数千座寺庙,还竖立了成千上万个神像。

舍利输迦

舍利输迦是孔雀帝国的一位君王。他继承了三钵罗底的王位,于公元前215年到公元前202年在位。据载,舍利输迦是一个喜爱争吵、做事不公的人。因舍利输迦对耆那教的偏袒,他被人视为"言之凿凿"却"做事不公"之人。据《印度史诗》记载,舍利输迦之后的王位继承者是提婆伐摩。

提婆伐摩

提婆伐摩是孔雀帝国的一位君王。他继承了舍利输迦的王位,于公元前202年到195年在位。之后,王位由萨塔陀拉继承。

萨塔陀拉

萨塔陀拉是公元前195年到公元前187年在位的孔雀王国君王。据《印度史诗》,萨塔陀拉继承了提婆伐摩的王位,并统治八年之久。萨塔陀拉统治期间,由于受到侵略,孔雀帝国失去了一些领土。萨塔陀拉之后的王位继承人是布里哈德拉萨·孔雀。

布里哈德拉萨·孔雀

布里哈德拉萨·孔雀是孔雀王国的最后一位君王,于公元前187年到公元前180年在位。据《印度史诗》记载,布里哈德拉萨·孔雀是萨塔陀拉之后的王位继承人,共在位七年。

布里哈德拉萨·孔雀是一个软弱的君王,很容易被大臣们戏弄。布里哈德拉萨·孔雀执政时,阿育王帝国以华氏城为中心的领土已经大大缩减。公元前180年,布里哈德拉萨·孔雀因大臣普西亚米陀·巽加篡权而被害。之后,普西亚米陀·巽加建立了巽加帝国。

鸣 谢

感谢布洛赫博士和阿尔科克少校以及加尔各答印度博物馆的负责人。在他们的友好帮助下,我才能将印度博物馆的阿育王碑文铸件罗列出来①:

一、十四个摩崖法敕和羯陵伽法敕:基尔那尔、陶利、杰格达、伽尔尸、夏巴加里希、曼塞赫拉。

二、小摩崖法敕:萨萨拉姆与西德达普尔。

三、洞穴碑文:阿育王的三个巴拉巴尔山的记录与印萨拉塔的三个纳加尔遒尼山的记录。

四、塔莱石柱:尼格利瓦与蓝毗尼。

五、石柱法敕和小石柱法敕:阿拉哈巴德,劳里亚－阿拉拉杰,劳里亚－南丹格尔。

巴拉巴尔碑文的原件曾被收藏于孟加拉亚洲协会,现被印度博物馆收藏。部分碑文铸件现被勒克瑙博物馆收藏。

---

① 以下列表说明了解读各法敕时所使用的碑文与碑文所在地。——原注

专有名词对照

Maski Minor Kock Edict	《马斯基小摩崖法敕》
Barabar	巴拉巴尔岩
Gorathagiri	格拉特哈吉里标记
Journal of the Royal Asiatic Society	《皇家亚洲学会杂志》
Rhys Davids	里斯·戴维斯
Cunningham	亚历山大·卡宁厄姆
Bhilsa Topes	《比尔萨佛塔》
Ceylon	锡兰
Third Council	第三次结集
Jayaswal	贾斯瓦尔
Green	格林
Arim Sen	阿瑞姆·森
King Ajatasatru	阿阇世王
Patna statues	巴特纳雕像群
Alexander the Great	亚历山大大帝
Babylon	巴比伦
Syria	叙利亚
Partition of Triparadisus	《特里帕拉迪苏斯分封条约》
Sibyrtios	西比尔提亚斯
Arachosia	阿拉霍西亚
Gedrosia	格德罗西亚
Soli	索利
Cyprian	塞浦路斯人
Stasander	斯塔桑德尔

阿育王：一部孔雀王国史

Aria	阿利亚
Drangiana	德兰吉亚纳
Stasanor	斯塔萨诺尔
Hindu Kush	兴都库什山脉
Bactriana	巴克特里亚
Sogdiana	索格底亚纳
Roxanad	罗克珊娜
Oxyartes	奥克夏特斯
Paropanisadai	帕洛帕米萨达
Kabul	喀布尔
Agenor	阿革诺尔
Peithon	培松
Indus	印度河
Sind	信德
Antipater	安提帕特
Rajas	印度王公
Taxila	塔克希拉
Ambhi	安皮
Poros	普洛斯
Panjab	旁遮普
Macedonian	马其顿
Philippos	菲利普斯
Karmania	卡尔马尼亚
Eudemos	欧德摩斯
Eumenes	欧迈尼斯
Chandragupta Maurya	旃陀罗笈多·孔雀
Bihar	比哈尔
Chanakya	考底利耶
Brahman	婆罗门
Pataliputra	华氏城
Patna	巴特纳
Narbada	纳巴达河
Seleukos	塞琉古

专有名词对照

Conqueror	征服者
Antigonos	安蒂哥鲁斯
Egypt	埃及
Bactrians	巴特克里亚人
Seleukos Nikator	塞琉古一世
King of Syria	叙利亚国王
Inida	印度
Kingdom of Afghanistan	阿富汗王国
Baluchistan	俾路支
Makran	莫克兰
Rupees	卢比
Sterling	斯特林
Megasthenes	麦加斯梯尼
Son River	桑河
Ganges	恒河
Bankipore	班基波
Plutarch	普鲁塔克
Himalaya	喜马拉雅山脉
Bindusara Amitraghata	宾头娑罗·阿米特拉加答
Deimachos	代马库斯
Antiochus I Soter	安条克一世
Ptolemy II Philadelphus	托勒密二世
Patrokles	帕特罗克勒斯
Strabo	斯特拉博
Pliny	普林尼
Asoka-vardhana	阿苏卡·瓦尔德哈纳
Ashoka	阿育王
Ujjain	乌贾因
Nizam's Dominions	尼扎姆领地
Maski	马斯基
Devanampiyasa Asokasa	天宠慈颜阿育王
Rudradaman	楼陀罗达曼一世
Cyclopaedia	《百科全书》

St. Paul	圣保罗
Constantine the Great	君士坦丁大帝
Khalif Omar	欧麦尔一世
Abhisheka	灌顶仪式
Stuart times	斯图亚特王朝
His Sacred Majesty	尊贵的陛下
His Sacred and Gracious Majesty the King	尊贵仁慈的陛下
Asoka the Wicked	黑阿育王
Asoka the Pious	白阿育王
Kalinga	羯陵伽国
Mahanadi	默哈讷迪河
Godavari	戈达瓦里河
Bay of Bengal	孟加拉湾
Kalinga War	羯陵伽之战
Law of Piety	虔诚之法
Jaugada	杰格达
Dhauli	陶利
Tosali	托萨利
Orissa	奥里萨邦
Puri District	普里区
the Wardens of the Marches	督帅
Minor Rock Edict I	第一小摩崖法敕
Suvarnagiri	坎纳达
Buddhist Order of monks samgha	僧伽
Royal Hunt	王室狩猎
Brahmanical law	婆罗门教法
Minor Rock Edict II	第二小摩崖法敕
Master	佛陀
Bhabru	布哈布鲁
Ajivika	邪命外道教
Dhammapada	《法句经》
Biblical texts	圣经教义
Old Testament	《旧约》

专有名词对照

New Testament	《新约》
Supereme Deity	至高神明
Stoic	斯多葛学派
Zoroastrian	拜火教
Jain	耆那教
Minor Pillar Edicts	小石柱法敕
Rajputana	拉吉普塔纳
Kao-tsu Wu-ti	梁高祖武皇帝
Hsiao-Yen	萧衍
Lord of the Order	法王
Gujarat	古吉拉特
Jain Kumarapala	库马拉帕拉
Vitasoka	维塔索卡
Nepalese Tarai	尼泊尔塔莱
Lumbini	蓝毗尼
Nigliva	尼格利瓦
Lumbini garden	蓝毗尼园
Gautama Buddha	释迦牟尼佛
former Buddha	过去佛
Konakamana	拘那伽牟尼佛
Stupa	佛塔
Asokavadana	《阿育王史》
Upagupta	优波掘多
Kapilavastu	迦毗罗卫
Bodh Gaya	菩提迦耶
Bodhi	菩提树
Benares	贝拿勒斯
Rishipattana	仙人住处
Kusinagara	拘尸纳揭罗
Sravasti	舍卫城
Jetavana monastery	祇园精舍
Vakkula	薄拘罗
Ananda	阿南达

Hemachandra	金月
Mathura	马图拉
Kankali Tila	坎卡利蒂拉
Gupta	古普塔
Tishya son of Moggali	目犍连子帝须
Colonel Waddell	科洛内尔·沃德尔
Western Asia	西亚
Eastern Europe	东欧
Northern Africa	北非
Yonas	耶婆那
Kambojas	柬埔寨
Nabhaka	那布哈卡
Nabhapamtis	那布哈帕姆提斯
Bhojas	波荷加
Pitenikas	皮西迪亚
Andhras	安陀罗
Pulindas	普林陀
Deccan	德干
Central India	中印度
Tamraparni	特拉帕尼河
Chola	朱罗
Pandya	潘地亚
Antiochos	安条克二世
Cyrene	昔兰尼
Magas	马加斯
Antigonos Gonatas	安蒂哥鲁斯·哥纳塔斯
Epirus	伊庇鲁斯
Alexander	亚历山大
Maratha	马拉地
Rashtrikas	拉什特里卡斯
Peshawar frontier	白沙瓦边境
Gandharas	犍陀罗
Western coast	西岸

专有名词对照

Satiyaputra	萨提亚普特拉王国
Keralaputra	凯拉拉普特拉王国
Kashmir	克什米尔
Majjhantika	末阐提
Mahishamandala	马里萨曼德拉
Mahadeva	摩诃提婆
Vanavasi	瓦纳瓦西
Rakkhita	勒弃多
Apaiantaka	阿帕伊安塔卡
Yona-Dharmarakkhita	约纳·达尔玛拉克西塔
Maharattha	马拉哈特哈
Maha- Dharmarakkhita	马哈·达尔玛拉克西塔
Yona region	约纳地区
Maharakkhita.	摩诃勒弃多
Himavanta	喜马瓦特
Majjhima	末示摩
Kassapa	咖沙巴
Suvannabhumi	金地
Sona	须那迦
Uttara	郁多罗
Lanka	兰卡
Mahinda	摩醯陀
Tamil	泰米尔
Sinhalese	僧伽罗人
Sanchi	桑吉
Bhilsa	比尔萨
Kasapa Gota	咖沙巴·戈塔
Siam	暹罗
Cambodia	柬埔寨
the Indian Archipelago	印度群岛
Korea	朝鲜
Japan	日本
Balfour	巴尔弗

阿育王：一部孔雀王国史

Friend of the Order	佛法之友
Professor Oldenberg	奥登堡教授
Pallava	帕瓦拉国
Kaviri	高韦里河
Malakotta Pandya	马拉科塔·潘地亚
Kanchi	甘吉布勒姆
Vigatasoka	维戈塔苏卡
Ral-pa-chan	墀祖德赞
Gtsang-ma	布藏玛
Prof. Jacobi	雅可比教授
Dharma-mahamatras	正法官员
Censors	监察官
Allahabad-Kausambi	阿拉哈巴德-憍赏弥
Queen's Edict	王后法敕
Jesus	耶稣
Zoroaster	琐罗亚斯德
Muhammad	穆罕默德
Kharavela	迦罗卫罗
Harsha	哈沙
forth-shining of the devine	圣人闪光日
Maya	摩耶
Vedantist	摩耶吠檀多派
Rock Edict XII	《第七摩崖法敕》
Pillar Edict VI	《第六石柱法敕》
Pratapa Simha	普拉塔帕·西哈姆
Rock Edict VIII	第八摩崖法敕》
Rock Edict IX	第四摩崖法敕
Kutadanta Sutta	《究罗檀头经》
Blessed One	薄伽梵
Kutadanta	究罗檀头
Western Indian	西印度
Surat	苏拉特
Midnapore District	米德纳普尔区

专有名词对照

Brahmanical Hinduism	婆罗门教
Hindu Purana	《印度史诗》
Dasaratha	印萨拉塔
Nagarjuni Hills	纳加尔遒尼山
Samprati	三钵罗底
Kunala	鸠那罗
Jalauka	伽罗卡
Siva	湿婆
Saktis	萨克蒂
Tivara	蒂瓦拉
Karuvaki	卡鲁瓦基
Pushyamitra Sunga	普西亚米陀·巽加
Brihadratha	普里哈多拉达
Purnavarman	跋摩
Sasanka	设赏迦王
Mysore	迈索尔
Pennar or Penner	彭纳河
Kalyanapuri	卡尔亚纳普里河
Kerala	喀拉拉邦
Malabar	马拉巴尔海岸
Chandragiri	昌德拉吉里
Kangarote	康格鲁特河
Tuluva	图鲁瓦国
Nayar	纳亚尔
Kachh	喀奇
Tamilakam	泰米拉克姆
British India	英属印度
Kamarupa	伽摩缕波
Khotan	于阗
Yaksha	雅克沙
Aryavarta	雅利安
Art of Government	治国之术
Dinapore（Dhanapur）	迪纳普尔

阿育王：一部孔雀王国史

Bias	拜厄斯河
Zabul	扎布尔
Kafiristan	卡菲烈斯坦
Kapisa	卡比萨城
Jalalabad	贾拉拉巴德
Nangrahar	南格拉哈尔
Swat valley	斯瓦特峡谷
Srinagar	斯利纳加
Pandrethan	潘德勒斯安
Muhammadan	伊斯兰教
Lidar	利达尔
Sir	西尔
Islamabad	伊斯兰堡
Martanda	马尔丹德
Churia Ghati	楚里亚－加蒂山
Manju Patan	文殊帕坦
Kathmandu	加德满都
Lalita Patan	拉利塔帕坦
Charumati	刹鲁玛蒂
Kshatriya Devapala	刹帝利·提婆波罗
Nepal	尼泊尔
Pasupati	帕苏帕蒂
Deva Patan	天神帕坦
Chabahil	查巴西
Kiratas	基拉塔斯人
Sthunko	斯夯库
Suhma	苏赫玛
Tamralipti	耽罗栗底
Tamluk	塔姆鲁克小镇
Samatata	萨马塔特
the Brahmaputra Delta	布拉马普特拉河三角洲
Girnar	基尔那尔
Surashtra	苏拉时特拉

专有名词对照

English civil station	英国居民站
East Indian Railway	西印度铁路
Kumrahar	肯拉哈尔
Susa	苏萨
Ekbatana	埃克巴塔纳
Quintus Curtius	昆图斯·库尔提乌斯
Ranjit Singh	兰吉特·辛格
Buddhist puritanism	佛教苦修思想
Lord Dalhousie's Grand Trunk Road	达尔豪西勋爵大干道
Buddhist Church	佛教僧伽
Malva	马尔瓦
Irrigation Department	灌溉部门
Tushaspha	塔萨斯普哈
Crown rent	地税
Crown property	王室财产
Machiavellian	权谋手段
Censors	监察官
Inspectors of Women	女性督察员
Great King	波斯帝王
Drachmai	德拉克马
The War Office	战争部
Lord Paramount of India	印度最高国王
Good Law	善法
Kallu	卡路
Chaman	查普曼
Lat Bhairo	拉特布哈罗
Kukkutarama	鸡园寺
Taranath	多罗那他
Rajagriha	王舍城
Nalanda	那烂陀寺
Bhopal State	博帕尔邦
Indian Midland Railway	印度中部铁路
Kensington	南肯辛顿

Baghelkhand	巴克尔根德
Nagaudh (Nagod)	纳戈德邦
Jatakas	《本生经》
Sunga	巽加王朝
Besnagar	维迪斯哈
Hellenistic Asia	希腊时期的亚洲
Nero	尼禄
Caria	卡里亚
Labranda	拉布郎达
Sir Charles Fellows	查理斯·费洛斯爵士
Agra	阿格拉村
Muzaffarpur	穆扎法尔布尔
Basar	巴萨尔
Vaisali	古毗舍离
Bakhira	巴克赫拉
Persepolitan	波斯阿契美尼德王朝
Mathiah	马特西亚
Captain Smith of the Royal Engineers	皇家工程师史密斯队长
Rampurwa	兰普尔瓦
Lauriya-Araraj	劳里亚-阿拉拉杰
Mirzapur	米尔扎布尔
Chanar (Chunar)	丘纳尔
Delhi	德里
Kothila	科提亚拉
Ridge	瑞德格
Sultan Firoz Shah	菲罗兹·莎阿
Topra	托普拉
United Provinces	联合城邦
Mirath (Meerut)	密鲁特
Thatta	塔城
Sadhaura	萨陶拉
Khizrabad	基斯拉巴德
Jumna	亚穆纳河

专有名词对照

Maunds	莫恩德
Firozabad	菲罗扎巴德
Kushk	库什克
Mir Khan	米尔汗
Jami Masjid	迦密清真寺
Tahsil Nepalganj	尼泊尔根杰区
Matiari	墨蒂亚里县
Gnakhpur	格纳克普尔
Nichhawal	尼克哈瓦尔
Barewa	巴勒瓦
Maurangarh	毛拉格尔
Jambudvipa	南瞻部洲
Bhabra	布哈布拉
Shahbazgarhi	夏巴加里希
Yusufzai	尤萨夫扎伊
Sir Harold Deane	哈罗德·迪恩阁下
Hazara	哈扎拉
Mansahra	曼塞赫拉
Abbottabad	阿伯塔巴德
Breri	布莱芮
Rupnath	罗钵那
Aramaic	阿拉姆语
Kharoshthi	佉卢文
Hystaspe	希斯塔斯坡
Darius	大流士
Kalsi	伽尔尸
Dehra Dun	台拉登
Mussoorie	穆索里
Saharanpur	萨哈兰普尔
Chakrata	查克拉塔
Tons	通斯河
Brahmi	婆罗米文
Devanagari	天城体

Thana District	塔纳区
Sopara	索帕拉
Soparaka	索普拉卡
Surparaka	苏帕拉卡
Shurparaka	姝帕拉卡
Colonel Tod	托德上校
Junagarh	久纳加尔
Datar	达塔尔
The Sudarsana Lake	善见城湖
Skandagupta	塞建陀芨多
Aswastama	阿斯瓦斯特
Bhuvanesvar	巴布瓦内斯瓦尔
Madras	马德拉斯市
Ganjam District	甘贾姆区
Samapa	萨姆帕镇
Chitaldurg	吉塔杜尔格
Siddapura	西德达普尔
Shahabad	哈哈巴德
Sahasram	萨萨拉姆
Jabalpur District	贾巴尔普尔地区
Mr. Carlleyle	卡尔勒伊先生
Pandus' hill	潘都斯山
Gopika	格皮卡
Achaemenian	阿契美尼德王朝
Shabjahan	沙贾汗
Prasii	普拉西国
Gangaridae	甘格里达国
Bhattiprolu	布哈蒂普罗鲁
Mesopotamia	美索不达米亚
Naksh-i-Rustam	纳卡什-伊-鲁斯塔姆
Herodotus	希罗多德
Assyrian	亚述
Rupnarayan river	鲁布纳拉扬河

专有名词对照

Prakrit	帕拉克里语
Cave Dedications of Asoka	阿育王洞穴碑文
Cave Dedications of Dasaratha	达萨拉塔洞穴碑文
Golden Hill	金山镇
Rahula	罗睺罗
Inscription Hill	贝鲁碑文山
Major Burt	上校伯特
Priyadasi Iaja Magadhe	亲切的摩揭陀国王
Poussin	普珊
Pali Canon	《巴利语佛典》
Mahavyutpatti	《翻译名义大集》
Anguttara Nikaya	《增支部》
First Sermon	第一训诫
Udana	《自说经》
Dharmananda Kosambi	达尔马难陀·高善必
Lanman	兰曼
Pali Text Society	巴利碑文协会
Buddhist Canon	《佛经》
Buddhism	《佛教》
Mr. Harit Krishna Deb	哈利特·克里希纳·德布先生
Sarasvati	萨拉斯瓦蒂
King Rantideva	兰迪德瓦国王
Ketalaputra	凯特拉普特拉
Tambaparni	塔姆巴帕尼
Coromandel	科罗曼德尔
Trichinopoly	垂钦诺波利
Uraiyur	欧赖宇尔
Tinnevelly Districts	弗利区
Korkai	科尔卡伊
Coorg	库格
Gazalhatti Pass	戈加尔哈蒂要塞
Hoshyarpur	霍希亚布尔
Sketches from Nipal	《尼泊尔素描》

Great Migration	大迁移
Bhadrabahu	僧统婆陀罗
Chera	哲罗
Vanchi	梵基
Cochin	柯钦
Kauleya	考勒亚
Council of Ministers	内阁
Accounts Department	财务部
Accountant General	总会计
Controller	主管人
Varanasi	瓦拉纳西
Lokapalas	世界守护者
Yavanas	耶婆那人
Rashtrikas	拉什特里卡斯人
Pitinikas	皮西迪亚人
Andhra	安度罗
Satavahana	百乘王朝
Thana	塔纳
Kolaba	克拉巴
Poona	浦那
Iranian	伊朗语
Maharashtra	马哈拉施特拉邦
Paithan	派坦
Hindostani	印度斯坦语
The Duties of a King	《国王的职责》
heretics（pashanda）	异教徒
Mangala-Jataka	《曼格拉－本生经》
Milton	弥尔顿
Nissanka Malla	尼桑卡马拉
Cromwell	克伦威尔
The Prince	《君主论》
Corinth	科林斯
Berar	贝拉尔

专有名词对照

Vidarbha	维达巴
Ilichpur	依恰尔普尔
Nabhaga	纳巴哈加
Vindhya	宾陀山
Satpura	萨特普拉
Bhils	比尔人
Bimbisara	频毗娑罗
Udayibhadra	乌达伊布哈德拉
Munda	蒙达
Kakavarnin	卡卡瓦尔尼
Sahalin	萨哈林
Tulakuchi	图拉库奇
Mahamandala	马哈曼德拉
Prasenajit	波斯匿王
Nanda	南达
Susima	修私摩
Champa	占城
Subhadrangi	萨布哈德拉吉
Pingala Vatsajiva	频加拉·瓦特萨基
Svasas	斯瓦萨斯
Khallataka	卡拉塔卡
Radhagupta	大臣成护
Chandagirika	占达吉里卡
Balapandita	巴拉帕恩蒂塔
Avadana	《佛譬喻经》
Ramagrama	拉玛格拉玛佛塔
Nagas	龙族
Yakshas	夜叉
Natabhatika	纳塔布哈迪塔
Mount Urumunda	乌鲁蒙达山
Sariputra	舍利弗
King Devanampiya Tissa	天爱帝须王
Maha Arittha	摩柯·阿利咤

Maudgalayana	目犍连
Maha Kasyapa	摩柯迦叶
Tirthyas	蒂尔斯亚
Sthavira Yasas	上座部耶舍
Videha	毗提河
Tirhut	提尔胡特
Pundra Vardhana	那跋檀大城
Vulture's Pea	秃鹫山
Kaveri	卡佛里
Ghosha	戈沙尔
Mahabodhi	摩柯菩提
Sampadi	萨姆帕蒂
Radhagupta	拉德哈古普塔
Vrihaspati	维里哈斯帕蒂
Vrishasena	维里萨瑟纳
Pushyadharma	普萨亚德哈尔玛
Pushpamitra	普萨普米特拉
Major Alcock	阿尔科克少校
Lucknow Provincial Museum	勒克瑙博物馆
Kalasoka	伽罗阿育王
Nandas	难陀王朝
Dhana Nanda	达纳·难陀
Sumana	须摩那
Nigrodha	尼瞿陀
Avanti	阿万蒂
Vedisagiri	卑地写
Setthi	塞斯
Agni Brahma	阿格尼·婆罗门
Sumitra	苏米德拉
Kathavatthu	《论事》
Pravarapura	普里瓦拉普拉
Oldfield	奥德菲尔德
Oxford History of India	《牛津印度史》

专有名词对照

Tamalipti	丹摩栗底
Sakyas	释迦
Aparantaka	多迦
Bhandu	布哈度
Missa Mountain	弥撒山
Anula	阿努拉
Mahamegha	马哈梅格
Chetiyagiri	支提耶山寺
Mihintale	密亨塔勒寺
Arahat	阿罗汉果位
Sakra	帝释天
Lord of the Devas	天帝
Chulamani	朱腊马尼
Thuparama	塔院寺
Asandhimitra	阿萨德西米特拉
Tishyarakshita	迪斯亚拉克斯塔
Markgrafen	《马克伽芬》
Punarvasu	不奈婆修日
Manmohan Chakravarti	曼莫汉·查克拉瓦蒂
Animals in the Inscriptions of Piyadasi	《亲切的陛下碑文中的动物》
The Veneration of the Cow in India	《印度对牛的尊敬》
Brihaspati	《布里哈斯帕提法典》
Council of Pataliputra	华氏城结集
Panini	帕尼尼
Prayag	普拉亚格
Lummini	罗美尼村
Rupadei	罗美德
Konakamana	拘那伽牟尼塔
Vlsva-Jhopri	维斯瓦－基赫普里
Khalatika Hill	克哈拉蒂卡山
Varttika to Panini	《释量论到帕尼尼》
Raverty	拉维尔第
Notes on Afghanistan	《阿富汗笔记》